九州文库

连贯与理解

他心语境和语义连贯的语言哲学研究

杜世洪 著

九州出版社
JIUZHOUPRESS

图书在版编目（CIP）数据

连贯与理解：他心语境和语义连贯的语言哲学研究／
杜世洪著 . -- 北京：九州出版社，2024.3
ISBN 978 - 7 - 5225 - 2751 - 2

Ⅰ.①连… Ⅱ.①杜… Ⅲ.①语言哲学—研究 Ⅳ.
①H0

中国国家版本馆 CIP 数据核字（2024）第 064361 号

连贯与理解：他心语境和语义连贯的语言哲学研究

作　　者　杜世洪　著
责任编辑　姬登杰
出版发行　九州出版社
地　　址　北京市西城区阜外大街甲 35 号（100037）
发行电话　（010）68992190/3/5/6
网　　址　www. jiuzhoupress.com
印　　刷　唐山才智印刷有限公司
开　　本　710 毫米×1000 毫米　16 开
印　　张　17
字　　数　228 千字
版　　次　2024 年 3 月第 1 版
印　　次　2024 年 3 月第 1 次印刷
书　　号　ISBN 978 - 7 - 5225 - 2751 - 2
定　　价　95.00 元

自　序

自《脉络与连贯》由人民出版社于 2012 年出版之后，连贯与理解的问题仍然在我心中萦绕。何为连贯？何为理解？这仍是问题，而且是哲学问题。连贯常被当成篇章语言学的重要概念，这自有其理，然而，在语言哲学视域下，连贯却是不折不扣的哲学概念。对于哲学概念，从不同角度去考察，当然会有不同见解。连贯在篇章中呈现出来，在话语中表现出来，却深藏在理解中。连贯以理解为基础，而理解却在连贯的构建中达成。基于这一认识，《连贯与理解》这部书要表达的主旨是：有理解，就有连贯；离开理解，就难以构建连贯。

《连贯与理解》是《脉络与连贯》的姊妹篇。如今即将问世，我心中却五味杂陈。为什么呢？首先，这部书耗费了我不少精力，然而书中的核心概念总给人扑朔迷离、虚无缥缈的感觉。连贯、他心、语境、意义和理解是《连贯与理解》的五个核心概念，它们既独立又相关。其中，他心、意义和理解作为研究的焦点，在哲学中早已有之，而连贯和语境作为哲学概念，属于认识的拓展，在语言哲学中以新的面貌呈现。西方哲学自语言转向之后，研究的焦点集中在语言哲学领域。语言哲学研究的核心问题之一是意义问题，而意义问题涉及的重要因素是连贯与理解，话语的意义并非停留在说话者这端，意义要传递到听话人这端，他心语境就成了关键。可以说，意义生成的语境、说话人的意图、意义赖以传递的话语形式、听话人的理解程度以及听话人的心理状态，这些都会影响连贯的构建。

其次，《连贯与理解》这本书试图传播的观点或思想，虽不至于破琴绝弦，但也难免给人抱残守缺的感觉。有人说，连贯这个话题早已过时，如今应该笃新怠旧。

连贯研究过时了吗？我曾如此问自己。在我看来，语言学界不再热衷于研究连贯这一主题及其问题，其重要原因之一就是连贯属于哲学概念。要深究连贯，就要重拾哲学的他心问题，就要重视语言表达的意义问题。这些问题既让人困心衡虑，又叫人自我作祖。就在这般境地中，我草草落笔，敬陈管见。

最后，《连贯与理解》并非兴微继绝，恐属泥车瓦狗。然细读之下，恍惚闻声："书有拔新领异之思，文留孤履危行之迹。"

以作序而论，曾以为"他序者智，自序者明"。智，我所欲也，明，亦我所欲也，二者不可得兼，舍智而取明者也。于是暗中求明，一番挣扎，悖言乱辞，不堪卒读，权且辍毫栖牍，赘述两句收场：自作序，是为序。

就此投笔卷帘，窗外飘着片片洁白。

西南大学杜世洪

记于北碚紫云台

2024 年 1 月 4 日

目　录
CONTENTS

第一章　导　论 ··· 1

第一节　话语理解的核心概念 ································· 2

第二节　话语连贯研究的四类方法 ························· 5

第三节　语言哲学研究的意义问题 ························· 7

第四节　研究目标 ··· 10

第二章　他心语境 ··· 12

第一节　他心问题 ··· 13

第二节　语境问题 ··· 19

第三节　关于他心语境的论证 ································· 22

第三章　意义探索 ··· 30

第一节　意义的朴素追问 ····································· 32

第二节　意义的生活形式 ····································· 34

第三节　意义的理论研究 ····································· 42

第四章　意义与理解 ·· 55

第一节　关于理解的理解 ····································· 56

第二节 关于意义的理解 ………………………………………………… 65

第五章 意义理论的研究动因 ……………………………………… **72**
第一节 意义研究的哲学动因 …………………………………… 73
第二节 意义研究的分析动因 …………………………………… 81
第三节 现代分析哲学的基本形态 ……………………………… 85
第四节 现代分析哲学的转型与发展 …………………………… 101

第六章 意义理论的哲学观 ………………………………………… **108**
第一节 穆勒的意义理论 ………………………………………… 109
第二节 摩尔的意义理论 ………………………………………… 113
第三节 皮尔士的意义理论 ……………………………………… 128
第四节 胡塞尔的意义理论 ……………………………………… 143
第五节 马尔科维奇的意义理论 ………………………………… 167
第六节 布兰顿的意义理论 ……………………………………… 179

第七章 意义与连贯 ………………………………………………… **191**
第一节 语义连贯的考察维度 …………………………………… 192
第二节 语义连贯的脉络结构 …………………………………… 202

第八章 话语理解的合作原则 ……………………………………… **213**
第一节 对"原则"的理解 ……………………………………… 214
第二节 格莱斯合作原则的解释力问题 ………………………… 216
第三节 维特根斯坦的自然理解论 ……………………………… 220
第四节 陈嘉映的理解的合作原则 ……………………………… 224

第九章　他心语境中连贯性话语的理解路向 ……………………… **231**

　第一节　他心语境与语义连贯的脉络结构分析 ………………… 232

　第二节　他心语境中理解的合作原则 ………………………… 235

第十章　结束语 ……………………………………………… **241**

参考文献 ……………………………………………………… **247**

研究的目的，应该是指导我们的心灵，使它得以对于［世界上］呈现的一切事物，形成确凿的、真实的判断。

——笛卡尔《探求真理的指导原则》

第一章　导　　论

本研究瞄准"话语理解何以可能"这一"语言论哲学"① 问题，对他心语境和语义连贯的互动关系进行全新研究，以期为这一大问题提供语言哲学解释，这是本研究的总目标。在具体研究过程中，本研究有两项主张：第一，把话语互动的语境同"他人心理"结合起来，再根据"动态语境"的活性成分来认识"作为他人心理的语境"，即要理解"他心语境"；第二，对"他心语境"的理解势必要解读话语的意义，而要解读话语的意义就要考察话语双方如何达成"语义连贯"。基于这两点主张，本研究就"他心语境"与"语义连贯"的互动关系进行研

---

① 从不同时期的关注焦点来看，西方哲学的发展出现了本体论、认识论（亦称知识论）和语言论这三种不同范式的哲学研究。本体论哲学追问"什么存在（What exists）"或"什么是（What is）"，旨在理解世界的本源和本质，具体的问题形式是"什么是 X（What is X？）"认识论哲学追问"知识何以可能（How is knowledge possible）""如何知道 X（How to know X）"，旨在揭示人们如何获取关于世界的知识，而提问形式是"我如何知道 X（How do I know X）？"语言论哲学追问的核心问题是意义，旨在通过考察语言的意义来考察我们关于世界的哲学认识，典型的问题形式是"什么是意义（What is meaning？）""X 的意义是什么""如何知道 X 的意义"。语言论哲学（一般称为语言哲学）在英美分析哲学、欧陆现象学与解释学、美国实用主义哲学以及现代马克思主义哲学中各有不同的地位和影响，这是广义的现代语言哲学。狭义的现代语言哲学主要指英美分析哲学运动中的语言哲学。

究，以期揭示话语互动的理解机制。

正如"知识何以可能"是以笛卡尔和康德为代表的认识论哲学的核心问题一样，"话语理解何以可能"却是以维特根斯坦为代表的语言论哲学的核心问题。话语理解实质上是话语双方为了把握话题、解读话题和延展话题而构建话语连贯的动态过程。要对这个过程进行语言学解释，就要考察连贯、他心、语境、意义和理解这五个交织一体的概念。所谓交织一体，就是说这五个概念在话语互动中都不是孤立存在的，而是共同运作，促成话语交际的实现。

第一节 话语理解的核心概念

连贯、他心、语境、意义和理解这五个概念是本研究的核心概念，其中连贯是话语理解最为核心的概念，话语理解离不开对连贯的理解。本研究将围绕这五个概念进行讨论。理论上，本研究主要援引西方现代哲学家，尤其是英美语言哲学家关于意义追问的认识，结合话语互动的实际情况，探索话语连贯的哲学基础。

一、连贯研究的动向

提到连贯，语言学界认为连贯是篇章语言学的概念，连贯是篇章的本质和灵魂。本研究主张篇章语言学的连贯概念是狭义的连贯，篇章连贯是连贯研究的典型范例。基于语篇的连贯研究，目前国内外著述颇丰。德国奥格斯堡大学英语语言学教授布柏利兹，西南大学语言哲学教授杜世洪对国内外的连贯研究现状做了详细梳理（杜世洪 2001；2002；2008；2012；陈治安、杜世洪 2002；杜世洪、卡明斯 2011），本研究不再赘述①。

什么是连贯？连贯是指一种可以被感知的并直接或间接依附于话语各组成成分的整体性特征，其整体性要么体现在语言形式上，要么隐含在语用环境或者交际者的大脑中（杜世洪 2012：34；2008）。整体上看，连贯具有串联性，但是把连贯的串联横切开来看，连贯的基本特征就是两两相接或者两两相连。

语言学界的连贯研究②已经有四十年历史，在这期间学术界意识到两大问题：第一，实践问题，也叫恩克维斯特问题，就是话语中有衔接手段但却无连贯构建（Enkvist 1978：110）；第二，理论问题，就是话语连贯研究一直未能形成具有普适性而且得到普遍认同的理论（张德禄、刘汝山，2003：xvi）③。这两个问题在杜世洪（2012）的著述里有所讨论。

近年来的连贯研究，仍然围绕语言形式和语言意义进行，对这两个问题没有进行深入讨论。黄华新、刘星（2015）讨论了混杂隐喻下的语义连贯机制，把连贯看成是语义概念。蔡力坚（2016）、田苗（2016）、杨莉芳和王文斌（2017）等在篇章层面上探讨连贯的功能和重要性，认为连贯具有层次性（Xiao 2016），这是近年来的新观点，至此，连贯研究出现了新局面。

连贯研究的新动向包括：（1）用语料库手段来研究连贯的特征（Hoek et al 2017）。（2）用真值语义学来阐释连贯的语义本质（Krzyzanowska, et

---

① 布柏利兹（Bublitz 1999）跟踪了英语文献中的连贯研究。杜世洪和卡明斯（2011）认为现代意义下的连贯研究已有四十年历史。在《脉络与连贯：话语理解的语言哲学研究》（人民出版社 2012 年版）一书中杜世洪详细梳理了不同层面的连贯研究，认为连贯研究出现了语言形式法、语用推理法和认知心理法，并提出了语言哲学法。本研究是连贯研究之语言哲学法的延续研究。

② 国内连贯研究中，胡壮麟（1994）、朱永生（1997）、张建理（1998）、张德禄和刘汝山（2003）、魏在江（2005）、王寅（2006）、张德禄和张爱杰（2006）、杜世洪和卡明斯（2011）等人的研究比较有代表性。

③ 张德禄和张爱杰（2006）说："语篇连贯的理论化问题一直是一个热点问题，也是一个没有解决的问题。"

al 2017）。（3）用脑电实验手段来揭示连贯的句子加工情况（Lewis et al 2017）。（4）把连贯同意向性和主体间性结合起来进行考察（Hancil 2018；Lepore & Stone 2016）。

近年来的连贯研究表明，连贯这一概念具有多层次性，研究的手段也很丰富。在当前研究背景下，本研究的连贯概念属于广义的连贯，在概念性质上，连贯既是语言学概念，又是哲学概念。

二、连贯的概念性质

那么，什么是语言学概念？什么是哲学概念呢？

如果把语言学看成是科学，那么语言学概念就具有科学概念的性质。一个科学概念具有客观性、确定性、一致性、经验性和可穷尽性的特点。比如篇章语言学中的衔接（cohesion）这一概念就是科学概念。一个科学概念不会随认识主体的变化而变化，科学概念始终是客观的。比如衔接及其实现方式始终是客观的、确定的、有经验和可穷尽的，在不同认识主体看来，都是一致的，所以科学概念具有闭合性。

一个哲学概念往往具有科学概念的经验基础，但常常具有哲学形上之思的性质。哲学概念远比科学概念复杂，其复杂就在于哲学概念具有开放性，在认识主体面前具有不同的认识方法、界定范围和认识目标。比如对于话语连贯（coherence），人们会有不同的感受与认识。对于一个哲学概念，往往会出现人言人殊的情况，难有一致看法。科学概念是规则性的，而哲学概念是规范性的。规则不能破坏，一旦遭到破坏，相应的科学概念就会发生变化。规范可以突破，如出现新的样例，相应哲学概念的范围就得以延展。

科学概念和哲学概念并不对立。陈嘉映（2007：10）认为，哲学和科学是一个统一体，"哲学-科学"是个连续体。本研究主张，连贯既是一个语言学概念又是一个哲学概念（杜世洪、卡明斯 2011；杜世洪 2008；杜世洪 2012：2）。加拿大滑特卢大学认知科学与哲学教授撒加德早已明确指出，连贯的复杂性在于难以用计算方法来处理人们思想和行为中的连贯，连贯问题不单单是语言学问题，它还是认知心理学和哲学所密切关注的问题（Thagard 2000：15）。美国乔治敦大学教授坦能认为，"连贯差不多是人们正常思维与行事的心智问题，是在世问题（Tannen 1984：xiv）"。简言之，本研究主张，连贯主要是一个语言哲学概念。

连贯是话语理解至为核心的概念，关于连贯的研究离不开对他心、语境、意义和理解这四个概念的考察。既然认定连贯具有哲学性，那么本研究就聚焦于他心、语境、意义和理解等进行研究。

第二节　话语连贯研究的四类方法

从研究的学科性质看，话语连贯研究可以分为语言学研究和哲学研究。从研究的方法层面看，关于话语连贯的语言学研究包括语言形式法、语用推理法和认知心理法（杜世洪2001；2002；2008；2012；陈治安、杜世洪2002；杜世洪、卡明斯2011）。这些研究方法存在于语言学界，为研究者所熟知，而且不少学者推出了大量的研究成果。对此，《脉络与连贯》已作梳理（杜世洪2012），本研究不再重复。关于话语连贯的哲学研究尚属新鲜实践，是本研究所进行的大胆尝试。本研究认为，话语连贯的哲学研究主要是语言哲学研究。研究的方法沿用语言哲学的方法：充分的语言分析和详尽的概念考察。本研究所认定的话语连贯的研究方法如图1-1所示。

在图1-1所示的连贯研究方法中，圆圈表示研究方法所涉及的研究范围，语言形式法局限在语言形式本身，研究范围小；语用推理法的范围且比语言形式法范围宽，涵盖了语言形式，以此类推，本研究所倡导的语言哲学法范围广，并涵盖了其他三类研究法的范围。这四类方法

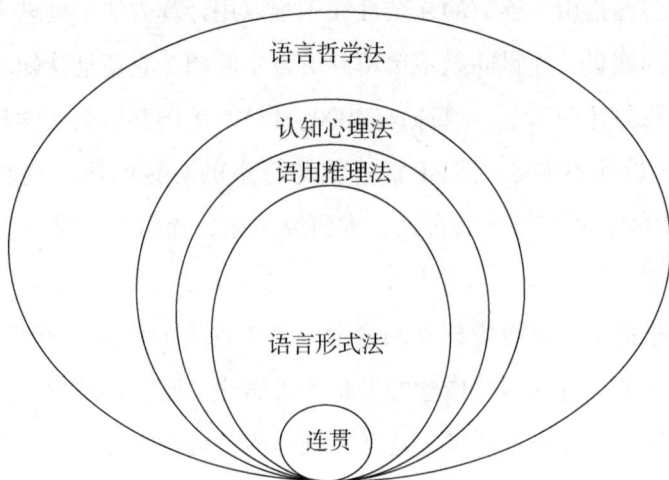

图1-1 话语连贯的研究方法

拥有共同的边切点，这个边切点代表着对连贯的同一目标。

语言形式法的基本出发点是，言语交际离不开话语这一形式，而话语是大于句子的语言单位，其连贯特征表现为语言内显性的、确定的连接手段，人们可以通过分析语言内部结构的各种特征来揭示连贯。

分析的手法具有形式主义和结构主义语言学的特点。既然话语是一个单位，分析话语连贯就要像分析句子内部联系那样去分析话语内句与句之间的连接，即要考察话语结构的完整性，考察句际间、段落间的连接以及考察横向与纵向的内部扩展规律。衔接研究、主位推进模式研究、信息结构研究（Halliday，1994；胡壮麟，1994）、命题结构研究（Kintsch，1994）等属于依据这类标准进行连贯分析的研究，其中衔接研究是最典型的研究方法。

语用推理法的基本出发点是，参与交际的内容并非总是完完全全、明明白白地体现在话语形式上，语境因素如交际的时间、地点、话题、说话的方式、交际者的特点等常常对交际起决定作用，话语形式只是参与交际的一个因素。因此，对话语连贯的研究不能局限在语言单位的结构序列上，应该从语言外去认识。

　　语用推理法的理论基础是有关语用推理方面的理论，如会话含义理论、言语行为理论、语用预设理论等。相应地，连贯研究的语用推理法包括以这些理论为基础的具体方法。限于篇幅，本书只讨论格莱斯的合作原则和会话含义理论在连贯研究中的具体运用，我们把它称为连贯研究的含义推导法。

　　从交际双方的心理状态去揭示连贯的方法就是认知心理法。其基本出发点是，连贯是听话者利用大脑固有的知识和语境信息构建心理模型时的产物，交际就是要在大脑中唤起注意。对连贯的揭示就是要系统地研究语用推理的心理过程。布朗和俞尔（Brown & Yule 1983）认为认知心理法的主要指导理论有明斯基的框架理论、相柯和阿贝逊的脚本理论、桑夫德和加罗德的图式理论等。我们从吉奥拉（Giora 1997；1998）对连贯与关联理论关系的论述得到启发，认为斯佩博尔和威尔逊的关联理论是连贯研究认知心理法的典型指导理论。它的实际应用就是关联研究。

　　话语连贯的语言哲学研究法的实质就是要考察话语交际在他心语境中语义连贯的构建情况，即要考察他心语境同语义连贯的互动关系。

第三节　语言哲学研究的意义问题

　　意义问题是语言哲学的核心问题。因此，连贯研究的语言哲学研究法旨在聚焦意义问题。考察意义问题是本研究的重要任务。对意义问题进行考察，就要把握语言哲学研究法；要弄清语言哲学研究法，就要弄清西方语言哲学的基本精神，更要明白语言哲学的任务与目的。

一、语言哲学的目的

　　如果说弗雷格是现代分析哲学的开启者，那么维特根斯坦当是西方语言哲学集大成者。虽然弗雷格的研究兴趣在于揭示人类思维的真谛而非语言本身，但是他的基本方法却是从对语句乃至语句成分的充分分析入手来研究思维的，这种分析方法在达米特看来正是分析哲学的标志性方法（Dummett 1991：286-287；杜世洪 2010）。

维特根斯坦是西方哲学的革新者，他从哲学那些源远流长的争论出发而向所有的参与者发出了质疑，从而提出了自己对哲学本质的另一种构想。他的主张是，从事哲学研究就是从事一项概念澄清的活动；哲学中的成果是概念混乱的消除、哲学问题的解决或消解。哲学问题是概念问题，而非事实问题，因而对它们的解决或消解要通过考察概念和语法来实现。

在维特根斯坦看来，语言哲学有两方面的任务：一方面，是针对我们容易犯的概念混乱这种理智疾病进行治疗；另一方面，我们要针对导致哲学困惑的那部分语言进行澄清，即要在日常语言使用中追求明晰的表述。由此观之，充分的语言分析和详细的概念考察既是语言哲学的中心任务与根本方法，又是西方语言哲学的基本精神。

语言哲学的基本精神与哲学的任务、目的与价值相契合。怀特海在谈论哲学的目的时说，哲学是对心智的一种态度，瞄向的是对种种教条无知地满足，这种哲学态度就是要打破这种无知地满足而坚定地拓宽我们对现有思维中每一种观念的理解和运用，这就要求我们追问每一个语词、每一个短语在思维表达中的意义到底是什么。在怀特海看来，从事哲学就不能满足于所谓的每个明白人都知道的常理，如果停止对常理的追问，也就停止了哲学工作。哲学家就要敢于突破有限领域的界限。哲学的用途就在于"滋养积极的新观念，这些根本观念让社会系统异彩纷呈"（Whitehead 1968：171-174）。

对于哲学的价值，罗素认为"生活得很实际的普通人"关注的是满足身体的需要，而忽视满足心智的需求（Russell 1951：154）。在罗素看来，即便是在富裕的社会里，满足心智的需求也同等重要。哲学的价值体现在有价值的社会里，这是哲学的宏观价值，而在具体操作层面上，罗素认为哲学的价值不在于确定的知识上，而在于对知识的不确定性进行全面探索。没有哲学修养的普通人容易受习惯、常识的束缚，不假思索地认定他所生活的世界是清楚确定的，对习以为常的事物不会产生任何质疑。

在罗素看来，我们一旦开始哲学追问，那么即便是生活中最普通的事物也会引起难以回答的问题来，哲学的价值就在于问常人之不问、思常人之不思，从而突破"自我"而扩展到"非我"。真正的哲学沉思就在于非我的扩展。哲学就是要发问，通过发问来扩展我们对事物的可能性和我们对事物所形成的概念的理解。

就现代分析哲学或者说现代语言哲学而论，弗雷格是开启者，怀特海是倡导者，罗素是典型代表，而维特根斯坦则是集大成者。虽然现代语言哲学没有统一的理论，但是却有一个统一的目的，就是达到语言表达的清晰和概念认识的澄明。

二、语言哲学的方法

要达到清晰和澄明的境界，就要有相应的方法。从弗雷格、怀特海、罗素和维特根斯坦所表达的观点看，语言哲学应该坚持走"语言分析"和"概念考察"相结合的道路，这既是语言哲学的任务又是从事语言哲学的方法（杜世洪 2010）。套用陈嘉映（2008）的话说，语言哲学之为在于通过语言分析和概念考察来发现道理。为什么这么说呢？因为，我们赖以生活的万事万物都可以体现道理、显示道理，但只有语言能说出道理；……尽管万事万物都能体现道理，但道理只在语言中定型、获得其确定的形式。道理的道与言说的道的内在联系，逻各斯之为言说与理性的内在联系，这一点无论在中国思想中还是在西方思想中都反复得到申说。我们在万事万物中体道，但反省道理必定始终依栖于道理的言说。语言既是哲学得以表述的媒介，又是哲学加以反思考察的媒介（陈嘉映 2008）。

语言是存在之家，然而我们赖以生活的语言却并非确定、清楚明了。语言和概念相互交织，没有概念的语言只是符号，而离开语言符号的概念却难以表达和传递。语言符号本身有限，但概念在数量和个体的疆域上都可能无限延伸，这样就会在有限和无限、静止的符号和动态的概念之间产生出张力甚至混乱。这种张力和混乱不会只出现在某一种语言里，我们可以说，语言哲学并非专属于某一种语言如英语、德语等，而是所有的自然语言都具有相应的语言哲学。因此，语言哲学的中心任务就在于厘清语言问题和概念问题。

从西方语言哲学的中心任务来看，话语连贯的语言哲学研究法聚焦的具体问题就是意义问题，进行意义考察，回答话语理解的总问题——话语理解何以可能。

第四节　研究目标

话语连贯的语言哲学研究法无论存在什么样的具体做法，都是要回答一个大问题——"话语理解何以可能"，这是本书研究的一个综合问题。把这个综合问题分解开来就是要研究他心语境和语义连贯的模式这些复合概念。

本研究拟探讨的综合问题有两个起源：第一，理论上缘起于西方哲学。从柏拉图以降，经洛克、莱布尼兹、休谟、康德、黑格尔等人，一直到维特根斯坦遗留下来的理解问题。第二，实践中本研究观察到话语双方可以就共同的语言形式达成统一，但共同的语言形式却不能确保同样的理解。例如对"AIDS"的理解，有大学教育背景的人虽然知道AIDS是"艾滋病"的英文缩写且能够在语言形式上达成统一，但是他们理解的层次却不同。普通健康人对艾滋病的理解并不等于专家的理解，而专家的理解又不等于病人的理解，知道自己患的是艾滋病的病人的理解又不等于不知道患病真相的病人的理解。因此，AIDS 这一例子说明话语理解并非在单一的语言形式层面上就能完成。

针对本研究总问题的理论缘起，本研究主要把柏拉图以降直至维特根斯坦的理解问题聚焦到西方现代哲学家的学说上来。根据本研究的特点，我们将重点探讨穆勒、摩尔、皮尔士、胡塞尔、马尔科维奇和布兰顿等六位哲学家的意义理论，并从他们的意义理论中整合出关于语义连贯的考察维度和方法。此外，本研究还将并结合维特根斯坦关于理解的观点以及陈嘉映关于理解而提出的合作原则，深入探讨格莱斯的合作原则。最后，本研究将对陈嘉映的理解的合作原则进行细化，建立话语连贯的衡量方法。

基于以上认识，围绕"话语理解何以可能"这一总问题，本研究的具体目标如下：

（1）考察他心语境；

（2）理解"理解"；

（3）探讨"意义"；

（4）梳理意义理论；

（5）建立语义连贯的脉络结构；

（6）确立话语理解的路向。

心灵就像剧场，能够相继登台出场的感知虽然为数寥寥，来来往往，慢慢退隐，但它们相互交融的状态与情形却有无限之多。把心灵比成剧场大体上不会误导我们。这些相继出现的感知，它们才是心灵的组成。

——休谟《人性论》

第二章　他心语境

他心语境是认知语言学研究中的一个新术语。它最早由吉冯在其《他心语境：语用学中的社会性、认知与交际》（Givón 2005）一书中提出，并从哲学、心理学、认知科学和语用学的视角，进行了相应的概念界定。然而，吉冯这一著作自出版至今，十余年来在学术界并未引起足够的重视。尽管如此，他心语境作为概念本身所涉及的内容在语言哲学、心智哲学、认知语用学、社会心理学等研究领域中是无法回避的。实际上，他心语境所涉及的核心成分享有悠久的研究历史。

他心语境是一个复合概念，所涉及的概念成分包括他心（other mind）、语境和认知。他心问题是语言哲学中的老问题，而语境一直是社会语言学、语用学和话语分析等研究领域的核心概念。正是在认知科学蓬勃发展、跨学科研究日趋重要的 21 世纪，吉冯以认知为总背景，把他心问题和语境整合起来研究，进而提出了"他心语境"这一概念。

他心语境这一概念的产生存在两方面的研究动因：第一，关于他心问题的哲学探讨；第二，关于语境的认知研究。

第一节 他心问题

他人与我们一样拥有同样的心灵，这是一个普遍认同的信念，但问题是我们如何证明我心与他心一样呢？从哲学渊源上讲，他心问题可以追溯到笛卡尔、洛克、利德等哲学家的著述中去。笛卡尔的二元论把身心分离开来，并认为只有人和动物具有心灵，这本身就暗示除我之外他人也有心灵（杜世洪 2006；杜世洪 2008）。同样，洛克认为他人的心灵是看不见的，这一论断也预设了他心的存在。

对心灵的认知从笛卡尔那里看是一个私人领域的认知，只有心灵的拥有者才能直接认知。应该说，笛卡尔的身心分离二元论直接道出了心灵认知的不对称性，即对我心的认知与对他心的认知二者之间存在着不对称性。这种不对称性表现为，对我心的认知远远大于对他心的认知。这种不对称性正是他心问题之所以成为哲学问题的重要原因。

他心问题作为正式的哲学问题是在 19 世纪由穆勒提出的。穆勒的他心问题现在被广泛认为是一种类比推理。不过，早在穆勒之前，利德就注意到了他心问题，而且他心问题的英文名称 "other mind" 首先在利德那里使用，并且多次出现（Somerville 1989：249）。在利德看来，他心无法被直接观察到，只有通过推理才能触及，而且他心是内在的，正如我们自己的心是内在的一样。

穆勒关于他心存在的类比推理法对哲学研究来说具有重要意义。关于他心，穆勒提出了这样的问题："我根据什么证据知道，或者我基于何种考虑竟至相信，存在其他有知觉能力的生物；我所看到或听到的那些正在行走或讲话的人有思想或感情，或者换句话说，有心灵！"（转引自 Malcolm 2002：893-894）。穆勒的说明如下（杜世洪 2006；杜世洪 2008）：

　　我之所以断定，他人也像你我一样拥有情感，首先是因为，他与你我一样拥有身体，就我自己而言，我知道我的身体是拥有情感的前提条件；其次是因为，他们表现出动作以及其他外在的标记。就我自己而言，我根据经验知道，它们是由情感引起的。我意识到，在我的身体中有一个由统一次序所联结的事实系列。在该系列中，我体内的变化是开端，中间是情感，终端是外向行为。就他人的情况来说，我有关于这个系列首尾两个环节的直接的感觉证据，但是没有中间环的证据。然而，我却发现，其他人的首尾两个环节之间的次序如同我自身中的次序一样都是有规律的、恒常的。就我自己来说，我知道，第一个环节通过中间环节产生了终端环节，没有中间环节就不能产生终端环节。因此，经验使我得出必然有中间环节的结论；这个中间环节在他人身上和在我身上或者相同，或者不相同。我必须相信他们是有生命的，或者相信他们是自动机。由于相信他们是有生命的，即由于设想这一环节与我对之有经验的本质是相同的，而且这一本质在所有其他方面也相似，因此，我就将作为现象的别人归入下述同样的普遍原则之下，这些原则是我看过经验所知道的关于我自身存在的真实理论。

　　简单地说，穆勒关于他心问题的类比论证的大意是：他人拥有与我一样的心，因为他人拥有与我一样的身体、一样的身体组成、一样的组成材料。在相似或相同情况下，他人与我表现一样，有一样的行为举止，火烧到我的身体时，我哭我叫；火烧到他人时，他人也会像我一样哭、一样叫，于是，我可以推论出他人与我一样因烧伤而疼痛，以痛为例，我们有一样的痛。其实，我与他人还有许多相似性、共同点，说得直截了当点，我直接知道自己有信念、情感、感情、感觉等心灵活动，我完全可以说，他人之心与我心一样。

　　穆勒的类比论证在其拥护者那里得到不断的修正，并且把科学论证和假说论证纳入研究中来。然而，不管怎样修正，对他心问题进行论证研究存在一个共同点，就是我们与他人之间存在的相似性，以及论证者自身的经验仍然起着至关重要的作用，这就在认知上形成了不对称性：我们对自己心灵的认识是直截了当的，而对他心的认识却是间接的。

正因为这种不对称性，类比论证的结论就无法得到核实，甚至在逻辑上都无法检验。正是在这一点上，赖尔就类比论证进行了批判（Ryle 1949：15）。不过赖尔的批判并未切中要害。马尔科姆认为，类比法把对他心的认识建立在对自己心灵认识的基础上，但实际上二者之间并不存在逻辑上的一致性，其结果反而会导致人们对他心的存在产生怀疑。

罗素站在穆勒的立场，企图为类比论证建立一个公设。罗素的公设如下（Russell 1983：580）：

> 如果每当我们能够观察 A 和 B 是否出现（或不出现）时，我们发现 B 的每个实例都有一个 A 作为原因上的先行事件，那么大多数 B 有 A 作为原因上的先行事件这一点就具有概然性，即使在观察不能使我们知道 A 出现（或不出现）的情况下也是这样。

罗素的公设有点理想化，他想在他心论证上建立起一种具有"A 引起 B"的形式因果律。这里的 A 是一种思想活动，B 是一个物理事件。比如，"妈妈生气了"是 A，那么与 A 相联系的必然有一个物理事件 B。然而，在现实生活中，"妈妈生气了"这个 A 往往不会只引起一个物理事件 B，那么我们该怎样来确定"A 与 B"之间的因果关系呢？实际上，类比法大有可疑，罗素本人也这么认为。

自穆勒正式提出他心问题以来，他心问题连带穆勒的类比论证就成了哲学争论的焦点。围绕对穆勒类比论证的批判，哲学界出现了对他心问题的新思考与新方法。他心问题不是一个单一的问题，而是一个复合问题。在我们看来，它既是一个认识论问题，又是一个概念问题，更是一个话语分析问题。

他心问题之所以是认识论问题，是因为我们对自己经验的了解完全不同于我们对他人经验的了解。这两者间的巨大差异给我们带来了认识论问题，恐怕还包括生活上的某些问题。我们处于哪种心理状态，往往只有自己知道，而且很直接。"我"的肚子疼不疼、身体痒不痒、面前的桂花香不香、情绪低落还是高涨等，"我"自己清楚得很。"我"相信2049年地球不会爆炸，足球"世界杯"将会在中国举办等，"我"实实在在有这些信念。然而，"我"永远无法直接知道他人的心灵状态，无法直接知道他有无和"我"同样的想法，对他人的心灵状态或想法"我"只能间接地了解，加以推测。

这种认知上的不对称性直接导致了他心问题在认识论上难以解答。这种不对称性是一种介于直接知道与间接知道同具体知识之间的不对称，而不是介于能观察到的、感觉到的、感知到的，同无法观察到的、感觉到的、感知到的之间的不对称。

当你抱怨没人懂你心时，你已经在遭受心与心之间难以理解的困扰。其实，"我"毫无根据这么说，因为就算你明言无人懂你心时，"我"也无法直接知道你的心是不是在遭受困扰。至于，他人在想什么，"我"一直处于猜测或相信中，但"我"无法确切知道。"我"常把相信当成知道，"我"渴望具备洞悉他心的能力，但这似乎无法做到。要知道，杨修如果真的知道曹操之心，那么杨修将另有死法。

洞悉他心的能力究竟可以用来干什么呢？难道就是为了直接获取他人的心理状态？难道就是为了直接检验人的心灵？我们从自己的心灵直接得知心灵毕竟只是心灵，如果没有心灵的外在表象，难道不可以说心灵就是我们直接拥有的同时也是我们直接缺乏的吗？

我们依据他人的外在表现，可以间接获得有关他心的知识。凭着这种认识，作为认识论问题中的他心问题有三种传统解答方法：科学论证法、类比论证法和基准法。

科学论证法的指导思想就是人类的心灵是行为的原因，人的内心活动是行为的最好解释。因此，他心存在的论证基础恰恰就是他人行为的最佳解释。科学论证法是哲学家们喜欢采用、讨论、甚至批判的方法。

对于普通人而言，多倾向于传统的类比论证法，诉求于我们与他人之间的相似性。根据类比论证法，相似性是确信他心存在的基础。这种方法我们前面已有所叙述，在此做几点补充说明。

类比论证法倾向于把他心问题简单化，其中包括行为主义倾向和功能主义倾向。在行为主义者看来，行为表现就是心灵状态。心灵注定是行为，我们能直接观察到行为，那么我们也就没有观察心灵的困难。功能主义者承认他心问题是个问题，但这个问题不太难。功能主义认为，心灵状态是内部状态，而内部状态是生命体对外部环境的反映。心灵状态的特征就是外部表现出来的各种作用、因果关系。烧伤在心灵内部会引起的疼痛感，而烧伤的疼痛感的典型表现包括大叫、哭喊等相关行为。因此，对他人心理的认识就在于仔细观察他心在具体场合下的各种表现。

第三种方法就是基准法。基准法认为心灵与行为之间的联系不是演绎推理，也不是蕴涵关系，而是以基准为特征的概念关系，这说明他心问题是一个概念问题。根据基准法的意义，行为是心灵呈现状况的基准。

然而，基准法遇到的问题之一是，如果没有推理性联系，那么我们关于他人经验的概念又从哪里来呢？基准法的基本出发点是要避免推理，避免类比论证那种个案性问题。在基准法视角下，非推理性联系属于概念本身的联系。如"痒"与"抓痒"并不是推理性联系，而是二者同属于一个概念体系。我们关于"痒"的概念已经把"痒"与"抓痒"联系在一起。

基准法面临的另外一个问题就是，没有推理，没有蕴涵，那么在观察到的行为和未观察到的内心之间会出现鸿沟，而要跨越这道鸿沟仅凭概念联系是不够的。不过，无论存在什么样的问题，基准法从概念联系的角度来考察他心问题并非不可取。在基准法的视角下，他心问题是一个概念问题。

作为概念问题的他心问题在人类认知问题上也没什么大的差异，但在提问方式上却有所不同。如果我们每个人都有自己经验的直接知识，那么我们可以通过什么途径来获得我们心灵状态的概念呢？

我们获得的关于心灵状态的概念应该是人类普遍的，而不仅仅是我们个人的。呈现在我们面前的经验必须是我们个人的经验，但问题并不在于我们无法观察别人的疼痛，而是我们怎么认定别人的经验是疼痛。

我们可以从另外的途径来追问他心这个概念问题："我"怎样才能把"我"关于疼痛的概念延伸到"我"个人的疼痛之外？换句话说，疼痛这个概念不应该只是"我"个人的，它应该还是他人的。"我"有了疼痛这个概念，那么"我"如何把这个概念用到他人身上呢？这样的提问方法把问题的焦点放在了概念的传递上，仿若他人已经与我一样确定有疼痛。沿着这个路子，我们不由得想起维特根斯坦的话来（Wittgenstein 2001：170）：

> "但若我假设某人有疼痛，那我干脆就假设他有的和我经常有的是一样的东西。"——这却没有领我们多走一步。就像我说："你知道什么叫'这里是五点钟'；而且你也知道什么叫'太阳上是五点钟'。这就是说：这里五点钟的时候，那里的钟点和这里的钟点一样。"——用一样来解释在这里行不通。因为，我虽然知道可以把这里的五点钟和那里的五点钟称为"一样的事件"，但我却不知道在任何情况下人们会讲到这里和那里有一样的时间。

对于这个问题，克里普克认为维特根斯坦的观点与休谟及其错误颇有关联，从自我内部去寻找别的自我这是行不通的。如果没有一个自我来承受疼痛，那么根本就不存在把"我"的疼痛转移到别人的疼痛上这样的问题。

概念视角下的他心问题直接与话语联系起来。普赖斯说："人们关于他心存在的证据主要来自对话语的理解。"（One's evidence for the existence of other minds is derived primarily from the understanding of language.）（Price 1938：429）。吉冯对他心的理解，正是从话语分析入手，旨在考察他心的语境问题。

第二节 语境问题

目前，国内外语言学界的语境研究成果颇丰，而对意义和理解的研究比较欠缺，至于他心问题的研究，语言学界尚无成果出现。

自马林诺夫斯基提出语境理论以来，国内外语言学界就语境的研究成绩斐然，然而，这些研究多属宏观的定性研究，而就语境的心理计算与语义连贯构建方面的认识尚需具体深入的研究。

现有的语境研究有社会文化认识角度的语境类型研究（如 Malinowski、Sapir 等的研究），有基于语言形式选择的语境研究（如 Firth 和 Halliday 等的研究），有语境的心理构式研究（如 Sperber & Wilson、Givón 等的研究），有逻辑语境的研究（如 Russell、Carnap 等的研究），有根据言语层次的语境分类研究（如王希杰的研究），有认知语境的初步研究（如刘家荣、熊学亮、徐盛桓等研究），有语境的语用预设研究（如魏在江的研究）等。早期的文化语境研究主要集中在静态语境上，对动态语境的考察乏力。自"动态语境"观（朱永生 2005；O'Donnell 1999）提出来以后，语境研究注意到了语境的流变性质，转而研究"谁用什么样的语境成分来表达什么样的意义"。随着吉冯（Givón 2005）《作为他人心理的语境》（Context as Other Minds）一书的问世，语境研究开始注重话语参与者的认知心理研究。这印证了汉代扬雄"言为心声"的观点以及清朝学者刘熙载关于"言为心学也"的认识。

王希杰（2006）认为中国古人早已认识到语境的重要性，语境"作为学术的研究对象形成一门语境学"，但是迄今为止，语境学"还远远不能算是一门真正的学科"。为什么呢？本研究认为这与语境研究的状况密切相关。语境研究不能就语境本身而孤立地研究语境，因为语境研究的目的在于考察话语的意义，而考察意义又必须考察话语如何得到理解，而考察"话语理解何以可能"就要考察话语双方的心理以及话语连贯的心理机制。

自从奥斯汀的《怎样以言行事》（*How to Do Things with Words*）于1962年问世以来，语用学作为一门学科发展至今喜忧参半。可喜的是我们建构现实的方方面面，诸如文化、社会性和人际交往等领域越来越重视对语境的考察与研究，这使得语用学日益成为一门不可或缺的重要学科。

然而，在这可喜的背后令人担忧的是我们与语境的每次接触都会遭遇相对主义那滑不溜秋、难以立足的"斜坡"。于是，绝对主义者不无幸灾乐祸地欢呼说：既然无物不在语境之中，一切都100%地依赖语境，一切都由语境决定，那么对心灵、文化以及语言做系统性考察也就成了无望之为、盲从之举。

语用学要完成的神圣使命似乎就是对生命有机体那令人惊羡的、自身框架保持稳定不变的倾向做出解释，而且必须以原理的方式解释：为什么流变中总是有稳定的现实显现？这是一个最高秩序的演化问题，是生命有机体顺应与生存的核心所在。

流变的语境具有非客观性的本质属性，在流变图景的周围具有稳定的框架，这框架被解释为无处不在、随处可用的甚至仍然神秘的"关联"判断，这一事实在上自老子、亚里士多德以降，到康德以至下到近年来的斯颇博与威尔森等人的论述里都有所认可。

然而，断言"语境是心理结构"（Sperber & Wilson 1986：15）仅仅是开启了一个浩大的研究工程——如何描述生命有机体顺应现实而有出现成功的框定，即怎样解释选择了某些特定框架的一些有机体能够得到繁育，坚持通过在原则上"合法"或"有效"的其他框架来看待现实的另外一些有机体却反而消亡。时至今日，要求详细叙述语境框定是怎样通过神经-认知机制而对"我们看来是真"进行无所不在的控制这一挑战，仍未得到回应。

就在《心灵、代码和语境——语用学论文集》（*Mind, Code and Context: Essays in Pragmatics*）一书于 1989 年问世之后，吉冯就惋惜地发觉，该书其实未能实现他的期望。书中缺乏至为重要的轴心式的东西，以致其研究无法从个人认知语用学推而广之到语用学的社会性及人际交流。吉冯认为在这两者之间需要找到桥梁过渡式的原理，用来连接第一位的"外在"现实的框定，第二位的自己心灵的框定和第三位的他人心灵的框定。有了这种原理，就可以根据对话者的心理模式来重新构建社会性及人际交流语用学。这种重新构建，在吉冯看来肯定隐含在格莱斯的"原则"中。

吉冯企图对语用学进行重新定位，主要把文化、社会性及人际交流置于神经-认知、生物顺应、演化的语境中进行考虑，这无疑是一个浩大的工程。

吉冯的语用学属于社会性及人际交流语用学。语境是语用学的核心概念，但吉冯不是从交际者的外在物理环境去考察语境，而是从人心的角度来研究语境。在吉冯看来，语境是动态的，是通过关联判断而运行的框定。

虽然这种认识早在亚里士多德、康德和皮尔士那里就已成为宏论，但是，吉冯却把语境同社会性及交流联系起来，认为语境是一个极为具体的心灵运作，是关于对话者的现状、快速转换的信念与意向状态的心理模式。话语互动与人际交流赖以运行的语境，就是关于他人心理的心理表征。

基于这种认识，吉冯的主要论点就是要说明说话者总是顾及听话者的心理模式。吉冯从演化论角度试图阐明：在对话中，不断监控他人的心理状态具有实质性意义，因为通过这种办法，他人的行为才得以预见，对话才有顺应价值。吉冯在这里预设的是正因为"我"知"我心"所以才知"他心"，而"心"与"心"相知的基础在于特征联系和语法。

于是，吉冯提出，语法具有预想或影响他人心灵的作用，语法是演化而成的一种顺应，它能促成人们在话语互动中心领神会。吉冯把他心问题和语境问题联系起来探讨，这在学理上做出了重要贡献，并且，吉冯以语境为基础，为他心问题的理解提供了语法检验法。

第三节　关于他心语境的论证

他心语境目前在学术界仍处于接受阶段，虽然其发起者是吉冯，但是，与他心语境密切相关的研究并不鲜见。他心语境，在吉冯看来是动态的心理结构，是一个系统的在线建构过程，是关于对话者的信念和意向状态的心理模式的建构。在他心语境内，语法是自动、高速处理信息的轴心工具。在他心语境内，关于对话者认识和道义状态的心理模式，是在交际过程中通过语法编码形成的，是以在线形式迅速建构起来的。这是吉冯关于他心语境的核心观点。围绕上述观点，吉冯做了以下研究。

第一，关于"语境是心理结构"的论证。在吉冯看来，语境其实是一个难解之题。语境这一概念所涉及的问题争论，可以追溯到古希腊哲学家和中国古代思想家那里去。语境所涉及的概念包括关联、类比和隐喻等，吉冯由此简略地上溯到老子、苏格拉底、柏拉图、亚里士多德，经康德，再到罗素、皮尔士、维特根斯坦和卡尔纳普，来启发性地说明语境与范畴的概念关系（杜世洪 2006；杜世洪 2008）。吉冯明确指出，他考察语境的路径是"从物理现实的阐释到心理现实的阐释"，并认为"社会现实并不是客观的现象，而是带有意向的、带有目的的、框定而成的结构"（Givón 2005：8）。吉冯认为语用学首先表现为对生活、行为、认知和交际进行的整合理解，但其最终目的是对"有感觉的社会存在物"演化的生物限制进行理解（Givón 2005：36）。

第二，他心语境与普遍心理范畴形成的关系。吉冯探讨了心理范畴的原型特征，指明心理范畴作为原型特征是在冲突和效用间折中。为此，吉冯表达了三个重要观点：

（1）有机体为了生存需要以同样的方式来表征类型相同的大多数记号，并且把变异的记号当成例外（Givón 2005：39-40）。这就是说，生命有机体需要养成一种对语境具有敏感性的顺应反应。吉冯说，典型例子与例外现象之间存在着张力，它反映在核心与外围、离散与渐变、生成语法与浮现语法以及逻辑人工智能与语义网络的区分上。这种张力还对应为"快速、重复、坚定的批量处理"与"缓慢、容易出错的语境分辨"。

（2）语境离不开溯因推理的特征联想机制。语境是一个复合型概念，由若干个活性程度不同的语境成分组成。这些语境成分溯因推理所依赖的特征，而溯因推理正是建立在对这些特征的联想上。

（3）交际中他心可以通过我心来在线建构。从演化角度看，直到现在我们主要生活在亲属社会里，在亲属社会里我们与对话者共享文化、情景、个人背景信息等。通过特征联想，我们把他人心理当成我们自己的来建构，把它当成原型范畴。

第三，隐喻对语境具有依存性。吉冯把认知表征系统分为词汇、命题和话语，把交际代码分为感觉动作码和语法代码。感觉动作码由语音学、音位学和神经学方面的成分组成，在感觉触发码里语音和音位对词汇进行编码。原则上语法代码也由音位来编码，语法代码主要对话语连贯进行编码，这就等于交际意图。以此为基础，交际中的隐喻是由语境决定的，隐喻对语境具有依存性。吉冯回顾了雷科夫的概念隐喻（conceptual metaphor）指出，人们倾向于把隐喻从语境中剥离出来单独谈论，然而隐喻的适切性关键就在于对语境的依赖。吉冯证明了概念隐喻是怎样在话语中被激活的。

第四，他心具有语法特征的联想机制。吉冯揭示了他人之心是怎样通过特征联想而从自己的心中建构出来。关于他心的考察，离不开三个认知表征系统：语义（词汇）、语法和话语。吉冯在这里所说的词汇对应的是普遍文化上所共享的东西。语法代表的是对话者在具体时间的心理模式。这些模式构成规约化（语法化）的、常见的、反复出现的以及顺应相关的各类语境。

在吉冯看来，他心的三类认知表征对应三种记忆（Givón 2005：101）：共享的普遍性语词（类指词汇）对应永久的语义记忆；共享的言语情景对应短期工作记忆（注意）；共享的现实文本对应先前的情景记忆。

这三类表征实质上是意识与认知活动，意识是表征他心时所必需的。对他人行为的预见是社交主体最重要的顺应能力，而就对话者现实认知状态的心理模式进行系统的在线构建，是语法演化的中心顺应动因。

第五，他心语境的经验研究法。经验科学的演绎法和归纳法适用于他心语境研究。在这一前提下，吉冯建立起"经验科学的语用学"这一概念。通过这一概念，吉冯来理解语境中的溯因推理。溯因推理的基本步骤如下（杜世洪 2006）：

（1）令人困惑的事实 F 同理论 T 不相容；

（2）但是 F 却与假说 H 完全相容；

（3）H 的真值尚待确定；

（4）于是，如果 H 为真，

（5）那么，F 就可以得到解释；

（6）因此，H 必须为真。

溯因推理是语境性的，因为它总是把"先前异类事实置于更大的语境里"。吉冯关于他心语境的论点可以理解为一种溯因推理：

（1）社交行为中存在着有关交际任务和语法功能且令人困惑的事实 F；

（2）F 完全与假说 H 相容，说话者下意识地塑造交际伙伴的心理状态；

（3）H 的真值有待确定；

（4）那就是说，如果 H 为真；

（5）那么，F 就会解释成当然事实；

（6）因而，H 即说话者，下意识塑造交际伙伴心理状态，必须为真。

他心语境具有启发意义，它所涉及的问题属于哲学上的真正问题，符合"问题之所以是问题"的三大检验标准：是否涉及人或世界、是否具有普遍性、是否在语言中产生。他心语境究竟是不是由他人心理的表征所组成？要回答这个问题我们必须寻求证据来证明说话者是否真的在构建这样的表征，这样的表征由什么组成，尤其是当说话者并不能从自己的心理状态推断他人心理状态的时候，我们要弄清在什么条件下利用这些表征。

近来，关于说话者是否建构对话者的心理模式这样的问题有不少论著。应该说他心语境的研究可以从许多其他著述中找到相关信息。下面简略介绍几项相关研究。

（1）我心理解与他心理解的理论与实践研究

尼克尔斯和斯蒂奇在其《读心》（*Mindreading*）一书中从自我意识观察出发，假装以人类为研究对象，揭示了我心理解与他心理解的关系（Nichols & Stich 2003）。他们注意到关于心灵理解的理论需要进一步完善，尤其是需要从人类行为的外在特征来寻找证据，那么他心语境与话语分析便密不可分。

（2）"私人语言不可能存在"与他心的语言检验

希斯洛浦在其《他心》（*Other Minds*）一书中，探讨了维特根斯坦关于私人语言不可能存在的含义，认为私人语言不可能存在正好说明语言属于共有，而共有的语言本质上是我心与他心的共有（Hyslop 1995）。那么，如何检验他心的存在？如何理解他心呢？回答这两个问题势必会涉及对语言及其使用环境的考察以及他心与我心之间的关系的考察。

（3）他心与我心具有语境反射关系

博格丹在其《心心相顾》（*Minding Minds*）一书中认为，人类的思维具有反射性，原因在于人类在话语交际中需要顾及他心，而对他心的及时理解与交际的语境相关，语境不单单是社会文化语境，更重要的是心与心之间的及时阐释（Bogdan 2000）。然而，博格丹的研究多属于思辨性质，尚需证据夯实。

他心语境作为一个术语，虽然是 21 世纪初才正式被提出来，但是，关于他心语境的研究，我们可以从中国古代典籍中寻求思想源泉和语用材料，做好有关他心语境的理论本土化研究。例如《庄子·秋水》里庄、惠二人在嬉戏中的濠梁之辩，提出的问题正是严肃的哲学问题。"子非我，安知我不知鱼之乐？"这话直接把西方哲学中的"他心问题"提了出来。扬雄在《问神卷第五》中说："故言，心声也。"（扬雄 1998：37）刘熙载在《艺概卷一》中明确断言道（刘熙载 1978：37）："言语亦心学也。"

话语交际实质上是心与心的互动。因此，话语交际规律的研究势必要揭示心与心的互动规律。他心问题是话语交际不可回避的问题。尽管这个问题早在庄子时提了出来，在汉代扬雄、清代刘熙载等人那里有所提及，然而，这仍是现代语言学界极少论及的问题。

古代思想诚然是他心语境研究的重要对象，而现代汉语在实际生活中的运用，也是他心语境研究的重要对象。

若干年前，台湾歌手苏芮的一首流行歌曲《牵手》："因为爱着你的爱，因为梦着你的梦，所以悲伤着你的悲伤，幸福着你的幸福。因为路过你的路，因为苦过你的苦，所以快乐着你的快乐。"很明显，这是在说"我"的悲伤与你的悲伤一样，"我"的快乐与你的快乐一样。

歌曲《牵手》中的这些歌词在哲学家看来过于武断，我们如何证明你我的悲伤和快乐是一样的呢？日常话语中，我们凭着信念认为我们可以将心比心，我们能够以己之心度他人之心；我们甚至会说："你在想什么我心里太清楚了。"哲学家虽不否认你我都有心，你我的心都思考问题，但哲学家苦苦追问的是，我凭什么断定我心之外还有他心，比如你的心？日常话语互动中，我们也常常听到"明明白白我的心，渴望一份真感情""其实你不懂我的心"等话语。虽然话语交流是心的交流，那么我们有必要对他心问题进行研究。在英美，他心问题虽然首先从哲学界提出来，但是他心问题至今已经演变成认知语言学研究的新问题。

我们断定他心问题属于认知语言学研究的新问题，并非没有根据。赖尔、奥斯汀、斯特劳森以及维特根斯坦等人的考察正是把他心问题纳入了语言分析的范畴。赖尔通过考察日常语言用法，将描述心理的概念归属于趋向、动机和能力等逻辑类型，然后又还原为对行为、表现的描述，从而将心化解为行为或活动，他心问题就随之轻易化解了。

奥斯汀从考察"知道"的用法入手，瞄向"怎么知道他心"，拓宽了对日常用语、情感以及感觉语词等的考察之路。斯特劳森紧紧抓住

"人"的概念，清算了二元论对人的理解所带来的错误，为理解他心问题提供了新的范式。

维特根斯坦关于私人语言不可能的论证彻底批判了传统的心灵观念，为我们展开了认识个人心灵的图景，不存在隐秘的、只为个人所私有的心灵实体，内在的过程应该有外在的标准，心理与行为紧密相连。不过，值得注意的是，私人语言不可能的论证并非直接为他心的存在提供辩护。

上述语言哲学家关于他心问题的探讨尚待深入，也正为我们提供了他心语境进行深入研究的出发点。

吉冯的"他心语境"观点，为我们所说的"认知语言学中的他心问题"在思想上开辟了认识他心存在的道路。吉冯说（Givón 2005：221）：语境是被他人解读的他人心理；语法与他心构建关系紧密；对他人行为的预见是社交主体最重要的社会顺应能力，而对话语参与者现实认知状态的心理模式进行系统的在线构建，是语法演化的主要适应动因。话语互动的语境实际就是双方进行在线构建他心的动态过程，而在这个过程中，语法是自动、高速的信息处理的轴心工具。

怎样验证他心确实存在呢？根据吉冯的观点，如果话语互动中双方共有的语法预料同时生效，那么我们可以根据表层结构与深层结构的一致性来断定，对方与我是否拥有共同的语法机制，能否构建出同样的话语。更重要的是，对方与我一样具有顺应话语交流的动因。从这点看，吉冯预设的观点是乔姆斯基的普遍语法。在乔姆斯基的普遍语法理论基础上，吉冯完全可以说"我"与他人拥有共同的深层语法。由于我们共有的深层语法结构，我们可以构建出互相可以理解的话语来。

然而，吉冯的观点似乎有点武断，甚至有点幼稚。但是，他认定"我"与他人拥有共同的语法结构，并以此作为论证他心构建的基础并不是没有根据。在学理渊源上，我们可以追溯到乔姆斯基、维特根斯坦乃至康德那里去。对于这一点，威廉姆斯在其《康德的语言哲学——乔姆斯基语言学及其康德哲学根源》（*Kant's Philosophy of Language：Chomskyan Linguistics and Its Kantian Roots*）一书中作了一些论证（Williams 1993）。总之，吉冯的他心语境及其主要研究内容都需要进一步论证。

如果你想理解"意义"这个词的用法，那就要查看那种被称为"对意义的解释"的东西。

——维特根斯坦《哲学研究》

第三章　意义探索

什么是意义？或者调换一下语序发问：意义是什么？这个问题虽不新鲜，但也未陈旧。若要对它进行追问，当然是想要问出新意来。那么这"新意"又是什么呢？既然有"新意"一说，那么"旧意"是什么呢？我们对"旧意"弄明白了吗？识得"旧意"，推出"新意"，这里明显认为"意义"有新旧之分。意义的新与旧又是怎样区分的呢？如果说人的一生就是追逐意义的一生，那么人是在一辈子追求着某种不变的绝对意义呢，还是在不停地追求着流变的新意，或者两者兼有？变与不变，意义究竟是精神的还是物质的呢？惯于中庸的人或许会说，意义既是精神的又是物质的，或者有时是精神的而有时是物质的，但问题是我们如何证明呢？

对于这样的问题，你要是想踏踏实实地过着你的生活，你也许会认为这些都是无聊的问题，因为在你看来，追问"意义"一词的意义，这是"吃饱了撑的"的人喜欢做的事。其实不然，对意义的追问，并非专属于哲学家、语言学家、艺术家、文学评论家等各种各样的"家"，芸芸众生都在追问着意义。专家注重的是道，而普通人关注的是器，大道无形并不虚，器用之物彰显道。专家的追问或许比较系统，而普通人的追问可能出现在某一时，针对某一具体事件或问题，解答的方式集中在某一方面或某一阶段。追问意义的专家从来没有远离众生，所思考的问题也并非与普通人毫无关系。专家的追问为的是让更多的普通人明白"意义"是什么，弄清"意义"在我们日常生活中的意义。你要是阅读过语言学、语义学乃至语言哲学，你也许会认为，上述问题属于老生常谈，因为你已经知道，关于意义的问题已经出现过这样那样的说法，形成了如此这般的理论。然而，正是因为你真正熟知语言学、语义学和语言哲学的意义理论，你才会发现，"意义是什么"这一问题仍然是一个必须追问的问题。

大凡提出"什么是什么"这样的问题，在哲学上都属本体论问题，需要定义却又难以准确定义，即便勉强采取了定义的方式，也只不过是从认识论的角度入手，选用语言论的分析方法来理清回答问题的思路。这就是说，对于"意义是什么"这一问题，与其说我们找到了正确的答案，还不如说我们拥有了各种各样回答这个问题的不同思路。

在我看来，现有的意义理论，尽管多种多样，但它们只是聚焦在意义的种类识别方法上，而对意义这一概念本身的追问仍然乏力。这好比追问"鸟是什么"，除了定义法外，直观的方法有看图识鸟、看物识鸟。这就是说，有人会画几只鸟给你看，还有人可能会抓几种鸟来给你看。于是，麻雀、孔雀还有金丝雀都来了，鸵鸟、企鹅也来了。虽然，这些画鸟的人和抓鸟的人似乎都非常清楚"鸟是什么"，但是，他们在回答这个问题时，提供的只是鸟的类别，而没有清楚地回答"鸟是什么"这一概念问题。这里潜藏着一个问题：画鸟的人和抓鸟的人心目中有没有关于鸟的准确概念呢？这问题若由柏拉图来回答，他会认为有鸟的理型存在。人们是根据鸟的理型来识别乃至绘制各种各样的现实的鸟。如果柏拉图正确无误，那么鸟的意义是鸟的理型吗？如果不是，而现实的鸟又存在着差别，这是不是可以说鸟的意义也有差别呢？

弗雷格说，不要孤立地问一个语词的意义，这如同说不要孤立地问麻雀的意义一样，仍然避开了对"意义"这一概念本身的追问。维特根斯坦说，语词的意义在于使用，看到的在稻田里啄食的麻雀就是鸟，这仍是通过提供鸟的种类来定义鸟，虽然关注的焦点是麻雀的具体行为，但是麻雀的具体行为并不等于鸟的概念。从一个语词的具体使用来看，我们似乎能明白这个语词的意义，但我们仍不明白"意义是什么"。麻雀在稻田里啄食，就算可以说成是鸟在稻田里啄食，也不能说鸟的意义就是鸟在稻田里啄食。语词的具体使用能显示出语词的意义，但是具体语词的意义并不等于"意义"的意义。

第一节　意义的朴素追问

"意义是什么"这样的问题是如何产生的呢？意义产生于好奇、产生于困惑、产生于求知。亚里士多德说人有求知的欲望，那么对意义的追问也就属于人的欲望。人类的成长犹如个人的成长。在幼年时期，在认识事物之初，小孩出于好奇或困惑或求知，常常会问"这是什么""那是什么"的问题。小孩在直接环境下的提问，表面上是需要名称，深层里却是对意义的追求。如当小孩指着月亮问那是什么时，小孩看见了常识状态下的月亮，而缺乏的是月亮这一名称的由来。若大人告诉小孩说那是月亮，小孩也许就此不再追问。倘若有小孩又问"月亮是什么"时，这时小孩追问的就是"月亮"的本体意义。倘若你回答"月亮就是月亮"，这就相当于用"A 就是 A"这样的必然等式来应付小孩对月亮意义的追问。对这样的回答，小孩显然不会满意。当你说"月亮是晚上最亮的星星"时，你是从直接经验的角度来回答问题。然而，你的回答并没有给小孩带来什么新的认识，因为小孩同样有这样的直接经验。当你说"月亮是玉兔""月亮像玉盘""月亮像粑粑"时，你只是使用了比喻，让小孩把看见的月亮同生活联系起来，但这种联系并不是真正的知识。你如果正在教小孩学英语，你可能会说："月亮就是moon"，你的这种回答是用一种符号来替换另一种符号。符号之间的替换，容易让人感觉甲种符号的意义可以由乙种符号来等同替换。对于"月亮是什么"的种种思考，你的回答可以具有神话特性，可以具有诗意，也可以具有通俗性而贴近普通人的生活，但你的回答的差异本身又会产生不同的意义。当然，你若用天文知识来回答，你给小孩提供的是科学知识。而关于月亮的天文知识能不能完全等同月亮的意义呢？

我们追问"意义是什么"时，是因为我们对意义的理解出现了困惑。"意义是什么"这一句式包括未知的 X（什么），与我们仅知符号的已知 X_n（意义）。"意义是什么"成了"X_n 是 X"。我们需要求解的是 X，X 尚未廓清。而 X_n 也只是一符号代码，我们对其概念体系仍不清楚。现有的意义理论提供了若干（即 n 个）意义的种类，而对意义这一符号代码"X_n"中的"X"究竟是什么仍不清楚。如果把"是"当成一种等同关系的系词的话，那么关于"意义是什么"或者"什么是意义"的种种说法，就成了"$X_n = X$"或者"$X = X_n$"这样的等式，但这等式多少会让人生疑。

如果维特根斯坦所说"语词的意义在于它的用法"有道理的话，那么，我们使用某个语词的先决条件就是我们知道这个语词该如何用，否则我们就会误用这一语词。如果我们已知道这个语词的使用规则，然后才去具体使用这个词，这似乎在说，我们在使用这个词之前已经明白了它的意义。问题是，我们已明白的意义是什么呢？是从哪里来的呢？同样，当我们问"意义是什么"时，按理我们已经知道怎么使用"意义"这一词。既然我们已经知道"意义"这一词的使用规则，那么我们就应该对"意义"的意义有所了解。那么，我们到底是怎样了解意义的呢？

其实，我们对"意义"的了解来源于具体生活。日常生活里，我们虽然不去追问"意义是什么"这样的问题，但是这并不等于普通人没有"意义"这一概念。普通人可以不使用"意义"这一符号，但不可以没有"意义"这一概念。普通人一般不会孤立地询问"什么是意义"，而会把意义同生活中的具体事物联系起来追问。

第二节　意义的生活形式

意义一词的使用往往体现在具体的生活形式里。由于生活形式的丰富多样，意义一词出现的场合、使用情况也就多种多样。在现代汉语里，"意义"往往同"意思"相连。我们不妨从考察二者的使用情况入手来考察"意义"的具体展现。

汉语里，"意义"与"意思"有所重叠。当一个语言学习者询问某个生词的意思时，可以算是在追问该词的意义，但实际上是在寻求一番解释，或者是要寻找另一种可以替换这个生词的符号。不过，"意义"一词覆盖的内容比"意思"更宽泛一些。宏观上，我们可以说"鸦片战争的历史意义"，但不太可能说"鸦片战争的历史意思"。微观上，我们可以说"小伙对那姑娘有意思"而不太可能说"小伙对那姑娘有意义"。我们可以说"张三的一生过得很有意义"或者"张三这一天过得很有意义"，但一般不会说"张三的一生很有意思"，而更多地倾向于把"意思"放在具体的活动上，比如说"张三这一天过得很有意思"。这是"意义"与"意思"的粗略用法。下面我们不妨从"意义"与"意思"的各种具体用法中来考察"意义"与"意思"的概念关系。

首先，"意义"同具体物件相联系的情况。植物学家蔡希陶先生发现了望天树，而望天树存在的"意义"就在于证明西双版纳确实存在着真正的热带雨林，从而推翻国外专家认为中国没有"真正意义"上的热带雨林这一错误认识。如今，到西双版纳热带雨林参观，如果不亲眼看看望天树，就等于错失了该次旅游的关键"意义"。考古界要证明在河南安阳发掘出来的古墓是曹操墓，仍需寻找具有决定性"意义"的物件。日常生活中，给某人捎带点礼物，而那礼物在嘴里就成了一点小"意思"。奥赛罗告诉老婆那手帕具有重要意义，只要手帕在，奥赛罗父母之间的爱就在。恋爱中的定情物、结婚用的戒指等，这些物件既有"意思"，也有"意义"。然而，对于这些，摩尔会说，你掏得出手帕，你却掏不出手帕的意义。这是把物件和意义剥离开来的观点。

如果意义和物件本身存在着这样或那样的关系，那么摩尔的话就值得怀疑。尽管如此，但有一点无须怀疑，那就是"掏出手帕"肯定"有意思可解"。不过，这里可解的意思又同掏出手帕的目的联系起来了。掏手帕肯定是有目的可言的，如擦擦汗、擦擦嘴，或者只是想看看手帕上的绣花等。不仅意义同目的有关系，而且意义有时还与目的分不开。试想一下，张三到纽约去参观，目的只是想亲眼看看双子楼，而当双子楼在"9·11"事件中被炸毁后，张三肯定会认为到纽约参观已经没有什么意义了，或者没有什么意思了。这里的"意义"不仅与物件相连，而且还同目的有关。生活中，当张三某个目的未达成时，张三会觉得再谈论那目的，已经毫无意义。事情发生之后，某个目的并未达成，张三会说这事毫无意义，但李四却会认为这事还有点意思。同样的事情、同样的物件，在不同的人那里，恐怕会有意义上的差别。为什么会这样呢？对这一问题进行思考，我们会觉得意义并不等同于物件，意义并不等同于事情。否则，同样的物件在不同的人那里应该具有同样的意义。再反过来思考意义与物件的关系，我们又会找出实例来说明，意义好像就等同于物件。冰是一样的冷，火是一样的热。同样的毒药，会毒死不同的人，哪管你是白人还是黑人。

就算意义不等同于物件，但意义可以联系在物件上。当物件成为一种表达符号的时候，询问具体物件的意义也就好比询问具体语词的意义。然而，生活中，我们询问具体语词的意义时，又确实会把语词同具体物件联系起来。似乎可以推测，人类对意义的追求应该是从对物件的追求开始的。在抽象的表达符号产生之前，意义的传递、表达应该以物件为基础。相同的物件，相似的物理环境，是一个人与另一个人赖以交流意义的共同基础。现在，世界上有几千种成熟的语言，但各种语言可以相互翻译，这是为什么呢？相同或相似的物质基础是产生第一个跨语翻译的原始保证。原始交流方式有物件形式，物件本身可能充当了交流的符号。具体的物件是成熟发达的语言的重要基础。当我们说语言与世界的关系，或者干脆说语言就是世界时，这是一种高度而又笼统的概括。对这样的话进行充分分析，我们就会发现语言这种符号系统有物质基础，而这一物质基础可以进一步切分成具体的物件。"意义"一词，现在看来是一个抽象词，但谁能断定它一直就是抽象的呢？意义虽然抽象，但离不开对具体物件、具体活动、具体事件的概括。意义同具体物件的关联既有原始的发生基础，又有现代的表现形态。

其次，"意义"同事件相联系的情况。物件是客观的、具体的、静态的。相对来说，同一物件会在不同人那里比较容易同意义发生关联。然而，事件却没有物件的这些属性。事件这词本身容易与其他词发生交叉或重叠，但不完全等同。事件、事情、事、事实、事态、事变、事故等这些词在汉语里有各自的用法。我们这里把"事件"当成从人们活动中分离出来的一个表述单位。我们从广义的角度客观地来谈论事件，而不把事件色彩化。狭义的、色彩化的"事件"常常同"事变""事故"乃至"案件"等联系起来，如"政治事件""西安事变""水门事件""王家岭煤矿漏水事件""钱云会事件"等。大致可以说，我们把"事件"当成活动的一个单位，"一个事件"相当于生活中或大或小的"一件事"。生活中，很多事不仅有意思，而且有意义。

与"事件"相联系的"意义"又是什么样的呢？一个事件的完成就出现了意义。豆花女终于为婆家生了一个儿子，于是她觉得自己的人生有了意义。祥林嫂的阿毛被狼叼走了，于是她的人生就失去了重要意义。这里需要注意两种情况：第一，事件的成与不成的情况；第二，事件的完成合不合心愿。对于第一种情况，不少人会倾向于事件完成了才会认为有意义，而未完成的事件，也许有其他方面的意义，就是没有心目中想要的那种意义。过去，许多人曾认为，人生有四件有意义的事：金榜题名时、洞房花烛夜、久旱逢甘霖和他乡遇故知。这四个事件应该是完成了才有心目中的意义，就是所谓称心如愿的意义。至于第二种情况，事件的完成合不合心愿，同样会涉及意义的有无问题。事件的完成直接或间接地达成了自己的心愿，这件事肯定有意义。相反，事件完成并不如愿，或者出现的结果并不是自己想要的，那么，自己就会觉得没有意思甚至没有意义。生活中，我们常常听到这样的话，"这事过就过了，再去谈论它还有什么意义呢？"这里所谈的意义就是同事件的完成是否如愿相关。这道理在典故里可见，有道是大雁已经飞走，你我还在争论把大雁射下来后是该烤来吃还是清炖喝汤，这已经没有意义了。生活中，马后炮、雨后送伞、光打雷不下雨诸如此类，都没有意义。这似乎是说，做一件有意义的事，就是要完成它，而且是如愿完成。比如战争中，真正打败敌人，攻克敌方的城池，这才有意义，而纸上谈兵或作战方案本身却没有实际意义。施政时，真正为民谋求实际福利才有意义，只是言语问候而无实际行动，更没有实际效果，这就没有真正的意义。

当我们说事件完成后出现了意义，我们还得注意两个问题：第一个问题就是事件的完成对谁有意义？第二个问题就是事件完成后的意义是从哪里来的呢？

一个事件对谁有意义？这个问题一方面会涉及个人和群体、特殊与普遍的问题；另一方面又是意义与价值的问题。如果一个事件具有普遍意义，那么它对个人也有意义。然而，对于个人有意义的事件，并不一定对群体有意义。具有特殊意义的事件彰显的不是普遍意义。当意义和价值联系起来时，有意义的事件就必须有价值。没有价值的活动，就不能算是一个事件，只是一种活动，没有意义。

事件完成后出现了意义，这话本身暗示着意义是生成的。意义是伴随事件的发生、发展与完成而生成的。比如人类历史上的各种发明就带来新的意义。谁敢说电的发现和电灯泡的发明对人类没有意义呢？个人成长过程中，克服了种种困难，完成的一件件事情，对个人乃至群体产生了意义。伟人写出的自传、作家写出的传世佳作，既是个人的，又是群体的，而且意义深远。

若以上这些说法仍然有点费解，不妨举例说明一下。一个人独自在家里七弄八弄，做出了一个大桥模型，这对他个人有意义，而对他人及群体没有任何直接意义；而杭州湾跨海大桥的成功修建却对一个很大的群体有意义，但并不一定对整个人类有意义。要是真有一天，有人能发明一种细小的营养装置，每个人可以通过这种装置从空气和阳光中直接获取生存必要的营养，那么这个事件对整个人类都有意义。道家的辟谷术要是真有神效，那么它就有普遍意义或价值。这里有明显的区别：个人在家制造的大桥模型，虽然对个人有意义，但无明显价值；杭州湾大桥对部分人有意义，而且有价值；营养装置会有普遍意义，也会有普遍价值；辟谷术还只是一种文化现象，说它有文化意义尚可，但要说它有价值，就显得勉强。这就说明意义与价值既相联又相离。

我们下面就来看看，生活中"意义"和"价值"相关的情况。意义是一个难以琢磨的语词，价值虽然在普通人看来不难判断其有无和大小，但价值也是一个不确定的语词。什么是价值？用一种笼统的概括性话语来说，价值在本原上是自然界的产物、是人类在自然界进化中自我发现的产物、是人类社会发展的产物。人类对价值的意识体现在人类对存在的意义的思考活动中，体现在人类对存在的关注过程中。现在的价值理论出现了诸多学说：本性说、情感说、抽象说、奥妙说、关系说、属性说、效用说、态度说、劳动量说、主体性说以及意义说等等。这些学说都由专家的总结与定名，普通人的词汇里，可能会有经济价值、物理价值和道德价值这三大类，而普通人的个体根本就没有那么多关于价值的说法。

在普通人的生活中，价值这一概念相对来说没有专家所说的那么复杂晦涩。普通人的价值概念与"值与不值"或"合不合意"或"有没有用"直接关联。于是，对生活中的意义的理解就直接与"值与不值""合不合意""有没有用"发生关系。这里，"合不合意"和"有没有用"比较容易理解，而"值与不值"本身就是一个关于"价值"的衡量问题。凭借什么标准来界定"值"与"不值"呢？这首先会涉及一个量的多少的核计问题。量大的就值，量少的就不值。值得做的事就有意义，不值得做的就没有意义。杀鸡取卵这样的事不值，也就没有意义；而现实中点石虽然成不了金，但相当于点石成金这样的事就值，也就有意义。花两元钱买了一张彩票，结果中了五百万大奖，这就值，而花五百万元买彩票，结果什么都没中，那就不值。根据量的大小来衡量价值的多少，这是一种直观判断。根据直观判断，母鸡能下蛋，就比公鸡有价值，能下两个蛋的就比只能下一个蛋的有价值，下出大蛋的就比下出小蛋的有价值。这种对价值所持有的直观判断是人们评价"值"与"不值"的基本标准，在日常生活中到处可见。生产商为了迎合顾客贪多喜大的心理，可能会挖空心思制造出一个本不应该很大的玩意来，让顾客觉得花了一笔钱买了很大很大的一个东西而物有所值。销售商为了竞争，可以让顾客花同样的钱，在这家店里可以多买到一样商品，哪管这多来出的商品有用无用。高校的学术界也以这种直观判断来衡量教师的优劣，于是，写出百篇论文的教授似乎就要比只写出五十篇论文的教授更有水平；写了十部书的自我感觉比只写了一部书的优越。我们农村的兄弟姐妹们外出打工，挣的钱要比在家里务农挣得多，于是，外出打工就比务农有价值，也就更有意义。

其实，这种依靠量的多少来衡量价值大小的标准并非总是正确的。辩证法说，量的积累能促成质的飞跃，这话肯定有道理。量变促成质变，但是它却不能保证"量中的质的问题"。没有质做保证的量的堆砌就没有价值，也就失去了意义。此外，生活中人们对"值与不值"的理解并非总是依靠直观判断。重庆北碚有家卖豆花的小店，店名叫"张豆花"，豆花味道好，不少人哪怕花掉二三十块钱的路费也愿意去品尝那只卖三块钱一份的豆花。你若问这些顾客值不值，他们都会说值。这里的价值概念已经不是一个量的问题了，而是把"值与不值"同"合不合意"联系起来。单从吃而论，并不是只有重庆人向往美食，想想上海人对吴江路"小杨生煎"的向往、纽约人对堪称"热狗"界奇葩的"格雷氏葩葩雅（Gray's Papaya）"的痴迷等，值与不值完全同量没有关系了。

当我们说"值与不值"同"合不合意"有关时，我们生活中的"意义"实际上是同"情感"发生了关联。我评价与自己情感相通的伙伴张三时，我会说"张三真有意思"。于是，"真有意思"的张三在我生活中具有意义。钟子期听得懂俞伯牙的琴声，情感相通，钟子期对俞伯牙来说就有意义。千里送鹅毛，其意义不在于经济价值而在于情感传递。情感传递不会局限在人与人之间，也会出现在人与物的关系上。人与物的情感关系，也是一种意义关系。能够满足我们情感诉求的物，对我们就有价值，就有意义。想想猎人对猎枪的眷恋，渔夫对渔网以及大海的感情，这些都有意义关系存在。

意义在生活中有许多表现方式，要把它完全说清楚，并不是一件容易的事。不过，普通人一般不会去纠缠"意义有多少"这种属于意义存在类别的问题，反倒是愿意去询问"意义有多大"这种属于意义表现程度的问题。"值与不值""合不合意"和"有没有用"这基本上是普通人进行意义识别的标准。现在的一些大学生（其实也是普通人），当他们认为"学哲学没有意义"时，他们是采用"有没有用"这一标准来衡量大学的专业。现代哲学本来就是专门研究"意义"的，而被认为"没有意义"，可见人们对意义问题并非十分清楚。有个论文教授把王国维同尼采做了比较，而他的学生却问出了一个令人啼笑皆非的问题："王国维与尼采的比较研究有什么意义?"显然,这位同学对意义的理解不是功利性理解就是缺乏理解。

人们有共同的价值取向,也就有共同的意义标准。然而,什么是值得的、什么是合意的、什么是有用的,这三个判断标准会出现个体差异。而且,在具体的意义追求活动中,会出现有所侧重的情况,即"值与不值""合不合意",以及"有没有用"不能兼顾。合意的不一定是值得的,值得的不一定是有用的,有用的也不一定是合意的。面对这种情况,就会出现不同的取舍,于是,个人的意义追求也就有所不同。当然,相对完美的情况并非没有。

意义有普遍与特殊之分,而在日常生活中,普遍意义的背后就有共同的物件、家喻户晓的事件、普遍认同的价值、共同的情感等。共同的物件具有共同的意义,这是最基本的意义来源。如果一门语言没有与其他语言相同的共同物件,那么这种语言是特殊的、难以翻译的。月亮还是那个月亮,星星还是那些星星,不管你用什么符号体系去表达,这些共同的物件是一样的。与共同物件一样,家喻户晓的事件,也有它共同的意义基础。当然在事件背后可能会出现不同的价值判断,但是,如果用共同的价值观来判断共同的事件,那么共同的事件就有普遍意义。打击罪犯这样的事件是共同的,也是建立在普遍价值观念上的。无论人种如何,只要是正常的人都有共同的情感,都会被同样的感人事件所感动。狄德罗在《论戏剧艺术》(*Writings on the Theatre*)里说(Diderot 1960):"只有在剧场的座池里好人和坏人同样的眼泪才会交集在一起"。这话说明的正是人有共同情感作为理解意义的基础。在共同的物件、事件、价值和情感基础上,人们可以有不同的选择,这就产生意义的差异,而意义的差异主要发端于个人的独特理解,当然,个人的独特理解以共同理解作为参照,这就是所谓"独悟"与"共晓"的关系问题。这方面的关系,维特根斯坦的学生里斯有所提及。

独悟与共晓彰显的是理解的问题。其实,理解与意义紧密相关。没有理解就没有意义，意义是在理解的基础上产生的。关于理解与意义的关系，笔者将在下一章详细分析。下面我们先看看专家是如何理解意义的。

第三节　意义的理论研究

意义的理论研究给人一种异彩纷呈的感觉。语言学、文学、心理学等具体学科都有对意义有专门研究，出现了各种理论和流派。然而，每每提及这些理论，有一个声音总在警告着我们：我们的某些理论好比漂亮的纸房子，像模像样，然而它们要么是根基不稳，要么就是经不起充分的概念分析；新概念、大概念很多；概念来概念去，一派天马行空的气势，看似说了些什么，而实际上什么都没有深入探讨，很多关键东西都没有说明白。这种警告虽然不是维特根斯坦的原话，但维特根斯坦的大意如此。维特根斯坦的观点，对 20 世纪的意义研究影响很大。一般会认为，20 世纪的哲学在很大程度上、很多内容里都属于意义研究。其实，20 世纪的一些具体学科对意义的研究在基本学理上与哲学密不可分。

在学科领域里谈论意义，人们总会把意义与语言联系在一起。然而，不同的学科看待语言的角度不一样，即便是在哲学领域，哲学家的语言观也并非一致。这样一来就有不同关于意义的认识。我们大致可以打个比方来说明不同的语言观。语言学家的语言是穿衣镜前的语言，想要如实描述，但是看到的多以表象事实为主。文学家看到的语言是"哈哈镜"里的语言，越是扭曲越有文学效果，但是，不管怎样扭曲，语言的本来面目仍依稀可见。逻辑学把语言置于放大镜下，似乎清楚地看到了能够反映语言体系内部组成的逻辑结构。本体论和认识论哲学家看到的语言不在身边，只能通过望远镜才能看得到，离现实很远很远。

分析哲学把语言置于显微镜下观看，看到的是细节，在显微镜下，看似严密无缝的地方却是裂痕累累。不过，20 世纪分析哲学家工作台上摆放的是显微镜，可阳台上还放着望远镜。

卡兹在《语言学的哲学》（*The Philosophy of Linguistics*）一书的导言中说（Katz 1985：1）："20 世纪哲学的故事大部分是意义的故事。"意义是什么呢？卡兹说，意义是摩尔所分析的对象；意义是罗素的逻辑原子的意义；意义是逻辑思考对"引发二律背反的语词形式"加以限制的内容，这正是弗雷格和罗素所要寻找的算术基础；意义是维也纳学派提供的"石蕊试纸"所要检验的对象；意义是《逻辑哲学论》（*Tractatus-Logico Philosophicus*）确定的基础与标准，对形式逻辑的可能命题以及哲学的可能命题进行否定的内容；意义，在诸多方面，恰恰是哲学和逻辑的"职权范围"。

索迈斯在《什么是意义？》（*What is Meaning?*）一书中直接道出一个观点：语词、短语、语句都有意义，意义就是这些表达单位的意义（Soames 2010）。在索迈斯看来，我们对意义的理解仍然是支离破碎的，很多问题仍然没有解决，尽管如此，哲学家对意义的追问多少取得了一些进展。比如，弗雷格、罗素、塔尔斯基、卡尔纳普、克里普克、蒙塔古、刘易斯、斯多纳克、开普兰、戴维森等人的研究，对后人颇有启发作用。索迈斯列举的意义研究专家名单显然不完全，漏掉了穆勒、赖尔、皮尔士、维特根斯坦、达米特、奥斯汀、格莱斯、蒯因、普特南等重要人物。索迈斯的目的也只不过是陈述"什么是意义"这一问题的本身，而对"意义是什么"没有推进。

回到意义研究专家的名单上来，不同的学者有不同的列举方法。《斯坦福哲学百科全书》（*The Stanford Encyclopedia of Phillosophy*）中的"意义理论"一文表明，意义理论研究者分为两大流派（Speaks 2010）。该文作者斯比克斯认为，我们只需要关注两大意义理论流派的研究。这里论及的两大意义理论流派分别是意义的语义学理论和意义的基础理论。于是，弗雷格、罗素、戴维森、乔姆斯基成了"语义学理论"的代表，而格莱斯等人成了"基础理论"的代表。显然这也是一种挂一漏万的列举方法。在意义研究的浩瀚海洋里，斯比克斯只选取了他所关注的人物。我觉得这样的分类与选取，难以同"百科全书"相配。其实，意义研究的流派倒也存在着众所认同的分类方法。

一、意义流派

大体上，如果把哲学当成意义哲学的话，人们会倾向于把"语言转向"之后的哲学看成是意义哲学。语言转向似乎成了意义哲学的标志。诚然，语言转向之后，意义问题成了哲学研究的焦点问题。其实，意义问题一直都是哲学关注的重要问题。这就是说，在语言转向之前，甚至上溯到古希腊时期，对意义的追问一直是哲学的重要问题。

说到语言转向，不少人会认为英美分析哲学是 20 世纪哲学的主流。其实，这种认识仍有遗漏，忽略了语言转向之后的其他流派。英美分析流派成为 20 世纪的主流哲学，并不等于除此之外没有其他同样可以称得上主流的哲学。欧陆的现象学与解释学流派、语言转向后俄罗斯的马克思主义哲学以及美国本土的实用主义哲学，都有对意义的考察。如果按照语言转向前后来划分意义的理论研究，那么这些哲学流派中有许多响当当的人物及其论说不容忽视。我们大致可以说，语言转向之后的意义哲学可以分为以下流派：英美分析哲学的意义研究、欧陆现象学与解释学的意义研究、美国实用主义哲学的意义研究以及西方马克思主义哲学辩证法的意义研究。

根据现代哲学的诸多流派及其渊源，我们又可以把意义研究分出各种主义或者理论来。如：经验主义意义论、理性主义意义论、意义唯物论、意义唯心论、唯名论者意义观、唯实论（又叫实在论）者意义观、基础主义意义论、本质主义意义论、行为主义意义论、形式主义意义论、心理主义意义论、意义的逻辑原子论、意义成分论、意义整体论、意义的逻辑实证论、自然主义意义论、意义约定论、意义相对论、意义绝对论、存在主义意义论、逻辑实用主义意义论、实用主义意义论、工具主义意义论、分析实用主义意义论、意义辩证论、意义实践论、意义外在论、意义内在论等。

值得注意的是，这些意义理论各自还有许多变体，它们之间既有区别又存在联系，有的相互间还是包含关系。大体上，各种意义理论可以粗略地归在经验主义和理性主义两大范围内，或者也可以用唯物论和唯心论来分类概括各种意义理论。至于各类意义理论的变体，它们之间存在着这样或那样的丝丝缕缕的关系。如唯名论具有从极端的唯名论到近似唯实论这么一个范围的各种各样变体：谓词唯名论、相似唯名论、概念唯名论等等。实际上，人们一谈到唯名论，总免不了同唯实论对照讨论。

另外，还值得注意的是，很多持这些意义理论的哲学家并不是某单一理论主张者，他们不少人的论说本身就是多种理论的复合。如蒯因虽然批判了经验主义，但他依然持有经验主义的观点，此外，他还是逻辑实用主义者、行为主义者、自然主义者、意义约定论者、整体主义者等。再如普特南，我们既可以说他是实在论者，又可以说他是意义外在论者。

意义研究领域人物众多、理论纷杂。本书不打算对这些理论进行逐一介绍，但会选取具有代表性的重要理论进行分析，具体内容参见第三章。不过，本书的目的与重心并不是引介既有理论，而是要在这些理论中找出一些线索来，对仍需思考的意义问题继续进行追问。然后，根据这些问题的特点，尝试性地提出本书的观点，这就是本章开篇所说的对"意义是什么"这一问题进行追问的新意所在。

二、意义问题

无论是日常生活中的意义追问，还是意义的理论研究，都会对

"意义是什么"进行两点预设：第一，无论怎样谈论意义问题，意义容易被看成是语词乃至语言的意义；第二，无论怎样回答"意义是什么"这一问题，都存在着明确的本体论承诺。看待意义的方式不同，其背后的本体论承诺也就不同。从各种意义理论的概括来看，本体论承诺下的意义问题有以下争论形式：意义是主观的还是客观的？意义是变化的还是不变的？意义有无时间性？意义是自然的还是约定的？意义是复合的还是整体的？对这些问题的不同回答，就会有不同的意义理论。

（一）意义是主观的还是客观的？

围绕"意义是主观的还是客观的"这一问题，还可细分出：意义是内在的还是外在的？意义是物质的还是精神的？意义是先天的还是经验的？在语言转向之前，从柏拉图以降，到 18 世纪、19 世纪的一些哲学家，对这类问题有着不同认识。

早在古希腊实在主义和理性主义哲学家那里就有一种观点：语词和事物之间的联系是先天的、不可分的，现实本身的结构体现在语言及其普遍类型之中。因而，逻各斯 logos 同时是语词、精神和客观存在的共同法则。根据柏拉图的《克拉底鲁篇》，苏格拉底在反驳赫谟根尼时坚持认为，语词与事物之间存在着自然联系，一切语词都指明事物的自然本性，因此，对语词意义的认识就是认识事物的本质。把意义同事物的本质联系起来，这就可以说，意义是客观的、外在的和物质的。

从亚里士多德的《工具论》看，语言的结构、思维和存在三者同为一体。句法形式和语义问题是对逻辑问题、形而上学问题和科学问题的观照。在亚里士多德那里，意义是主观和客观的统一。语言及其意义问题还是中世纪哲学的重要主题，当时的主流观点认为，语言源于神圣、先于人类，例如《圣经》上说，太初有言，言与上帝同在。那么，就明确表明意义问题不是由人决定的，而是先于人的经验，是先天的。到了笛卡尔那里，尽管语言被当成人类精神的产物，但语言这一产物同心灵不可分离；尽管世界上具体的语言多种多样，但有一种基本的、永恒的、理性的语言存在，这就是普遍语言。从这里可以看出，语言及其意义是主观的、内在的和精神的。

在这里我们已经谈到了理性、思维、语言和意义这四个概念，而且发现这四者交织在一起。若单纯地把它们看成四个语词，我们似乎很容易把它们区分开来。然而，若要追究到底，进行充分的概念考察，我们恐怕会感到它们的界限很模糊，难以琢磨。我们可以凭着信念，不无武断地认为这四者泾渭分明，然而，我们却很难彻底证明它们到底有什么样的显著区分。如此复杂，哈曼就干脆断言"理性就是语言"（Sparling 2008），平克认为"语言就是思维"（Pinker 2007：128）。既然意义就是语言的意义，那么把意义和理性、思维放在一起来考虑就不无道理。亚里士多德说，人是理性的动物，这是人的定义。由此，我们也可以把人定义为：人是语言的动物、人是有思维的动物以及人是意义的动物。这在宏观上把意义问题归为理性问题、思维问题和语言问题。概而言之，意义问题就是人的问题。

把意义问题归为人的问题，这也是一种笼统的概括，我们很难说这种概括不正确。既然意义是人的问题，那么现在就明白为什么谈论意义问题时要从人的生活形式开始。人的生活形式多样，而且处于变化发展中，这也就把意义的变与不变这一问题凸显了出来。

（二）意义是可变的还是不变的？

这个问题是意义哲学的基本问题。从起源上看，人有起源，语言有起源，那么意义就有起源。既然有起源一说，那么就有变化之说。语言的起源问题曾经是哲学的热门话题，虽然人们无法亲眼见证语言的真正起源，但是人们在语言的变化中揣测着意义的变化。西方语言的古老形态有着普遍的、语言学意义上的"屈折变化"，后来逐步减少，以致有人认为，屈折变化完善的语言要比没有屈折变化的语言更正确。为什么这么说呢？因为屈折变化反映的是意义的变化。

今天我们谈语言的屈折变化，很容易看成是语言的文字形式或者说符号形式上的屈折变化，然而，文字或符号只不过是语言的记录形式。这种记录主要是对声音的记录。屈折变化反映的是发音的变化，所以培根说语词的发音是持续变化的。洛克说，语言在不断地变化，不断地出现新词，出现新的意义（Locke 1964：182 II xxii, 7）。新的意义出现依赖的是新词，那么旧词承担新的意义又是怎样的情况呢？对于同一个旧词，新的意义的出现会把旧的意义替代吗？还是让旧的意义保留？这些问题看上去很简单，因为现代语言学已经对这些问题进行了分类描述，而且提供了典型例子。

其实，这里涉及的是意义哲学的意义变化观问题。与洛克一样，霍布斯在他的《利维坦》的《论言语》一章里注意到了新词的增加是因为新的意义的出现，但是霍布斯忽略了旧词在意义上的拓展。意义问题扑朔迷离，在很大程度上是因为同旧词的意义拓展分不开。我们知道莱布尼兹想要寻找或者说建立一种便于精确计算的语言，其根本原因在于，我们业已习惯的语言不再是伊甸园里亚当所使用的语词那样一词一物，一一对应了。

诚然，随着人类知识的不断增加，对新词的需要也随之增长。这么说，又把语言、知识和意义放在了一起。知识在增加，语言在变化，意义是不是也在增长呢？对于知识、语言和意义这三者的关系，著者曾概括说，知识在语言里沉积，意义通过语言彰显，语言引领知识之路（杜世洪 2006）。这话正好说明，语言会因为知识的增加而出现意义的拓展。当说到意义的拓展的时候，我们总倾向于把新的意义同新词联系在一起，我们倾向于把旧的语词同旧的意义固定起来。不管我们是不是这样有意而为，我们有需要语义固定的要求。否则，一切都变得面目全非，我们何以交流？实际上，我们添加新词，或者说建立一门新的语言，主要还是因为我们有要求语词意义不变这样的执着。

希望意义具有稳定性，可以用霍布斯政治哲学里的"自然状态"这一概念来简要说明。在自然状态下，自然的人可以为所欲为，然而自然状态下的人又不希望受到"为所欲为"的伤害。如果每个人都为所欲为，那么自然而然就会发生战争，这就是霍布斯所说的自然状态——人与人之间无休止的战争；同理，如果每个人都想要避免受到"为所欲为"的伤害，那么人们就要避免战争。这样一来，就需要既律己又律人的约定，以便保障各自的权利，避免或消除人与人之间可能出现的争端。这就需要社会契约，需要"公正"。那么这种约定好的"公正"，其意义就不能改变，人们不能私自改变"对"与"错"的意义。意义问题是人的问题，同样，人要约定语言的意义，而且对语言意义的约定不容改变。荀子在《正名》里说："名无固宜，约之以命。约定俗成谓之宜，异于约则谓之不宜。名无固实，约之以命实，约定俗成谓之实名，名有固善，径易而不拂，谓之善名。"荀子在这里阐述的同样是语词的意义不容改变的道理。

新的意义出现需要新的语词，这是对意义稳定性的维护。之所以要使用新词，道理就在于希望一旦给新词约定了新的意义，这种约定就不能改变。那么，旧词的意义拓展情况又是怎样呢？旧词的意义拓展很容易让人感觉到语词的意义发生了变化。我们说添新词添新义，这容易理解，就好比语言这个家庭增添了新的人员一样。其实，在意义稳定观的视野下，旧词的意义拓展，并不是对原有意义的改变，而是原来的家庭成员承担了新的角色。

弗雷格在《思维的逻辑探索》（*Thought：A Logical Inquiry*）一文中说，根据语言的时间变化，同一个语词获得了新的意义或者新的思想，但是，这种变化关涉的只不过是事情的语言方面的变化。在弗雷格看来，毕达哥拉斯定理表达了真的思想，即，$a^2+b^2=c^2$ 所表达的思想不受时空影响，永恒不变。同样，在特定的时间条件下，只要语句表达的是真的思想，那么这一语句的意义也是不变的。弗雷格举例说，"这棵树绿叶满枝"，在春天里，这一语句，这话是正确的，而 6 个月后，"这棵树绿叶满枝"，在冬天里，这句话是错误的。显然，"这棵树绿叶满枝"这一语句本身并不能决定它自身的对错。相反，6个月后，我们判断这句话是错误的时候，我们恰恰是根据语词意义稳定不变这一标准来做的判断，即"这棵树"仍是"这棵树"的意义，"绿叶满枝"仍是"绿叶满枝"的意义，判断出这句话错了，不是因为语句的意义变了，而是时间变了。从弗雷格的观点中我们可以看出，虽然言语活动有时间、有过程，但是言语的意义一经说出，却不受时间和过程的影响。说出的意义就会存在于这个世界上。这不由得让人想起艾米莉·狄金森的一首小诗来：

A WORD is dead

When it is said

Some say.

I say it just

Begins to live

That day.

译：

人道是，

话一停，

词就亡。

我却说，

词刚出，

命正强。

这首诗所表达的就是弗雷格的意思：言已亡，意犹存。"这棵树绿叶满枝"在春天里一经说出，描述的是当时的真实情况。冬天里看，这句话虽然不合时宜，但它所表达的意义已经存在。正是因为这句话原有意义的存在，我们才能够判断出这句话在冬天里不合时宜。

弗雷格把句子的意义同句子所表达的真，或者说真的思想联系起来，显然在《思维的逻辑探索》一文里，弗雷格持有意义不变的观点，而且弗雷格的意义观不考虑时间。"三角形三个内角之和等于 180°"这句话恒真，不受时间的影响。然而，"这棵树绿叶满枝"这句话，虽然在弗雷格看来，也不应该受到时间的影响，但是，对它意义的理解却会出现干扰，这干扰来源于理解者的经验。其实，这里的两句话所表达的意义并不属于同一类别，前者是先天的意义，而后者是经验的意义。

语词的经验意义是可变的还是不变的呢？回答这一问题，我们会说由于经验的时间、地点、主体、客体以及经验的目的不同，恐怕意义就会不同。这话不无道理，但是这么回答问题很笼统，甚至太有高度、太正确，反而没有实际价值，无法把问题解释清楚。这就需要具体化，需要实例。例如，面对不同的人，在同一场合说了同一句话，我们还担心或许不同的人对这话会产生误解，于是，我们要补充、要修正，甚至要另外找时间或机会再说一说。为什么会这样呢？这里暗藏有一个矛盾：说话者确信那句话应该有确定的意义，不会出现误解，但又担心那句话意义不确定而导致误解。又例如，我们的跨语翻译，不同译者对同一文本的意义应该有同样的理解，这就是说，那文本的意义是确定不变的。否则，我们凭什么要求不同的译者有同样的理解呢？我们指出某人翻译错了，我们又是凭什么来做出判断的呢？这里预设了"意义是恒定的"这样一个标准。

然而，在真实的经验过程中，却会出现意义理解的偏差。一部《西厢记》，文者爱其文，淫者恋其淫。倘若说，这是经验的主体不同而产生了差异，那么《西厢记》这一客体本身有没有导致意义解读差异的因素呢？对于这一问题，我们可以用皮尔士的实用主义意义观来回答，详细分析见第三章。

弗雷格表达的意义不变这一观点，虽然有依据、有道理，但是，细究起来这一观点仍有可疑之处。这种可疑在跨语翻译之中尤为明显。如汉英翻译中，"我吃了午饭了"这一语句的意义确定不变，翻译成英语为"I have taken my lunch"，这英语语句的意义也应该确定不变。然而，如果意义真的不变，那么这两个语句的意义反而不能对等。为什么呢？因为在意义不变论的视角下，汉语的"午饭"并不等于英语的"lunch"，汉语的"午饭"可能是"米饭加炒菜"，而英语的 lunch 却可能是"potato and steak"。我们按照同一门语言再来计算"译出语 Ls"和"译入语 Lt"的对等情况，我们会得出：

我吃了午饭了 = I have taken my lunch.

午饭 Ls = lunch Lt

于是：

"我吃了米饭加炒菜" = "我吃了土豆与牛排"（？）

在什么情况下，"米饭加炒菜"才能等于"土豆与牛排"呢？只有我们不再坚持"午饭"或者说"lunch"的意义恒定不变，即不坚持"午饭"只能是"米饭加炒菜"，"lunch"只能是"土豆与牛排"，我们才能保证翻译的意义对等。

我们把弗雷格的例子"这棵树绿叶满枝"同"我吃了午饭了"进行对照，我们可以想象以下两种场景：

场景一：春季里，3 月 15 日中午 12 时 15 分，汉斯和张三同时站在弗雷格后花园的一棵树前，汉斯用英语说："This tree is covered with green leaves."而张三用汉语说："这棵树绿叶满枝。"在这种场景下，汉斯和张三的话意义相等。即"This tree is covered with green leaves."="这棵树绿叶满枝。"

场景二：春季里，3 月 15 日中午 12 时 15 分，汉斯和张三同时站在弗雷格后花园的一棵树前，汉斯用英语说："I have taken potato and steak."而张三用汉语说："我吃了米饭加炒菜。"在这种场景下，汉斯和张三的话显然不相等。即 "I have taken potato and steak." ≠ "我吃了米饭加炒菜。"二者不等是因为二者的意义不同。但是，如果汉斯接着说："I have taken my lunch."而张三接着说："我吃了午饭了。"这时，汉斯和张三的话却能相等，这里的相等，其条件是承认"午饭"和"lunch"的意义可变性。

对于"午饭"而言，同一语词在不同语言里表达的具体的概念意义并不相等，但是不相等并不等于没有相似之处。正因为有着相似之处，跨语翻译才有可能。这是甲乙两种语言概念对应具有差异的情况。那么，甲乙两种语言有没有概念不对应的情况呢？洛克说，有些复合观念在甲种语言里有，而在乙种语言里没有，这就造成了翻译的困难（Locke 1964：279-280）。其实，洛克的担心建立在意义不可变通的前提下，如果意义是可变的，那么跨语翻译仍然可能。

意义可变观早在弗雷格之前就出现了。黑尔德（Herder）在 1770 年写的《论语言的起源》（*Essay on the Origin of Language*）里说："一种语言越古老，其词根中大胆豪放的成分越多，存在和持续发展的时间越长，我们就越没有必要去追踪每一个成分的起源，因为远古时概念纵横交错，但到了后来，一个概念在运用中很少会被联想到本来的意义。"（黑尔德 1998：58-59）这里表达了语词的意义在语言发展进程中是可变的。孟博杜在 1776 年写的《论语言的起源与进步》（*Of the Origin and Progress of Language*）中说："语词的指引常常会发生改变，当语词失去原来的指引时，它就会外指别的事物，这就出现语言的滥用与堕落。"孟博杜同样认为语词的意义会发生变化。穆勒在其《逻辑学体系》（*A System of Logic*）里写道："难以理解的是拥有同一名称的一些事物却并没有这样或那样的共同本质，而还伤精费神地去寻找共同的本质由什么组成，徒劳无益。"（Mill：87）这里表达的是语词相同，意义却不同，这是意义可变观的另一种表达。

现代语言学之父索绪尔关于语言的共时研究和历时研究这一对概

念，涉及的正是语言意义变与不变的问题。在共时研究的视野下，语言的意义是相对稳定的，而在历时研究的角度里，语言的意义是变化的。科恩在《意义的多样性》（*The Diversity of Meaning*）中认为，意义变化是连续的（Cohen 1966：14）。科恩说，把意义纳入历时考虑，那么，是意义促使语词变化，而不是语词促使意义变化（Cohen 1966：21）。

科恩的观点显然与弗雷格不一样，弗雷格认为意义之所以不变是没有把时间因素纳入变化之中来考虑。弗雷格关注的焦点是语句的恒真意义，但他似乎忽略了并非所有的语句都有恒真意义。毕达哥拉斯定理或者说勾股定理，2 加 2 等于 4 等等这样的语句，其意义恒真，毋庸置疑。然而，每门语言里还存在着大量的意义可变的语句，意义并不恒定。语句或者语词所承载的文化意义，正是弗雷格的遗漏之处。语词的意义实际上是一个概念体系，近似于洛克所说的复合观念。如果从这一认识入手，那么，著者认为语词意义的变化不是全变态昆虫那样的变化，即不是从虫卵到蝴蝶这样的变化，而是一个意义累积的过程。

意义变化是一个累积变化的过程。一个携带着意义累积的语词就是一个概念。剖析意义的变化实际上是就是概念考察。摩尔说，定义一个概念就是分析这个概念。概念分析的基础在于理解，理解的角度不同，就会得出不同的认识与观点。这就是说，意义与理解二者密不可分。

语言游戏一旦发生变化，概念也就随之发生变化，而概念的变化又引起意义的变化。

——维特根斯坦《论确定性》

第四章　意义与理解

"意义"这一概念难以琢磨，同样，"理解"也是一个极为复杂的概念。不过，这两个概念正如怀特利在《意义的成分》(*The Elements of Meaning*) 一文里所断言的那样，它们是一对相关性概念，二者相辅相成 (Whiteley 1964)。在认知活动中，当我们说某一符号或者某一物件或事件有意义时，我们就需要理解所说的意义。没有理解就不会有意义，意义存在于理解，意义产生于理解。

什么是理解呢？在柏拉图看来，理解就是知道 (Moline 1981：7)。那么，"知道"又是什么呢？柏拉图的知道是心智的一种状态，在这种状态下，心智对现实进行特别领会，并自发地调整其相应的行为 (Moline 1981：6)。其实，关于理解的这种解释具有无限的循环性。这种无限的循环性正是苏格拉底寻求定义时所遇到的问题：我们如何知道定义正确呢？要知道定义的正确，我们就得理解所定义的概念；那么，我们又是怎样进行理解的呢？例如，要定义某个未知的概念 X，我们就要用已知的 A，B，C 来定义。问题是，追根到底我们还得定义 A，B，C。柏拉图在《斐多篇》中对苏格拉底这一问题提出的解决办法是，要对一个概念进行定义，不是用一个概念来描述另一个概念，而应该掌握这个概念所指示的命题知识。这种对命题知识的掌握就是理解。

与意义这一概念一样，理解从来都是哲学问题，同时也是生活中的日常问题。《汉语大词典》第4卷第575页对"理解"一词的释义有四条：（1）顺着脉理或条理进行剖析；（2）从道理上了解；（3）说理分析；（4）见解。如果这就是"理解"的定义，我们仍然对"理解"难有深入的理解。我们大致可以说，释义（1）是理解的方法；释义（2）是理解的指南；释义（3）是理解的过程描述；释义（4）是理解的结晶。但这样的解释仍然难以说明什么是理解。

生活中，"理解"一词用得颇多，"他很理解我""你不理解他"等这样的句子似乎指明理解是心与心的交流。物理学家理解量子力学，历史学家理解秦始皇，美术鉴赏家理解艺术作品，易中天理解《三国演义》，纪连海理解吴三桂，老师理解学生，母亲理解女儿，丈夫理解妻子等，这里所涉及的理解并非同一。这似乎可以说，对象不一样，理解就不一样。果真如此吗？有同一对象就能保证同一理解吗？想一想AIDS，知道这一缩写的人可能说这是艾滋病。对艾滋病有什么样的理解呢？健康的人对它的理解等同于专家或医生对它的理解吗？医生对它的理解又等同于艾滋病患者对它的理解吗？同样是艾滋病患者，知道自己患了病的人对艾滋病的理解等同于已经患病但不知道患的是艾滋病的人对它的理解吗？

"理解"是我们司空见惯的词，可是，对于它，我们需要深入理解。卢梭说："即使对司空见惯的事物进行观察，也需要具有哲学的头脑。"正是这话引领我们对"理解"进行一番理解。

第一节　关于理解的理解

理查德·马逊在其《理解理解》（*Understanding Understanding*）一

书中说，理解这一主题是哲学的中心任务之一（Mason 2003：7）。柏拉图认为哲学的基础就是疑惑，除此之外，哲学没有别的起源（柏拉图2003：670）。在柏拉图看来，"疑惑感"是描述哲学家最适当的词汇，是哲学家探索世界、解释世界的推动力。而哲学家探寻世界的起点就是对理解的需要，哲学的首要目的不是获得更多的知识，而是探求更完善的理解。

理解问题从柏拉图那里传下来，到了黑格尔，仍然主要探讨知识问题，以及建立在知识基础上的人间正义问题。理解问题基本上一直以知识论的问题为我们所知（张学广 2003：39）。尽管柏拉图将理解作为最高的心灵过程，尽管培根在《新工具》中呼唤理解力的革命，尽管洛克和莱布尼兹围绕理解问题进行针锋相对的论战，尽管康德花了大量时间对理解进行综合，但是由于处在知识论的框架下，"理解"并没有作为对象语言而得到充分分析，而只是作为知识论探讨中的元语言在使用。

按照柏拉图的路子，理解的理想模式应该是数学直观，其中的理解是那么确定，那么令人满意，那么清晰。人们有理由奢望精确理解可以延伸到其他领域。理解在柏拉图那里，似乎可以分为高级理解和低级理解。高级理解的对象至善至美，能够以最佳的方式加以理解。低级理解的对象存在着部分缺陷，理解起来就会出现认知对象与认知方法之间的不完全匹配。

在理解问题上，亚里士多德部分地沿着柏拉图的路子认为理解具有好坏之分。亚里士多德在《尼各马可伦理学》第六卷《理解》（亚里士多德 2003：183）一节中说：

> 理解或好的理解，即我们说某个人理解或善于理解时所指的那种品质，不同于科学本身（以及意见，因为，否则每个人就都是善于理解的了）。它们也不同于一种具体的科学，例如关于恢复健

康事务的医学，和关于空间的几何学。因为理解的对象不是永恒存在且不改变的事物，也不是所有生成的事物，而只是那些引起怀疑和考虑的事物。……理解又与明智有所不同。明智发出命令（因为它的目的是一种我们应当做或不做的状态），而理解只作判断。（因为理解与好的理解是一回事，一个理解的人也就是一个善于理解的人。）……理解这个名词，即我们说某个人善于理解时所指的那种品质，其实就是从学习上的理解品质那里引申出来的。事实上我们常常把这种学习称作理解。

在亚里士多德看来，理解是人的品质；理解的对象并不是恒定的而是让人疑惑或思虑的事物；理解表现为判断，于是从理解的元语言层面上讲，理解和善于理解是一回事。然而，如果把理解作为对象而不是作为元语言，那么理解会因为对象的不恒定而呈现出不同内容的理解。

一、理解的内容

根据马逊的研究，由于理解的对象不同，理解的内容大体上有以下几个范畴（Mason 2003：7-20）：理解自我、理解他人、理解过去、理解其他文化或社会、理解规则或法律、理解文本、理解语言、理解道德、理解艺术、理解数学、理解自然等。

休谟在《人性论》第一卷《论知性》中写道："有些哲学家认为我们每时每刻都亲切地意识到我们所谓的自我，我们感觉到它的存在与延续，而且我们无须演示性证据而确信它的完全同一性与单纯性。"（Hume 1999：251）无论这一观点正确与否，有一点十分明确："我"有一个自我并不像"我"有一个物件那样。因此，"我"理解自我肯定不像"我"理解一个物件。对自我的理解很容易误认为就是理解"我"的能力或局限。实际上，理解自己的身体或智力上的能力完全不同于理解自己的愿望、担心或梦想。理解"我"自己肯定不是理解一套关于我自己的说法，至少不在语言意义下理解自我。对自我的理解有两种典型的观点：其一，"我"对自我的理解最直接，是不需要中介的感知；其二，自我理解很困难，甚至不可能。实际上，这两种观点代表的是对自我进行理解的两个极端，在这两端之间，"我"对我自己肯定有一定程度的理解。"我"从自我理解出发而去理解他人。

理解他人不仅会遇到理解自我时所遇到的困难，而且理解他人还涉及我心与他心的相关性问题。"我"原以为理解他，可原来"我"发现"我"并不理解。与其说理解他人在于描述，还不如说理解他人实际上是一种判断。我理解他人的痛苦，只有当"我"感受到了那种痛苦才称得上真正地理解。在没有感受到他的痛苦之前，"我"说"我"理解他的痛苦，实际上是观察、描述与判断。他若假装痛苦，而且假装得很成功，那么"我"说"我"理解他的痛苦，这根本就是一种错误的判断。

理解过去和理解现在是两种不同的理解。就理解他人而言，"我"理解眼前的他人，或者准确地说，理解行为中的他人，"我"更多的是判断。而理解过去的他人，"我"关注的是解释或说明，然后"我"也许持有某种信念。不过，理解过去和理解现在倒也有一个共同点：那就是"我"要选一个视角，站定一个意向立场。"我"说秦始皇伟大是因为他统一了中国，统一了文字等；而"我"说他可恶是因为他烧了许多我们本来可以看到的宝书。

理解一种文化或社会，这种理解很复杂，往往可以细分成不同的理解。但在宏观上讲，理解一种文化或社会势必涉及从过去到现在，甚至到将来的一个过程。对过去我们需要理解与说明，对现在我们需要判断与选择，对将来我们需要调整与顺应。

理解法律或规则分为两层：说明和遵守。真正的规则或法律是对人的行为规定的概括性说明。有些规则不需要说明，人们会自觉遵守，甚至盲目遵守。遵守规则本身就是对规则的自然说明。我讲汉语根本不需要对语法的说明，我自然而然地按汉语语法规则而使用汉语。在这个意义上，正如维特根斯坦所说，人们盲目地遵守规则。有些活动需要先对规则加以说明，然后再遵守。理解规则的说明不等于理解规则。如不会下象棋的人，自然要先理解象棋规则的说明，而不是理解象棋规则。对象棋规则真正的理解在于按规则说明进行下棋。值得指出的是"炮打翻山马走日，车行直线象飞田"这样的语言或文字并不是规则本身，而是对规则的说明。同样，形成文字、印刷成册的律例条文不是真正的律例条文，而是对法律的说明。一个读法律条文却行凶杀人的人理解法律条文吗？对法律真正的理解在于遵守。

20世纪出现了两大理解潮流：解释学的理解和分析哲学的理解。对文本的理解是解释学关注的中心问题，而对语言的理解是分析哲学的中心论题。

对文本的理解包括母语文本和外语文本。这种研究兴趣肇始于对《圣经》的解释，或者说可以追溯到对苏格拉底以前散落的历史文本的解释。人们在对散落的历史文本的林林总总进行理解时，发现要对作者的意图进行提取几乎是不太可能的事情。这就形成了文本说明的一个极端观点，那就是文本理解根本不可能原样发掘作者的全部意图。文本理解的另一个极端观点是书面文本具有客观清晰性，例如科学报告的写作基于尽量清除歧义、主观色彩以及文化偏见等要求。具有客观清晰性的文本其宗旨就是让内容说话而不是作者说话。文本理解的这两个观点分别代表的是理解的两个极端：不可理解与可完全理解。在这两者之间有不同程度的可理解与难理解。这两个极端观点都能自圆其说，但各自都把"理解"这一问题留了下来。文本理解似乎有一个自然模式就是阅读。如果理解也是一个过程，那么文本理解的阅读过程似乎就是理解过程的一种行为表现。当然，我们不能就此断言阅读过程就是理解过程。至少，我们倾向于理解是一种心理过程。然而，正如维特根斯坦所说："理解的独特过程恰好是一个我们还未掌握的不同过程。现在，我们并不称'理解'为一个伴随着阅读和听的单一过程；相反，或多或少是这样一些过程：这些过程在背景上，在周围一定种类事实的关系上是一些相互相关的过程，即一些实际使用一种学会了的语言或语言的过程。——我们说，理解是一个'心理的'过程，而在这种情况下，就像在无数其他情况下一样，这种说法乃是一种误导。"（维特根斯坦2003：66）维特根斯坦认为："这种过程的本质也许至今仍未发现，很难加以把握。因为，我们说：如果我在所有这些情况下使用'理解'这个词，那么必定存在所有情况下都发生的某种同一的东西，而且这个东西是理解（期待、希望）的本质。"（维特根斯坦2003：66）维特根斯坦一方面希望有"某种同一的东西"是所有理解的本质，但另一方面，我们从他的观点可以得出，维特根斯坦明确认为理解母语文本完全不同于理解外语文本。然而，在伽达默尔看来，文本理解具有共同性。文本理解的前提条件是领会意图内容以及意在的意义领会方式。理解一个文本至少必须理解所要理解的意图以及对意图理解的意图。

20世纪哲学家对理解问题的考察有一个中心点，这就是对语言或者说意义的理解。达米特说，意义与理解联系非常紧，直觉上，"对A进行理解"与"知道A的意义"二者几乎相等。我们甚至可以说意义就是理解的对象或者说理解的内容（Dummett 1981：77）。各种各样的理解对象可以用命题的形式表现出来，即可以说"我理解什么什么"；理解的对象可以还原成语言模式，可以说，语言理解是最根本的理解。在达米特看来，理解可以看成是对语言及其意义的理解。对语言的理解显得很自然，好像我们的母语清晰透彻，很多时候我们不太会想到有理解的困难。因为，在日常话语互动中，如果真有语言上的困惑或不解，我们可以用说明的方式加以澄清。甚至我们可以询问对方"你的意思是什么？"对此，维特根斯坦说（维特根斯坦2003：51），理解是一种解释关系。

对于艺术的理解、数学的理解和道德的理解，我们在此不做讨论。

我们关心的是理解的方法。

二、理解的方法

前面说过，由于对象或内容不一样，所以理解的形式或方法就不一样。数学、宗教、人生以及历史等各有不同的理解方法。

在所有的理解模式中，最直接、最简单的方法就是"视觉表征"。视觉表征式的理解就是形成心理图像，当然也包括直观的视觉感知。你给"我"讲述一个豪华晚宴的场景，"我"一边理解一边在脑海里构建那场景。如果"我"构建的场景恰好与你所要表达的一致，那么"我"的理解就是成功的。视觉表征式的理解比较有限。在一定范围内，我们可以通过视觉表征来理解，但在很多情况下，视觉表征根本无用。我们不能对量子力学进行视觉表征式的理解。直观上，我们可以用隐喻性语言来说"我看出了海德格尔的意思"，其中的"看"并没有相应的心理图像作为理解的结果。洛克说："理解就同眼睛似的，它一方面虽然可以使我们观察并知觉别的一切事物，可是它却不注意自己。"（洛克1997：1）我们认为，"看"可以理解某些对象，但依赖于图像的"看"并不能理解"理解"。视觉表征式的理解毕竟是一种浅窄的理解。

视觉表征比较粗浅，但它作为理解模式却比较普遍。另外一种比较普遍的理解模式就是"能力模式"。这种理解模式的基本点是理解某事物就等于能相应地处理那事物。比如，"我"理解一个词，这意味着"我"能用这个词；理解"假装"就是"我"确实能够"假装"。然而，这种理解方法看似有理，却存在许多问题。"快译通"机器能翻译一些语句，但"快译通"机器根本不进行理解。"我"理解朱建华跳2.38米高，但"我"始终跳不了2.38米那么高。同样，"我"理解2006年7月刘翔以12.88秒的成绩在瑞士获得110米跨栏冠军，但"我"怎么也跑不到刘翔那么快。"我"理解一支音乐曲子，但我创作不出甚至演奏不出那曲子。实际上，理解的"能力模式"关涉的是理解的结果或理解的条件。

第三种普遍流行的理解模式是阐释与说明。阐释（亦称解释）对应的英文是 interpretation，而说明对应的是 explanation。人文科学领域的理解对应为阐释，自然科学领域的理解对应为说明。然而，作为理解的方法，阐释与说明都比较宽泛和模糊。要理解青蛙为什么能从蛇口脱险，我们得依赖生物学、力学等方面的知识来说明。否则，我们只观察到青蛙从蛇口脱险，算不上真正理解。要理解吴三桂为什么三次反叛，我们就得阐释吴三桂为何要三次反叛。如此一来，理解就需要一个中介，概念上的中介。理解犹如阐释另外一门语言，理解就无法直接见真，甚至根本无真可言，因为真存在于阐释的行为中。这样，理解就偏向模糊，没有精确理解。根据伽达默尔的解释学观点，理解的过程是解释的过程，而解释的过程就是以语言为媒介来展现理解之意义的过程（张能为 2002：52）。理解的过程就是解释者与文本之间的对话过程，而对话是相互了解并取得一致意见的过程。因此，伽达默尔说："所谓理解就是在语言上取得相互一致。"（伽达默尔 2004：496）伽达默尔在这里与其说是道出了理解的方法，还不如说是提出了理解应该达到的要求。如果说理解就是话语双方在语言上取得相互一致，那么从广义讲这种相互一致应该是话语的连贯，而不是原模原样话语的重现。伽达默尔说（伽达默尔 2004：610）："谈话达到了相互了解或未达到相互了解，这就像是一件不受我们意愿支配而降临我们身上的事件。"伽达默尔把理解这一概念定义为一种"视域融合"，为发生在一切意义转换中的进程提供了一个直观的解释，但同时，他"成功地改变了我们对过去的本质的看法，从而使过去成为一种永无穷尽的意义可能性的源泉，而不是研究的消极对象"。

除了上述三种理解模式以外，还有科学理解、数学理解、美学理解、道德理解、教育理解、直觉理解、神秘理解等。我们不在此作一一介绍，但还需要特别提出来的是"同情理解"。这一概念似乎有点古怪，但不是没有道理。在我们看来，忽视同情理解的存在反而显得古怪。想想生活中的激动场面，即使你置身事外，仅仅作为一个旁观者，你也有被打动的时候。一件事、一个行为甚至一句话都有可能让你热泪盈眶。情感层面的理解表现为同情心的激发，没有达到同情理解就不可能有相应的情感表现。木头听不懂"我"的话，牛理解不了你的琴。这反衬的是人与人的交往具有情感，而情感激发的形式之一就是同情，同情肯定是一种理解。

三、理解的条件

从哲学解释学的角度看，"前理解"规定着理解者的视野；"语言"规定着理解的主体、客体和过程；"间距"的存在使理解成为必要；理解在"解释学循环"中不断得以实现。为此，前理解、语言、间距和解释学循环共同构成了理解存在的条件，使理解成为可能。关于理解的条件这些论断是在本体论意义上展开的，我们在此不做深入讨论，因为，我们在这里所关心的不是本体论意义上理解何以可能，而是关于理解的条件。

我们发现哲学上的一些概念如理性、知识、他心、纯粹经验、意向立场和交往理性等等正好在不同层面构成理解的条件。虽然这些概念在不同的哲学家那里都有不同的界定，有其特定的概念体系，有各自的话语系统，但是，它们所涉及的问题都指向的是人的世界和意义的世界，即从不同角度和不同进路对人的世界和意义的世界做了揭示与解释。从这种意义上讲，这些概念完全符合关于理解研究的旨趣。把这些概念从其原有的体系中分离出来，整合到本研究的视野内，似乎对概念的原创者有不恭之嫌，但是，这些概念刚好与理解具有这样或那样的紧密联系。于是，我们发现对意义与理解进行考察根本离不开对这些概念的考察。

第二节　关于意义的理解

在理解的视野下，意义是话语互动的意义，意义的世界也就是话语互动的世界。理性是话语互动过程中产生理解的首要条件。无论是从常识的角度还是从形而上学方面看，话语双方之所以存在互动，其基本条件就是双方具有理性。双方的理解建立在理性之上，一个正常的人不可能与一个失去理性或者没有理性的人相互理解；偏执狂不可能正常理解他人；正常的人不可能与疯子达成理解；机器人无论怎样聪明，它也无法和智力平常的人形成理解，因为机器人没有理性。机器人或许能与人进行原生语言交流，但机器人无法在次生层面，无法在情感方面，无法在概念整合方面与人进行理解式交流。理性的双方能在话语互动中表现出创造性来，而失去理性或没有理性的双方根本无法相互理解，亦就没有刻意地创造。

一、意义具有哲学性质

不管人的理性从哪里来，其肯定会随经验的积累、知识的增长而变化。我们相信理性随话语的演化而与话语共同成长这一观点，于是，知识便成了话语双方理解的资源储备。幼儿园的三岁小孩与量子力学专家之间的话语互动肯定要受小孩知识储备的影响，因为两者的共有知识范围相对狭小，而量子力学专家之间则可以形成更多的理解。海德格尔专家不太可能与电脑软件专家达成学科知识上的理解，因为二者的知识储备不一样。话语互动中，知识的储备往往会以连贯因子的形式表现出来。理论上讲，如果话语双方具有等量的连贯因子，具有种类相同的连贯因子，即如果双方具有相同的连贯因子库，那么话语双方最容易达成理解。在这种理想的模式下，你说的他都懂，你要表达什么他都知道。

然而，在现实生活中，这种理想模式几乎不存在。即使有两个人的连贯因子库一模一样，也很难保证话语互动中因子的激活情况一样，更不用说因子的搭配情况。现实生活中，为什么又出现了理解呢？这是因为知识储备并不是理解的唯一条件。话语双方不仅有理性、有知识储备，而且双方都有感知他心的能力与行为。

他心问题虽然在哲学上是一个老问题，但对他心的感知并不会令人迷惑。话语双方在理性的情况下都会认定对方有一颗大致与自己相同的心。话语互动是心与心的互动。在程式性对话中，"我"的上一句话一说出，"我"肯定知道对方会接什么样的下一句。这证明对方与"我"在关心同一问题，在用心与"我"交涉。比如"我"在自由市场上与小贩讨价还价，"我"问价，他还价，"我"说太贵，他会说可以饶价等。程式性对话不同于人与某些智能动物之间的假装性对话。比如人与鹦鹉间的"对话"不像人与人之间的对话那样可以无限地深入。鹦鹉的话语毕竟太有限，而鹦鹉不会主动挑起新的话题。知道对方有心，于是话语互动中就会出现特意地关心或者特意地伤人心。话语互动中对他心的感知不仅出现在对他心存在或表现的感知，而且还出现在对他心的评价上。"我"估计你有什么样的心灵意向与范围，大概知道你的心灵力量，"我"就会根据你的心灵情况来组织我的话语。"我"能够理解什么是你可以理解的和什么是你难以理解的。一个海德格尔专家不会特意地给三岁小孩讲"是"，讲"存在"。一个成年人不会用一根棒棒糖去诱惑另一个心智健康的成年人。"我"知道你曾经受过某种伤害，于是"我"知道哪些话语会引起你的伤痛。投其所好，厌其所恶等就是以他心感知为先决定条件。他心既然只可感知而无法直接看见，这就会出现感知失误。"我"以为你是那么想的或以为你会那么想，结果你却不那么想。"拍马屁拍到马蹄子上了"，这就是他心感知失误的很好例证。

他心感知的失误给我们带来一个值得深思的问题：心与心之间的交

流究竟是以相同为基础还是以不同为基础？换句话说，人心的本质是相同的还是不同的？如果把这个问题一直追问下去，从柏拉图理想的角度来回答，似乎应该说万众一心，只有一颗理想的心。即便是从洛克的白板说那里看，我们也会得出心本为一的想法。人之初，性本善还是性本恶，从源头上讲，都在坚持人心本来一样的观点。如果人心本来一样，那么心是在什么时候发生分离而人心各异的呢？当我们呼吁"将心比心"的时候，是因为已经注意到心的分裂，当我们说同床异梦的时候，我们发现了心的表现不一。有的人心比天大，而有的人心比针眼还小，这里所说的心是心吗？其实同床异梦、心眼大小等都不是心的差异。人心应该是一样的，只是经验不同而导致人心的差别。有差别的心是世俗化的心，而世俗化的心的养成是一次次理性的判断与选择的结果或者说经验的不同累积。理性判断的差异导致了心的差异。然而，即便如此，那颗本质的心仍然存在。这并不是说人有二心，而是说人皆有统一的心与人皆有各异的心属于不同层次的心。统一的心是本质的心，相异的心是尘世化了的心。正因为人有统一的心，话语互动才可能相互理解，也正因为人有不同尘世化的心，话语互动才会出现理解的不一致。我们这里的论断出于对柏拉图理型论的演推，无法从科学上找到证据。不过，我们可以从生物多样性的角度来反推。假设每个人都有不同的心，那么不同的心势必以不同的方式来看待世界，这样的话，出现相同的认知纯属偶然，而主要是不同的认知，结果就人与人之间就不可能达成任意的统一或一致；在物种上，不同的人就应该分属于不同的物种。这种推论显然违背了事实，从而从反方面证明人有一样的心。于是，我们能够进行他心感知的基础就是人有统一的心，而出现感知的失误是因为个人的心理经验发生了变化。

我们在詹姆斯和西田几多郎的"纯粹经验"（詹姆斯 1987；西田几多郎 1989）概念上可以推演出心与心的同异。面对一朵玫瑰花，具有正常心智的人拥有的相同处是对玫瑰花具有相同的纯粹经验，也就是说，对同样的事物人们具有相同的纯粹经验。纯粹经验是丝毫未加思考辨别的，真正经验的本来状态。如看到一朵花那一瞬间，那没加任何想法、思考的瞬间就是纯粹经验；登山者忘我登山而无其他意识杂念所处的过程状态也是纯粹经验；音乐家自然、熟练地演奏乐曲时的状态，也属于纯粹经验。在纯粹经验下是没有意义产生的，只有当思考和其他观念卷入纯粹经验时，意义便产生。比如看到那朵玫瑰花后，想把它摘下来送给某人，或者看到花时想起杨贵妃来，或者想到玫瑰花可以食用养颜等，这时在同一纯粹经验中，有了不同的想法便产生了不同的意义。在纯粹经验中演奏乐曲没有意义产生，但演奏者若想到要把曲子献给某位知音，或者想证明自己才是这首曲子的最佳演奏者，或者总是担心听众会走神等，这时有意义产生出来了。习惯性的行为属于纯粹经验，但在习惯的行为中添加某种其他行为或其他想法，这时便有意义从纯粹经验中产生。话语互动中也有纯粹经验的互动。话语互动中新的意义的产生，往往就在于在纯粹经验下添加了个人的想法。你本来在纯粹经验中赞叹一声"天晴真好"，而旁边卖雨伞的先有瞬间的纯粹经验，听到了你的话，这时他如果想到天晴卖不出去伞，或者想到你在幸灾乐祸时，"天晴真好"就会激发出意义来。"说话无意，听者有心"，这话指的就是纯粹经验与其他想法结合而产生意义。你由于兴奋而兴高采烈地自然歌唱，你处于纯粹经验中，而听者在纯粹经验后马上想到别的什么时，意义便产生了。在同一纯粹经验上嫁接不同的观念或意识就会出现不同的意义。所谓想得太多就有太多的意义。话语双方的理解，有时需要在纯粹经验上一致，而更多的时候是要求在纯粹经验上嫁接一致的想法。从这个角度看，理解与误解都可能从同一纯粹经验上产生，区别在于理解后而双方产生的意义趋于一致，而误解就是双方产生的意义不一致。

丹尼特的意向立场论说明，我们之所以选择意向立场来解释对象的行为，那是因为在特定的语境中意向立场使我们能够更加方便有效地理解和预期被归在意向立场之下的任何对象的行为（Dennett 1987）。这给话语互动的启示是，话语双方为了实用的目的而把对方归在某个意向立场之下，从而进行理解与预测。你若说"做女人挺好"，他可能把这话放在不同的意向立场下进行理解。在话语互动中，话语双方可能凭习惯而在纯粹经验层面感知对方的话语，尤其是程式性语言的互动，如见面相互打招呼，但在更多的时候则要延伸而选定某个意向立场，从而出现相应的理解，构建出相应的连贯来。

交往理性以话语的一种统一力量表达出来，这统一力量瞄向的是理解的达成。要达成理解，交往理性就要为话语参与者寻求一个主体间共有的生活世界。在寻求共有的生活世界中，话语参与者同时还要寻求一个"视域"，在这个共同的视域中每个人都可以指涉一个共同的客观世界。从哈贝马斯的交往理性看，话语互动双方的理解具有一个统一力量以约束理解，尽量让理解朝共同的视域发展。

总的说来，理性是话语双方进行理解的个人要求，知识是话语互动的基础与理解范围，他心感知是双方理解的联系纽带，纯粹经验是双方理解的始发点，意向立场是理解的定向，而交往理性则是双方达成理解的统一力。

人有追求理解的天性，否则，人就不会理解任何事情。如果一个人总是抬杠，其目的就是抬杠，除了抬杠别无他事，那么这个人永远都能找到可以质疑的东西，即在他面前几乎没有认同可言。理解虽然是流变的，会随理解的主体与客体的变化而变化，但是理解终究在一定程度上、一定范围内是可以达到的。毕竟，正常的人都有理性，都有可以共享的知识，都能进行他心感知，都会选取一定的意向立场，在纯粹经验的基础上，在交往理性统一力的作用下，进行可理解的交流。由此我们可以说理性、知识、他心感知、纯粹经验、意向立场和交往理性等在理解活动中既是条件又是衡量理解的标准。

二、意义具有理解性质

前面所讲的理解的基本模式，即视觉表征、行为能力、阐释与说明、同情理解等，适用于对意义的理解。无论理解的主体、客体、方法、条件、过程和目的怎样，理解的结果彰显的是意义。因此，对意义的理解就是要察看理解会有什么样的结果。本源上，理解因困惑而出现，意义因理解而产生。当困惑消除之后，即在没有困惑的时候，就出现意义的生成与传递，这时，理解不再凸显而化身成信念或者知识。

这里需要注意信念与知识的区别：知识在一定的范式内没有对错之分，而信念却很可能是错误的。在语言使用上，我们可以说"错误知识"或者"知识错误"，但是，我们之所以这么说，可能的原因之一就是我们在新的范式内谈论过去陈旧的知识；原因之二就是我们在某种知识的掌握上出现了疏漏或者误解。生物学上，过去有一正确的知识是体细胞繁殖仅在低等生物中存在，而高等生物无法进行体细胞繁殖。现在通过克隆技术和人工干预，高等生物，如羊也可以进行体细胞繁殖。在新的范式下，高等生物无法进行体细胞繁殖就成了过时的知识。人们曾认为太阳系有9大行星，可是，到了2006年8月24日，国际天文学联合会通过决议，将备受争议的冥王星"开除"出太阳系行星队伍，太阳系行星数目从9变成了8。太阳系行星的数目究竟是多少，这既是知识的积累，又是信念的坚持。太阳系行星不是同时全部被发现，分类标准也并不是没有争议，所以，在一定时期内太阳系行星的数目这种知识带有信念味道。纯粹的信念可能错也可能对，比如相信地球是宇宙的中心，太阳围绕地球转，这种人们曾经坚定不移的信念现在看来是错误的。马谡坚信自己能把守住街亭，这种信念是一种愿望。现在有些年轻人在谈到自己的人生规划时，以信念的形式表达出了自己的愿望甚至奢望，例如25岁要开办公司，35岁公司要上市，45岁就退休带着家人环球旅游，这样的信念只不过是愿望的表达而已。

　　当理解化身成知识或信念的时候,意义生成就变得多种多样。当意义关系着知识的时候,知识有新鲜与陈旧之分,意义也有新旧之别。当意义是信念的表达的时候,信念有对错,但是,意义却无对错之说。这就是说,错误的信念仍然有意义,只不过这意义完全属于情感的宣泄。怎么理解这话呢?这正如吵架骂人时,你说他是猪,他骂你是狗。显而易见,你和他都不是猪狗。这类骂人的话是怎样获得对方理解的呢?双方明明持有错误的信念,明知对方既不是猪又不是狗,为什么还要坚持这种错误的信念呢?因为这种错误信念仍然有意义。人们不会因为没有意义的话而大动肝火。这意义在于情感的宣泄。

　　意义生成缤纷复杂,我们对意义的理解由于所关注的内容不一样,也就众说纷纭。本书第六章着重分析几种颇有代表性的意义理论。

理论不只是实体和普遍性，理论还是概念和体现概念的实在二者的统一。

——黑格尔《逻辑学》

第五章　意义理论的研究动因

陈嘉映在其《语言哲学》第三章里说，人们通常把"意义理论"当成是语言哲学的中心问题。字面上看，"意义理论"与语言学界所说的"语义学"相似，但是，习惯上人们倾向于把哲学界的意义研究称为"意义理论"，而把语言学界的意义研究称作"语义理论"（陈嘉映2003：44）。不过，在著者看来，由于语言学界的语义理论直接来源于哲学的意义研究，因此，语言学界所探讨的意义理论，无论在名称上还是在内容里，基本上都与哲学的意义理论一致。

在既有的意义理论中，意义的指称论主张语词的意义就是这个语词所指称的对象；意义的观念论认为语词的意义是它所代表的观念和意象；意义的联想论同观念论相似，认为一个语词有意义，就在于这个语词能够让人产生某种联想；行为主义的意义理论把语言理解为一些引发反应的刺激源以及对某些刺激的特定反应，意义不能用内在的意识、观念等来说明，而必须用公共可观测的行为来说明，意义的同一和差别不在于头脑里观念的同一和差别，而是体现在行为中的同一和差别；意义的途径论认为，一个词有指称也有意义，指称是语词所代表的对象，意义是通达这一对象的途径，例如：启明星和长庚星都指金星，但这两个语词是经过不同途径来指称的；意义的可证实理论主张认为一句话是否有意义在于这句话是否可以得到证实；意义的成真条件论认为，给出一个语句的成真条件就给出了这个语句的意义；意义的使用论认为，无论语词还是语句，其功能都不在于指称外部的对象和事实，而是在生活场景中起作用，意义在于使用。

其实，既有的意义理论还有很多，我们在第一章第三节有所提及。尽管理论纷杂，但中心问题只有一个：什么是意义？值得注意的是，这些理论都有相应的形成背景，而不是一上来就以名词解释的方式而专门提出某种意义理论。哲学家对意义的追问集中反映在现代哲学里。赖尔说，20世纪哲学的故事很大部分是意谓或意义这一语言观念的故事，这话的英文原文是 The story of twentieth-century philosophy is very largely the story of（the linguistic）notion of sense or meaning.（Ryle 1960：8）。

第一节　意义研究的哲学动因

与语言学界的意义研究不同，哲学家之所以对语言意义进行研究，在来源上离不开形而上学、认识论、逻辑、语言改造和哲学分析这五大动因。首先，形而上学是意义研究的动因之一。柏拉图在《理想国》第十卷里说："每当一些个体拥有一个共同的名称的时候，我们就认定这些个体拥有一个相应的理念或理型。"柏拉图这话似乎是说语言具有一种普适性特征，就是说一个成熟的常用名词或形容词，例如"鲜花"和"漂亮"，完全可以用来描述各种各样的"鲜花"和各种鲜花的"漂亮"。从形而上学看，如果没有抽象的"鲜花理型"和"漂亮理型"，那么"鲜花"和"漂亮"就不适合用来描述许多具体的花及其漂亮程度。正是因为存在理型的"鲜花"和"漂亮"，我们才能用"漂亮的鲜花"来描述看到的漂亮的鲜花。这正是形而上学所探讨的内容，形而上学要在世界里勾画出各种各样、最为基本的范畴，寻找最基本的、普遍的、普适的存在，而语言的意义研究正好与之契合。

亚里士多德在《形而上学》卷七第一章里写道：

> 其他的所谓"是"就因为那是这"基本之是"的量或质，或其变化，或对这事物有所厘定的其他云谓。这样，人们又可以请问"行""坐""健康"以及相似的其他词语是否也各自存在？这些没有一件能脱离本体而独自存在。假如有所存在，则存在的实际是那个或行或坐或健康的事物（人）。这些所以看来比较的实在，正因为在它们的底层存有某一确定的事物（即本体或个体）为主题，而它们则为之云谓；假如没有"这个"，我们就无从使用"好"或"坐着"这一类词语。明显地，这是由于这一范畴之为"是"，而后其他范畴也得以为"是"。所以取消一切附加的含义，而后见到单纯的原称，则本体才是"原始实是"。

从这段话看，亚里士多德认为有最基本的存在，这在语句里表现为主语。没有这类基本的存在物作为主语，作谓语的动词就难以表达意义。我们不会孤立地使用动词，比如"行走""坐下"等，而总是把动词与主语联系起来，虽然有时语句里并没有明显的主语，但是，主语始终存在。正常的情况是，"他在行走""你坐下"等。在亚里士多德看来，存在比具体的行为更具有本体性地位。

19世纪奥地利哲学家迈农认为，语句的语词必须有指称对象，否则，就没有意义。有些语词，例如，传说中谁喝了"青春泉"之水，谁就能恢复青春。这里的"青春泉"虽然不实际存在，但是"青春泉"是以某种存在方式存在，"青春泉"的指称对象是"亚存实体"。同样，著名的迈农悖论"这金山不存在"，其中的"金山"也是一种"亚存实体"。

柏拉图的理型、亚里士多德的存在以及迈农的指称对象和亚存实体，这些概念享有共同的假设：语词的指称对象是意义的源泉。意义和指称纠缠在一起，甚至把指称同化为意义，这正是意义的形而上学研究所要注意的方面，即清理意义与指称的混淆问题成了哲学的中心任务之一。

意义和指称的混淆问题不仅是西方哲学关注的问题，而且在先秦时期的中国哲学里也是焦点问题。名实之辩发端于春秋战国时期特定的时代背景，战乱纷争，兴亡更替，出现了"名实相怨"。所以荀子在《正名》中说"奇辞起，名实乱"，当时出现了"名存实亡"和"有名无实"的事物，而更多的是"名不副实"。于是，哲学家纷纷提出名实问题，孔子也感慨道："必也正名乎！名不正则言不顺，言不顺则事不成。"名实之争中的"正名求实"和"取实与名"两派对语言意义的探究，离不开对语言和意义本质的研究，这既带有形而上学的性质，又属于认识论问题。

语言意义研究的认识论动因主要反映在对先天知识和经验知识的认识上。所谓先天知识就是普遍确定的、必然为真的知识。如 $2+2=4$，$A=A$，三角形内角和等于 $180°$，等等，这样的知识不依赖于经验的证据而能够得到证明。理性主义主要从数学和逻辑真理的必然性来确定先天知识的存在。

康德的三个主要区分，即先天与后天、必然与偶然、分析与综合，一直是当代讨论先天知识问题的焦点所在。一些经验主义者承认先天知识的存在，但认为这是微不足道的，仅仅表达了我们观念之间的关系（休谟持这样的观点）；或者认为，先天知识只是基于语词意义的分析性真理，而不是关于世界的知识。有些经验主义者试图否定这种知识形式的存在，认为诸如数学真理这样的先天知识的主要例证是可以通过还原加以证明的（穆勒持这种观点）；或者认为，分析与综合的区分并不可靠，任何必然性都只能从经验上得知（蒯因这么认为）。克里普克和普特南同样否定必然性与先天性之间的内在关系。一方面，先天知识的拥护者通常认为，我们拥有一种直觉能力，我们可以用它确认先天命题的真。但另一方面，先天知识的反对者则坚持认为，没有任何心理上的迹象表明，我们具有这种神秘的认识能力。

关于先天知识的争论，反映在语言意义研究上就需要回答两个基本问题：其一，一个语词是如何拥有意义的？其二，如何根据语词确有的意义来判断语句或为真或为假？

第一个问题至今仍是意义哲学的焦点问题，而第二个问题涉及意义研究的逻辑问题。逻辑研究是意义研究的重要动因之一。意义的逻辑研究分为亚里士多德开创的传统的形式逻辑研究和弗雷格等人创立的现代数理逻辑研究。传统逻辑的推论建立在一套三段论的逻辑句式之上，即从大前提到小前提推论出结论。在逻辑学理，三段论从亚里士多德开始发展至今出现了直言三段论、准三段论、选言三段论、假言三段论、复合三段论等。虽然，三段论能够把有效推论和无效推论显示出来，但是，一些表面相同的句式结构所得出的无效推论为什么无效，传统逻辑解释不了。例如：

（1）张三在北碚镇卖手机。

张三是北碚镇西南大学的学生。

因此，张三既在北碚镇卖手机，又是北碚镇西南大学的学生。

（2）有人在北碚镇卖手机。

有人是北碚镇西南大学的学生。

因此，有人既在北碚镇卖手机，又是北碚镇西南大学的学生。

（3）所有的哲学家都是作家。

有些哲学家是音乐家。

因此，有些音乐家是作家。

（4）所有哲学家都是作家。

大多数哲学家是音乐家。

因此，大多数音乐家是作家。

在例5-1这四组推论中，（1）和（3）的结论是有效的，而（2）和（4）的结论却难以成为有效结论。在句式上，（1）和（2）没什么差别，（3）和（4）也没什么差别，但为什么同样的句式却难以确保同样有效的结论呢？

结论应该是一个真命题，而在命题逻辑里，逻辑主词和谓词的意义以及二者的关系究竟是什么，这就成了意义研究的问题。例5-1的（2）中的主词"有人"的外延究竟是谁，例5-1的（4）中"大多数哲学家"和"大多数音乐家"二者的量词范围究竟重合不重合，这些都是意义研究要考虑的问题。其实，例5-1的（1）虽然推论出的结论有效，但是其中各个句式中的主词"张三"究竟有无确切的外延对象，或者说有无确定的指称，这在三段论中看不出来。如果按照命题的主词必须存在这一要求来看，张三的存在与不存在并不确定。既然迈农悖论"这金山不存在"，中的"金山"有问题，那么，按照逻辑命题的主词必须存在的这种要求，"张三"也有问题。当然，这问题放到罗素的描述语理论里却得到了解释。

逻辑和语言的关系十分密切。传统逻辑无法解决的问题，其实也是语言的意义问题。语言的意义问题隐藏在日常生活中，普通人一般不会去深究，而且即便是发现了问题，也只不过相当于外行人发现汽车出现了故障那样，可以信心百倍地说"汽车出毛病了"，但就是不知道这故障是什么，即普通人并不知道语言的意义问题如何产生，更不会去着手解决所出现的意义问题。常人习惯于说"这有问题，那有问题"，就是没有习惯去解决问题。幸好，哲学家不是这样的人。当哲学家抱怨日常语言意义问题并不像数学问题、化学问题等那样可以用科学手段来解决的时候，有一种主张就是要改造语言。所以，对语言进行改造的这种主张与努力，也是意义研究的动因之一。

意义问题是哲学问题，而哲学是语言活动，不像自然科学那样依赖实验和数据，依赖化学反应和物理反应，依赖成分分析等科学手段来解决问题。哲学家的实验室建立在有理有据的语言争论中。怎样看待语言？这在哲学中并非没有分歧。一种观点认为，哲学是用语言来表达的，要澄清哲学问题，首先就需要让语言去神秘化、去诗意化、去浪漫化，而让语言实现"科学化"。这一观点毋庸置疑会招来抨击，因为哲学家中不乏坚持语言的本性就是神秘化、诗意化和浪漫化的人。像普拉提诺、柏格森这样的人认为语言是神秘的，不适合用来描述世界的本与真，语言或多或少歪曲了世界的本与真；人们对本与真的理解不依靠语言，而依赖人与现实合一，对本与真的领会尽在不言中。弗雷格也认为自然语言不适合用来做哲学，因此，正如莱布尼兹一样，在弗雷格看来，需要专门设计一种称为"概念文字"的新玩意，即一种崭新的、精确的、适合处理哲学问题、逻辑问题乃至科学问题的语言。弗雷格创造的这套语言就是现代逻辑的语言。

弗雷格的现代逻辑语言解决了一个经典问题就是意义和指称的混淆问题。弗雷格的著名例子就是区分了"启明星"（the morning star）与"长庚星"（the evening star）在共同指称"金星"（Venus）时，意义与指称的关系问题。按常理，因为金星是启明星和长庚星共同的指称，那么启明星应该等于长庚星；如果指称就是意义的话，那么启明星与长庚星的意义应该相等。可是，细究起来，拂晓看到的启明星和傍晚看到的长庚星真的意义相等吗？

弗雷格发现所谓的等同关系隐藏着问题的玄机。在弗雷格看来，等同关系有多种方式，如 $a=a$；$a=b$；$2+2=4$；等腰三角形的底角 $1 =$ 底角 2；等边三角形各边的中点与相对角的顶点的连线有三条，而这三条连线会共同经过一个交叉点，这个交叉点又分别属于三条连线，又是不同连线的三个点，于是这三点也拥有一种等同关系，在这么多的等同关系中，"启明星＝长庚星"究竟属于哪一类等同关系呢？在弗雷格看来，不管用上述哪种等同关系去回答这一问题，都会遇到阻碍。于是，弗雷格认为，启明星与长庚星虽然拥有一个共同的指称物，但是二者各自的指称方式或者说指称的途径不一样，因此，语词的意义并不是指称的对象，而是取决于指称的方式或途径。弗雷格的这种区分，对也好，错也罢，对后来的意义研究影响却很大。意义的途径论指的就是弗雷格的这种区分。

在《意义与指称》（Sense and Reference）一文里，弗雷格厘清了意义与指称的混淆问题，而且还指出，一个符号可能有意义和指称，但是在间接话语中，人们直接谈论的是符号的意义，也可能间接地涉及指称。虽然同样的意义可以有不同的表达方式，以及同样的指称可能有不同的符号，但是，这并不能说有意义的表达方式就一定有指称。

语词的使用分两种情况：一是直接使用语词表达想要表达的意义，这时语词涉及的指称是"惯常指称"；二是间接使用语词，即谈论语词及相应的意义，这时语词的使用是在符号层面操作，语词本来是符号，间接使用语词时就是用符号谈论符号。用符号谈论符号时，会有"间接指称"。这样一来，弗雷格对语词做了以下论断：一个语词可能有指称也可能没有指称；一个语词可能就是一个符号，也可能是符号的符号；一个语词既有"惯常指称"又有"间接指称"，一个语词既有"惯常意义"又有"间接意义"；一个词的间接指称往往是该词的"惯常意义"，而一个词的"间接意义"却可能是这个词本身被用来谈论与之相关的、另外的语词时所要表达的意义。弗雷格的这些论断可以用来解释我国先秦名辩家的一些论断，如"白狗黑"。我们的解释步骤如下：

（1）"白狗"这一语词已经是一个符号，有两种使用情况。直接使用：有真实的白颜色的狗作为"惯常指称"对象，有"惯常意义"，但"惯常意义"并不等于"惯常指称"；间接使用："白狗"只是在谈论中，有间接指称，这"间接指称"等于"惯常意义"。

（2）"白狗黑"这一表达式是"符号的符号"，只有间接使用情况。但是，解释者会自然而然地想到用直接使用情况的"惯常指称"对象来确定"白狗黑"的意义，即会在"白狗＝白狗黑""白狗≠白狗黑"和"白狗 ＝? ＝白狗黑"这三个等式中做选择。其实，选择三者中任一等式，解释者都把"惯常指称"当成了意义，结果反而无法消除心中的疑问：白狗怎么会黑呢？

（3）"白狗黑"的间接使用有以下情况：

①"白狗"在"白狗黑"中使用，其"惯常意义"有多种可能："白毛狗的眼睛是黑的""白毛狗有一些黑毛""白毛狗从煤堆里出来了""白与黑相对，看到白狗会联想起黑狗"，等等。

②"白狗黑"不可能有直接指称，因为这是符号的符号；但"白狗黑"有间接指称，这就是"白狗"的"惯常意义"之一。"白狗黑"从上述"惯常意义"之一中得到解释。

"白狗黑"引起的混淆属于语言的混淆，如果只是单纯地把这样的句式归为"诡辩"，那么这只是隔靴搔痒。弗雷格等人倡导使用新一套语言来消解问题，其出发点就是要找到正确的方法。

弗雷格可以算得上是分析哲学的先驱之一，而分析哲学的要旨之一就是通过使用具体的分析方法来消解哲学问题。这是"人工语言学派"的做法，注重对意义问题进行语言逻辑分析，弗雷格、罗素、前期维特根斯坦以及维也纳学派都属于这个阵营。与人工语言学派相对应的是"日常语言学派"，他们并不认为语言需要改造。在他们看来，哲学中的混乱反而是哲学家背离日常语言的使用而造成的。日常语言完全可以用来做哲学思考，没有必要生造出新的语言来扰乱思想。对于这一点，洛克早就抱怨说，哲学中学究式的行话太多，不但不能把问题弄清，反而带来了新的混乱。奥斯汀、后期维特根斯坦等属于日常语言学派。

人工语言学派注重逻辑分析，而日常语言学派注重概念考察。这两种方法并不对立，相反，这从来都是哲学的重要方法。意义问题离不开哲学分析，而哲学的分析方法正是意义研究的重要动因。

第二节 意义研究的分析动因

意义问题是哲学问题，而谈到意义研究的分析动因，我们会马上想起分析哲学。大体上，人们倾向于把西方哲学划分为三大阶段：古代的本体论、近代和近现代的认识论、现代的英美分析哲学和欧陆现象学与解释学。而谈到现代哲学，又会想起语言转向，甚至认为现代哲学大致可以称为语言论哲学。其实，本体论、认识论和语言论这样的哲学阶段划分，是以研究的焦点为划分标准，这并不是说哲学活动就是这样整齐划一地按这三个阶段孤立地展开。语言论以语言问题为中心，但本体论、认识论阶段也有语言的讨论，同样，语言论哲学根本离不开本体论和认识论哲学，否则，离开本体论和认识论的语言研究就不是语言论哲学。

现代分析哲学成长之初，如摩尔、罗素开始从事哲学研究时，仍如哲学发展的古老传统一样，致力于对现实或者对世界进行整体性和系统性描述。然而，随着分析哲学的发展，哲学研究越来越远离对世界的整体性描述，而越来越注重对具体的、特殊的概念进行详尽分析。进入分析视野的概念包括哲学自身的一些概念、语言概念（包括自然语言和人工语言）以及科学概念。对具体概念进行丝丝入扣的推敲、详细缜密的论述，这种分析做法与当时的自然科学发展密切相关，自然科学在概念鉴定方面非常严密。尽管哲学家在做概念分析时仍然抱有理解世界的目的，仍然声称概念分析是为对世界的整体理解服务，但是，他们却越来越倾向于集中理解描述世界的话语，这样就不可避免地去分析语言的意义。

语言意义的分析在方法上突出地表现为以下三点：首先，由来已久的做法就是精确使用语词，以便能够清晰地、毫无歧义地表述问题，这就要求精确表述、严密论证。这种做法在苏格拉底那里就已经显现了出来，比如要定义什么是"公正"，就需要精确论证。其次，由于受符号逻辑发展的影响，对语言意义的分析出现了人工语言或者说数学语言的表述模式。这种方法成为形式语义学的首要方法。最后，对日常话语或者说自然语言进行缜密、系统地分析。奥斯汀、格莱斯、塞尔等人的分析方法堪称这种做法的典范。

　　语言意义的分析方法仍然是古老哲学方法的延续，这话在道理上没错。罗素和维特根斯坦曾指出，他们二人早期合作的论述方法可以与柏拉图的《泰阿泰德》的方法相比，而罗素本人一个时期的论述又与柏拉图的《智者篇》方法相比。当罗素与逻辑实证主义者合作致力于构建综合的人工语言体系时，这又让我们想起莱布尼兹"普遍数学"的构想来。莱布尼兹在其《人类理解新论》（*New Essays on Human Understanding*）中写道（Leibniz 1996：333）："我确实相信语言是心灵的最好反映，而且相信对语词意义的精确分析能够揭示理解的运作机制，这比其他任何方法都好。"其他一些哲学家的方法总是或多或少地留有亚里士多德、洛克、贝克莱和休谟等人的影子。换句话说，柏拉图、亚里士多德、洛克、贝克莱和休谟等人都对语言意义做过分析。

　　既然分析哲学在一定程度上是西方传统哲学的延续，古已有之，那么为什么又说现代分析哲学具有革命性呢？对于这个问题，格罗斯回答说，有三方面原因（Gross 1970：10）：第一，分析哲学的发展是针对19世纪后半期英国主流哲学做出的反应；第二，分析哲学被误认为是对形而上学的彻底拒斥；第三，分析哲学放弃了哲学原有的构建综合体系的主张，而热心于探索分析途径、分析技术和分析方法，结果让分析哲学看起来像自然科学。

　　我们大致可以说，英国哲学一直保留着经验主义传统。比如罗素就认为知识，尤其是关于世界的知识来源于感知。罗素于1872年出生，而穆勒生于 1806 年，卒于 1873。穆勒的经验主义名著《逻辑体系》于1843 年出版。从时间的先后顺序以及罗素的思想发展轨迹看，人们戏称穆勒是罗素的教父。但是，从穆勒逝世的 1873 年到罗素进入剑桥学习的 1890 年这一时期，出现了"英国唯心主义"，主要人物是布拉德雷。对这种外来的唯心主义，摩尔和罗素在剑桥发起了批判。

布拉德雷认为经验主义关于世界的认识至少有两点错误：首先，经验主义者虽然也有关于思维的心理概念，但是他们需要通过逻辑来完善这一心理概念。像洛克这样的经验主义哲学家认为，思维是心理描画活动，或者说是拥有心理观念的活动。思维的正确与否就是与本来的心理观念或心理描画是否相符。对此，布拉德雷认为，思维不能仅仅是拥有观念或描画的意象，思维还包括所思考的问题或者所思考的心理内容的意图。其次，布拉德雷认为事物看上去是分离的、离散的，但是现实中它们是统一的一个整体。对于布拉德雷的这两点批判，分析哲学接受第一点而拒斥第二点。

布拉德雷强调的第二点，宇宙是一个统一体，事物之间存在着有机联系。事物之间的联系不是左右上下这样的外在联系，而是有一种"内在的"有机联系。内在联系发生变化，事物就发生变化，甚至变化成不同的事物。既然事物是有机的整体，那么对事物进行分析也就是对事物进行摧毁。按照布拉德雷的观点，植物生理学家的分析永远看不见情人眼中的玫瑰。西施之美却经不起分析，一旦把西施分析成一堆原子，西施就不再是西施了。

布拉德雷这种唯心主义的整体观看上去有点道理，但是，摩尔和罗素却正是对这一观点发起了批判。布拉德雷在其名著《现象与实在》（*Appearance and Reality*）中对现象与实在做了区分，认为关于现象的知识是不真实的，现象是离散的、分离的。我们看到的是分离的现象，但是在分离的现象背后，有统一的终极的实在，这是绝对的。这绝对的统一的实在有内在的有机联系。摩尔和罗素对此沿用休谟的观点强调实在是离散的。

休谟认为感官赋予我们实在的知识，我们关于外部世界的所有知识都从感知而来。关于世界的每一个有意义的表达式都指称经验。我们心中的观念，有的是来源于我们从外部世界获得的印象，有的是与所获得的印象之间的某种联系。休谟认为：无论我们的观念多么复杂，我们总是可以把它们分析成简单的观念，这些简单观念是从相似的印象中复制而来的。休谟这一认识与洛克相似，但有一点不同，洛克主张"一名一物"。

知识来源于感官经验，这是休谟的主要观点。假如你要对这一观点进行反驳，恐怕你得找出不依赖于感觉印象的观念。休谟却认为你找不到不依赖于感觉的观念来。休谟把知识分为两类：一类是我们通过感觉印象获得的知识，另一类是通过对观念的比较而获得的知识。后者好像不依赖感觉印象，其实，那所比较的观念却是来源于感觉印象。

休谟进一步说，关于世界的所有推理都以因果联系为基础，不过，光靠推理本身不可能发现谁是因谁是果，因为，我们对因与果的发现依靠的是我们的经验。那么，我们是怎样发现因与果之间的联系的呢？当我们发现甲引起乙时，我们并没有经历这因果关系本身，我们了解到的只不过是事实。在事实中，一些事件以时空关系呈现在我们面前，有的先，有的后，这就让我们感觉到先前发生的为因，随后发生的为果。

布拉德雷和休谟关于知识的不同认识，在 19 世纪后半期的英国影响很大，英国分析哲学就在这样的背景下发展起来。摩尔关于"感觉资料"以及意义与指称的论述，除了是对英国唯心主义的驳斥外，还是对贝克莱和休谟经验主义知识论的回应。分析哲学在这样的背景下发展，语言意义成了关注的中心问题。按照卡兹的说法（Katz：1985：1），从 19 世纪末到 20 世纪，哲学上发生的语言转向可以分为三轮：第一轮语言转向发生在 19 世纪末，哲学研究要摆脱唯心主义的条条框框，而关注语言意义；第二轮语言转向发生在 20 世纪初，哲学家热衷于语言学研究，企图把语言意义问题置于科学的基础上来考虑，即倾向于把意义问题当成自然科学问题；第三轮转向发生在 20 世纪五六十年代，哲学家致力于探讨什么是语言学的基础，企图建立系统的语言科学，乔姆斯基的转换生成语法堪称典型。

第三节　现代分析哲学的基本形态

按照尔姆森的观点，现代分析哲学的发展史可以分为五个形态，但如果把分析哲学在美国的转型与发展考虑进来的话，分析哲学可以分为八个形态（Urmson，载于 Rorty 1967）：第一形态可以称为"早期实在主义的分析形态"，摩尔和罗素作为代表，关注的是如何准确表述问题以及如何清晰回答问题，主要任务是通过使用平实质朴的语言来理清哲学命题的意义。第二个形态叫作逻辑原子主义，1914—1919 年期间的罗素和早期维特根斯坦为代表，打算构建一门形式语言，其句法能够反映世界的基本组成与基本结构，这一形态不排斥形而上学。第三个形态叫逻辑实证主义，受早期维特根斯坦的影响，主要以维也纳学派为代表，也打算构建形式语言以便用于科学证实与判断，这期间明确地把形而上学的语句排斥在外。第四个形态可以叫作自然语言分析，以维特根斯坦和赖尔为代表，这个形态是对逻辑原子主义和逻辑实证主义的反对，主张自然语言完全可以用来分析哲学问题，而哲学的混乱是由于自然语言的误用所致，因此，对哲学问题的消解，完全可以通过清理哲学家易于掉入的语言陷阱来进行。第五个形态是日常语言分析，以奥斯汀为中心人物，特点是专心于研究日常语言的问题研究，哪怕是细枝末节的问题，基本上不考虑哲学问题。奥斯汀分析技术精湛，但是却离哲学问题渐远，给人"只见分析不见哲学"的感觉。

在这五个形态之后，分析哲学在美国发生了转变，并取得了新的发展。蒯因和普特南转变了分析哲学的方向，而布兰顿开启了分析哲学的新发展。所以，第六个形态是蒯因的自然主义语言哲学。蒯因的哲学是以一阶逻辑为框架，以自然主义语言观和行为主义意义论为基础，以自然化认识论的中心论题为主题的严整的理论体系。在整个理论体系中，都蕴含着他对语言的特殊研究。语言分析与自然主义的结合是蒯因哲学的显著特征。

第七个形态是普特南的实在论与语义外在论。普特南与蒯因一样属于分析哲学在美国转型时期的重要哲学家。在他身上既折射出美国分析学的演变，同时也反映了实用主义的最新发展（陈亚军 2003）。虽然普特南的哲学立场变化很多，但是他基本上属于实在论者，在语言哲学、心灵哲学、科学哲学和数学哲学等领域颇有成就。在语言哲学的意义研究方面，他和克里普克等人一道提出了指称的因果论，并通过著名的"孪生地球"实验建立起了语义外在论。根据指称的因果论，科学名词和所用的描述语并非同义，决定指称的不是人们关于对象的信念或知识，而是研究者和对象之间社会的、历史的因果联系链条。他举例说，世界上并无任何东西确切地符合玻尔关于电子的描述，但他所描述的"电子"有许多方面和我们现在叫作"电子"的东西相似，并且由于社会的、历史的传递链条把不同研究者和对象联系起来，使我们认为玻尔所指称的就是叫作电子的东西。这样，尽管玻尔和我们关于电子的理论描述不同，但指称却是相同的。普特南认为真理概念和合理性概念之间有密切关系，合理的可接受性能够成为真理的标准。但这是两个不同概念间的关系。按照他的看法，在一个时候可以合理地接受一个陈述，可以不是真的。他不相信合理性是由一类不变的"标准"或"原则"定义的，认为方法论规则同我们关于世界的看法相联系，并且是随时间而变化的。因此，他赞同历史主义者关于没有给"合理的"下定义的固定的、非历史的"标准"的主张。但他看到了理性观念发生历史的演变这一事实。

根据语义外在论，普特南认为"意义不在头脑里"。这一主张来源于他的"孪生地球"这一假设性实验。地球人"弗雷德里克"来到太空中一个像地球一样的星球，叫"孪生地球"，发现上面有一种像水一样的液体，但这种液体的成分为 XYZ，存在于孪生地球的江河湖泊里，在孪生地球的人的生活中与"水"在地球上起着一样的作用。孪生地球上有一个叫"弗洛德里克"的人把那成分为 XYZ 的液体说成"水"。我们知道，地球人"弗雷德里克"把地球上成分为 H_2O 的液体一直称为"水"。注意：当地球人"弗雷德里克"和孪生地球人"弗洛德里克"都发出声音说"水"时，我们无法从二人的头脑里找出差别，但我们却知道这二人以同样的发声方式，发出同样的音，而表达的分别是 H_2O 和 XYZ。这说明，意义并不是由头脑独自决定的，相反，说出的"水"的意义究竟是 H_2O 还是 XYZ，这是由头脑之外的事物决定的。对于普特南这一假设性实验，后来戴维森评价说，这是反驳笛卡尔主观唯心主义的最好论点，称得上是"反主观主义"的革命性论断。

第八个形态是布兰顿的分析实用主义。在 20 世纪和 21 世纪这一转接时期，布兰顿应该算是分析哲学新的里程碑式的人物。布兰顿把分析哲学和传统哲学结合起来，即把康德和黑格尔哲学整合到分析哲学中，把美国的实用主义同分析哲学整合起来，形成了分析实用主义。这应该算是分析哲学的新形态。

从上述八个形态来看，分析哲学在英国发端于摩尔，当然也有人认为，分析哲学发端于穆勒和德国的弗雷格。摩尔早年在进入剑桥大学以前，就读于专门研读古典文献的学校。他在学校里的主要任务就是研读和翻译希腊和拉丁散文与诗歌，也涉猎关于这些文献的德语评论。这种以翻译为主导的学习背景让他养成了注重语言细节并进行字斟句酌的研读习惯，为他后来的哲学研究打上了烙印。

摩尔在进入剑桥大学前根本不知道还有哲学这门学科，但是，当他遇到罗素之后，很快就对哲学问题争论产生了浓厚兴趣。起初，他虽然以字斟句酌式的批判精神对唯心主义的学说产生了质疑，但是，最早他基本上还是支持唯心主义。当唯心主义者说时间不真实存在，摩尔就想证明自己是不是在吃午饭前吃过早饭。当唯心主义者认为事物不真实存在，摩尔就思考他正坐着的椅子是不是实在的。这样一来，摩尔就逐渐地远离唯心主义而站到了捍卫常识的实在主义立场上。其实，问题还没有这么简单。在哲学思考中，我们不能单纯地抬出看得见、摸得着的实物来反驳某种值得怀疑的理论主张。摩尔虽然知道自己使用的桌椅是实在的，但是怎样证明它们是实在的，这是一个看似简单其实却很复杂的问题。摩尔力图分析关于桌椅实在的这一命题的表述方式，这样他就不得不对语言意义的细节问题进行追究，这就逐渐形成了他的哲学风格：精确发问和清晰回答。摩尔虽然是实在主义者，但他的哲学仍然属于形上之思。他的哲学概括起来说，就是通过精细分析来寻找"什么是实在的"这一问题的清晰答案。

罗素是以对数学的浓厚兴趣开始进入哲学思考。罗素在剑桥大学同样受到英国唯心主义的影响，那时他有点现代柏拉图主义倾向，而力图在唯心的王国里寻找"数与共相"的存在。1905 年，罗素在《心理》杂志发表《论指谓》（*On Denoting*）一文后，他的"描述语理论"问世，这标志着他迈出了为摆脱柏拉图主义具有决定性意义的一步。在这篇文章中，罗素认为句子的语法形式不一定是逻辑形式的反映。罗素与他的老师怀特海合作，为现代逻辑作出了贡献。在他们的合著《数学原理》（*The Principles of Mathematics*）中，罗素和怀特海力图说明，借助于几个基本公理和运算，一切数学原理都可能从逻辑中派生出来。虽然罗素是逻辑学家，执着于逻辑学研究，但是罗素还算得上是形而上学哲学家，因为他从未放弃一个信念，那就是一旦把现在要问的问题整理清楚了，你就可以继续追问形而上学方面的问题。罗素的哲学并没有摧毁形而上学的企图，而是力图发现形而上学的真。

摩尔和罗素进入剑桥大学哲学殿堂时，都很年轻，那时的英国还处于维多利亚女王在位时期。摩尔和罗素崭新的哲学思想给当时英国陈旧、老套、过时的传统思想注入了活力。同样，维特根斯坦进入剑桥大学时也很年轻。维特根斯坦早年进入剑桥时，起初打算学工程学，对数学的兴趣也很浓，受罗素哲学著述的启发，而转入哲学。维特根斯坦是哲学奇才，后成长为哲学大师。他早期的思想不仅对他的老师罗素影响很大，而且对维也纳学派和带有科学主义倾向的其他哲学家也影响颇深。

维也纳学派的哲学家对科学很崇拜，致力于为科学寻找逻辑。他们坚持要把形而上学从哲学中剔掉，这一主张完全不同于摩尔、罗素和维特根斯坦。维也纳学派认为，关于世界真知识的语句完全可以得到证实而且有意义，而一切既无法证明其对，又无法证明其错的句子都是形而上学语句，即无所谓对错的句子是形而上学句子，没有意义。维也纳学派的这一主张或者说原则石破天惊，在当时的哲学认识中属于非常大胆的认识。遗憾的是，维也纳学派始终没有建立起能够真正用来验证句子是否有意义的可操作性原则，他们的可证实原则属于口号性原则，在实际操作中收效甚微。

维也纳学派对建立新的人工语言有着浓厚的兴趣，因为在他们看来建立一门高度精确的语言可以避免日常语言的模糊含混，日常语言有太多的习语和太多模糊不清的表达，不利于科学表述。新的精确语言就是要为科学服务。在维亚纳学派看来，哲学的首要任务就是要为科学建立一门精确的语言，而在这门精确的语言里不会产生出形而上学的语句。有了这样一门精确的语言，科学就不会再受形而上学问题以及伪问题的困扰。

现在人们认为，维也纳学派的思想来源可以追溯到维特根斯坦的早期著作《逻辑哲学论》。这是维特根斯坦生前唯一以书籍篇幅出版的著作。它是维特根斯坦于 1918 年第一次世界大战中当兵时所著。1921 年首次出版了德语版本。《逻辑哲学论》被广泛认为是 20 世纪最重要的哲学著作之一。该书的拉丁语标题 "Tractatus Logico-Philosophicus" 是由摩尔建议，这大概出于对斯宾诺莎的《神学政治论》（*Tractatus Theologico-Politicus*）的敬意。维特根斯坦的文笔风格虽然不能说独树一帜，但是，在整个西方哲学史中甚为鲜见：大致可以说，那绝对冷静的表达和简洁的用语是维特根斯坦从他所崇拜的德国逻辑学家和哲学家弗雷格的哲理散文中锻造出来的。维特根斯坦在他的哲学评论中写道：我语句的风格受到了弗雷格的影响，非常强烈。

维特根斯坦的《逻辑哲学论》篇幅不长，一共不到 80 页，语句简短，格言式的话语方式，并特意编号为：1、1.1、1.11、1.12 一直到 7。维特根斯坦采取这样的编号体系，用意明确：1.1 是 1 的注释或细节，1.11 和 1.12 注释 1.1，以此类推，用来展示语句之间的镶嵌关系。维特根斯坦阐述了一个雄心勃勃的计划，那就是要甄别语言和现实之间的关系，企图通过清晰说出"逻辑上完美的语言的条件"来定义哲学的界限。《逻辑哲学论》的目标是要完善罗素早年的逻辑原子论的哲学系统。《逻辑哲学论》的结尾有些令人惊讶，表达了一个有点强烈而不无偏激的结论。该书明确断言：任何形而上学的讨论都位于意义领域之外，而唯一正确的哲学方法是为自然科学而舍弃哲学。这一观点被维也纳学派奉为圭臬，维也纳学派的基本指导思想与此无异。

维特根斯坦满以为他的《逻辑哲学论》解决了哲学中的大问题，而离开剑桥不再从事哲学，可是，1929 年他又带着哲学疑问再次回到剑桥。这时，他已认识到《逻辑哲学论》的不足乃至错误所在，并对罗素的早期著述进行批判。这代表着他哲学思想从早期的不成熟转变为后期的成熟。1953 年在他逝世后出版的《哲学研究》（*Philosophical Investigations*）是维特根斯坦后期成熟哲学思想的集中反映。

后期维特根斯坦对日常语言做出评论，认为日常语言虽然上不精确，但是"语言的不精确性"并非一定就是缺陷，只不过是日常语言的特点而已。用日常语言进行哲学思考，就需要弄清什么是日常语言所能表达的与什么是日常语言所不能表达的。因此，哲学活动首先就要清理"因错误使用语言而造成的"概念问题。由于使用同样的名称，人们容易把心理过程和物理过程混为一谈，把事物的本质和概念的统一混为一谈，这样使用语言就会陷入迷惑与混乱。出路在哪里呢？出路就是要当心语言的不同使用。维特根斯坦指出，语言的错误使用为人们勾勒出了错误的图画，而错误使用语言的人就成了这错误图画的俘虏，戴上了语言的枷锁，处于迷惑与混乱之中。人们要从迷惑中清醒过来、要从混乱中解脱出来，就要摆脱语言枷锁的束缚，就要突破语言牢笼。哲学问题是因错误使用语言而造成，所以解决哲学问题不必建造新的理论，而应把语言错误指示清楚，从而消解哲学问题。清晰表达是消除问题的直接方法。

维特根斯坦在《哲学研究》里所表达的上述思想在英国分析哲学界影响深远。即便是牛津大学的日常语言学派，也受到了维特根斯坦后期哲学思想的巨大影响。就分析哲学而论，剑桥大学和牛津大学各自都涌现出了响当当的哲学名家。在众多的哲学家中，摩尔、罗素和维特根斯坦是分析哲学在剑桥大学的"三巨头"，而赖尔、奥斯汀和斯特劳森却是牛津大学分析哲学的"三剑客"。

赖尔当时是牛津大学《心理》杂志的编辑，他的主要著作《心的概念》（*The Concept of Mind*）出版在先，维特根斯坦的《哲学研究》出版在后。这两部名著有着基本一致的哲学思想。赖尔通过介绍一些新鲜概念而指明，传统哲学中的"身—心"问题来自对心理现象和物理现象进行思考时所犯下的逻辑错误。赖尔详细分析了心理概念，从而指出，对"心的思考"的古老方法出现的错误，为这方法本身埋下了毁灭性的种子。

斯特劳森是牛津大学日常语言学派的重要人物，他对罗素的重要理论——描述语理论进行了彻底的批判。他认为罗素把逻辑框架强加给语言，不但未能消除语言谜团，反而让语言谜团笼罩在迷雾中，即罗素自以为解决了的问题，其实仍然原封不动、完整地存在着。在斯特劳森看来，要正确理解描述语或指谓语，就一定要把它们当作活生生的语言来对待，它们不是逻辑里僵化的表达词。一旦对语言的现实特征有所理解，罗素所说的问题就会得到解决。

奥斯汀是牛津大学日常语言学派颇有影响的哲学家，他寿命不长，著述不多，但是影响却不小。他坚信，做好日常语言的详尽分析就是做哲学的众多方法之一。语言分析的结果并不一定要服务于哲学问题的解决，因为语言问题本身就有内在的分析旨趣。人们赞叹奥斯汀才思敏捷，而且还有一双非常敏锐的耳朵，能听出日常语言在意义上的细微差别，并能把这些差别系统地指示出来。虽然，奥斯汀不太关心怎样解决哲学问题，但是他认为，语言意义问题并不像看起来那么简单。看似简单的语言意义问题当中潜藏着种种道理。他的《如何以言行事》以及逝世后才出版的《理智与情之感》（*Sense and Sensibilia*）影响颇大。前者提出的"言语行为三分说"成了语用学领域的经典理论，而后者在书名上类似于著名女作家简·奥斯汀的《理智与情感》（*Sense and Sensibility*），这或许是惺惺相惜，因为，小说家奥斯汀同样擅于敏锐捕捉意义的细微差别。

英国的分析哲学主要以剑桥大学和牛津大学哲学家的学说为主。剑桥大学分析哲学的早期学说影响了维也纳学派，而维也纳学派哲学虽然有所偏颇，但仍然与剑桥和牛津哲学一道对美国哲学产生了巨大影响。20 世纪后半叶的美国哲学舞台的主角是分析哲学（Nehamas 1997）。分析哲学传入美国并在美国发展的过程中，蒯因起到了承前启后的关键性作用，被誉为继维特根斯坦之后"影响最大的哲学家"。

虽然蒯因的一生主要在哈佛大学度过，先求学在哈佛，后执教于哈佛，但是，他的哲学背景却不像他所生活的地点那样单一。他投师于刘易斯门下，还曾问道于维也纳学派的卡尔纳普和英国的怀特海，也或多或少地继承了美国本土实用主义哲学家皮尔士和詹姆斯的学术思想。蒯因写过一些带有传统实用主义的作品，对分析哲学的一些语言认识提出了批判性观点，即蒯因认为关于语言和科学的一些观念因过于"严格"或者说过于绝对反而错了。例如，分析命题与综合命题的区分，若加以绝对区分就免不了成为循环论述。实际上，蒯因不承认在分析命题和综合命题之间有什么绝对区分，他也不承认绝对的分析命题的存在，因为在他看来，一切分析命题都可以转化成综合命题（江怡 2005）。

蒯因的主要著作有《语词和对象》（*Word and Object*，1960）、《指称之根》（*The Roots of Reference*，1974）、《真理的追求》（*The Pursuit of Truth*，1990）、《信念之网》（*The Web of Belief*，1970）、《理论和事物》（*Theories and Things*，1981）、《数理逻辑》（*Mathmatical Logic*，1940）、《集合论和逻辑》（*Set Theory and Its Logic*，1963）等。他的《经验主义的两个教条》（*Two Dogmas of Empiricism*，1951）是分析哲学的经典论文。蒯因在本体论、认识论和语言论等哲学领域里都有研究，提出了一系列独创性的学说和理论。蒯因的哲学从经验主义（逻辑实证主义）出发，后来又接受了皮尔士和詹姆斯的实用主义，转而批判经验主义。

首先，在逻辑语言与理论语言研究方面，蒯因把一阶逻辑（谓词演算）作为科学理论的标准框架。因为在他看来，科学是被作为科学的理论即相互关联的句子之网来加以研究的；同时，作为哲学家，他通常喜欢使科学理论具有形式上的精确形式。他所偏爱的形式就是逻辑和数学中的一阶逻辑理论。例如，他指出，科学语言的基本结构，已经以一种熟知的形式被离析出来，并得到了系统化。这就是谓词演算：量化和真值函项的逻辑。我们所面临的这个作为世界体系的构架，就是今天逻辑学家们十分熟悉的结构，即量化理论或谓词演算。这就是所谓一阶逻辑理论，蒯因认为它可以作为科学理论的标准框架。谓词演算的语言是简单的，它包括谓词、变项、量词以及少许几个基本构造：谓述，全称量化（或存在量化）和真值函项（可归结为一个）；其终极构成要素是变项和普遍词项（谓词），它们在谓述中结合起来形成原子语句。蒯因把这种语句叫作"标准记法",称它有助于我们理解语言的指称作用并且阐明我们的概念框架。

其次,蒯因的"自然化认识论"主题,是整个蒯因哲学的中心论题,它说明我们关于世界的理论是如何从观察中产生的。在这一过程中,语言起着重要作用。蒯因认为,任何有意义的概念都与语言密不可分,包括我们总的世界理论在内的各种不同理论都可以看作是语句体系。于是,上述论题就变成了说明观察与我们的理论话语之间的关系。观察与理论话语的关系,构成了"自然化认识论"主题的基本内容。蒯因主张退回到语义学水准上来讨论问题(亦称"语义上溯"),他主张用观察语句取代实际观察。于是,上述论题的研究又进一步变成实际的说明我们的理论语句和观察语句的关系,或者说,我们是如何在"贫乏的"感觉基础上产生出我们关于世界的科学理论的。这一问题可以分为两个方面:其一,我们的感觉证据是如何支持我们关于世界的科学理论的,简称证据支持关系;其二,我们关于世界的科学理论是如何产生的,或者说,我们的理论语言是如何从感觉证据中获得意义的,简称语义关系。蒯因认为,证据支持关系与语义关系是同构的:在已学会观察语句之后,我们习得理论语言的途径,正是观察给科学理论提供证据支持的途径。蒯因由此得出了两个理论:一是语言学习理论,它回答中心问题所派生的第二方面的问题,即语义关系问题;二是整体主义知识观,它回答第一方面的问题,即证据支持关系问题。在他看来,这两个理论是统一的。

如何说明我们的理论语句和观察语句的关系,它包括两大经验性任务:首先,对于从感觉输入到观察语句的学习机制,提供详尽的神经生理学和心理学的解释;其次,对于从观察语句到理论语言习得的许多不同的类比步骤给予详尽的说明。观察语句无论在证据支持关系中还是在语义关系中都发挥着至关重要的作用,这就是蒯因所说的:科学的一切证据都是感觉证据;关于词语意义的一切传授都依赖于感觉证据。因此，观察语句既是通向语言的入口处，也是通向科学的入口处，并且也是通向蒯因中心论题的入口处。在这里我们解决了理论语言是如何被学习的，因为证据关系实际上是体现在学习行为中的。他还认为，语言理论对于知识理论是至关重要的。他经常指出，人类掌握科学理论的过程就是学习理论语言的过程。因此，人类认识和学习的机制就是学习和掌握语言的机制。他指出，为了说明人类对于科学理论的掌握，我们应该看看他是如何学习理论语言的。我们看到，蒯因抛开认识的基础，认识的内容，简明的从语言分析的视角回答了人们认识和掌握理论的规律：认识和掌握理论的过程即从观察语句向理论语句转化的过程，也就是学习理论语言的过程，在这里，语言扮演着重要的角色。

再有，蒯因的自然主义（或实用主义）语言观的地位非同一般，它是整个理论体系的基础。自然主义语言观是蒯因语义学理论的灵魂。在语义学领域，蒯因对传统的意义理论持批判态度，反对把意义等同于指称的指称论语义学，以及反对把意义视为人心中的观念的观念论语义学，而主张与杜威一道转向自然主义（或实用主义）。自然主义语言观认为，语言是一种社会的、主体间公共可观察的活动，意义则是这种语言活动的特性，因此必须根据行为标准来阐明，并且只有在行为基础上才能习得。

在蒯因的《语词和对象》的序言中，第一句话就是，语言是一种社会的技艺。在习得语言时，关于说什么和何时说，我们必须完全依赖于主体间可资利用的暗示。因此，除非根据人们与社会可观察的刺激相应的外在倾向，去核实语言的意义就是毫无道理的。蒯因后来又做了更简明的表述：语言是一种社会的技艺，我们大家都只是根据他人在公共可认识的环境下的外部行为来习得这种技艺。这些话充分表现了蒯因关于语言的自然主义的行为主义观点，因此被简称为 NB 论题（the naturalistic-behavioristic thesis）。NB 论题的第一部分，即语言是一种社会技艺，这是蒯因首先表明的观点。他认为语言是一种社会活动，即人们用语言进行的活动；蒯因拒斥这一观点的目的在于拒斥一种古老的心理主义语言观，这种语言观认为，学习语言归根到底要凭借内省的中介。蒯因认为，语言是可以用为一般自然科学所特有的主体间有效的研究技巧来学习的对象。NB 论题的第二部分，即根据人们与社会可观察的刺激相应的外在倾向，去核实语言的意义是毫无道理的；以及我们都只是根据他人在公共可认识的环境下的外部行为来习得语言的。

由此可见，蒯因的语言观包括两部分：一是行为主义的意义理论，二是行为主义的语言学习理论。蒯因根据行为主义的刺激—反应模式，论述了他的语言意义理论。他指出，人们在面对感觉证据的情况下，是通过咨询—同意—反对的语言游戏（维特根斯坦的概念）来习得语言和理解意义的。在蒯因看来，语言意义是一种刺激意义。

"刺激意义"是蒯因哲学的关键性概念，它包括肯定的刺激意义和否定的刺激意义两种。刺激意义是一个句子相对于一个特定的说话者在特定时刻的意义。根据对当下感觉刺激的依赖程度，蒯因把语句分为"场合句"与"固定句"两类。蒯因认为，场合句是这样一类语句，它仅仅在一次适当的刺激之后被询问时才会得到同意或反对。例如，独词句"红""他受伤了"等等都是场合句，其共同特点是：关于它们的每一次询问和回答都必须在相应时刻伴随着某种特定的刺激出现（通常是非语言的）。"观察句"则是一种特殊的场合句，当以特定的方式刺激说话者的感官时，他会始终同意这个句子；而以另外的方式刺激时，他会始终反对它。因此说，"观察句"与感官刺激的关系最为直接。观察句在蒯因哲学中发挥着重要作用，具体来说，（1）它可以作为专门科学的经验基础；（2）可以作为正确翻译的边界条件之一；（3）是从前语言学习向语言学习过渡的一种教育学基础。

蒯因认为，"固定句"已超出了当下刺激的范围，它属于记忆性知识的一种，虽然人们对它的同意或反对也可以由刺激引起。例如，"张三的哥哥是高个子"就是一个固定句，因为即使在张三的哥哥不在场的情况下，人们也会根据先前的经验表示赞同或反对。"恒久句"是固定句的极端类型，这种句子独立于碰巧说出或写出它的任何特殊场合，而永远保持真，或永远保持假。"恒久句"包括两种类型：一是数学和其他科学中的理论语句，如"2+2＝4"，"等量加等量其和仍相等"，以及各种物理规律如"马克思生于 1818 年 5 月 5 日"都是恒久句。从上述四种语句的区分中可以看出，它们对于当下感官刺激的依赖程度是递减的，即它们在逐渐脱离当下的刺激行为。

蒯因以行为心理学为基础建立了他的语言学习理论。他先发展了一个一般性的学习理论，在此基础上，再形成他的语言学习理论。蒯因主要考虑的是儿童的母语习得。他认为，儿童习得母语有两种方法：实指学习和类比综合。儿童学会的第一批语句就是实指的学会的，即在他们所描述的东西在场时学会的。他们通过在公共可认识的环境下观察成年人的外部行为，学会把作为无结构整体的语句与适当的非语言刺激关联起来。简言之，他们用归纳的方法知道了支配特定表达式的正确用法的刺激条件范围。这种学习语句的方法类似于直接条件反射的心理图示。实指的学习要求可观察性，因此观察句是实指学会的第一批句子，它是语言学习的立足点和出发点。除了观察句，儿童还能用这种方法学会许多其他的语言成分或语言技巧。蒯因指出，这种学习方法不能使儿童在母语学习方面走得太远，因为他所学习的许多句子甚至不能以派生的方式与任何确定范围的非语言刺激相关联。相反，大多数句子都是通过综合类比学会的，就是说，儿童在习得某些语句和某些语词之后，可以用已习得的另外某个语词去替换已习得语句中的某个语词，从而生成他以前没接触过的新句子。凭借类比跳跃，儿童接触并掌握了他母语中的指称部分，后者包括关系从句和直言语句，并集中体现在量化短语"每一""有些"以及"对象化变元"之中。我们关于世界的科学理论，就是用语言的指称部分或理论语言表述的。这里说的类比跳跃显然是指语句方面的，笔者发现，幼儿在语词方面也具有类比跳跃的能力。他们开始接受的语词往往是单字的，例如，"家""饭""楼""的"（出租车）等。如果在此基础上，教给他们相应的双字词，例如，"回家""吃饭""上楼或下楼""打的"，等等，他们会奇迹般地很快掌握这些词。

最后，谈谈蒯因关于翻译的语言问题。这也是蒯因哲学非常重要的内容。蒯因提出了一系列理论，其中包括翻译的不确定性理论、指称的不可测知性理论、本体论的相对性理论以及以整体主义为特征的知识论。翻译的不确定性理论和整体主义论题被视为蒯因哲学的两大重要贡献。他的指称不可测知论和本体相对性的思想以及他对经验论两个教条的拒斥，被视为终结了以逻辑经验主义（逻辑实证主义）为代表的分析哲学早期发现阶段，开创了当代分析哲学的新时期。

所谓"翻译的不确定性"是指，"可以用不同的方式编纂一些把一种语言译为另一种语言的翻译手册，所有这些手册都与语言倾向的总体相容。在无数场合，它们以下述方式互相歧异：对于一种语言的一个句子，它们（翻译手册）给出另一种语言的一些句子作为各自的译文，但后面这些句子之间却不具有任何似乎合理的等价关系，无论这种关系是多么松散。当然，一个句子与非语言刺激的直接关系越固定，它在不同翻译手册中的译文彼此严重的歧异就越少。"（见《词和对象》）很显然，蒯因这里考虑的是原初翻译，即对一种从未接触过的语言的翻译，这里没有任何预先存在的翻译手册可供依托。因此，我们的翻译便不能从语词开始（以语词对语词），而只能从与语言刺激条件相联系的句子即场合开始，把听到的语句与看到的言语刺激联系起来，然后通过询问方式，观察说话者的言语行为倾向，逐渐了解这种语言，建立与我们母语语词的对应关系，从而编纂一部适用的翻译手册。

蒯因认为，这种原初翻译至少包括三个步骤：（1）现场记录并初步猜测，此时的翻译家基本上是以纯粹观察者的身份出现的。（2）确定土人表示同意或反对的语词，此时翻译家要使用实验的方法和假说演绎法。（3）语言匹配，即建立翻译家母语和土语的对应关系，这一步要利用分析假设，即语言学家在先前经验的基础上所编纂的土语词汇表，及其与翻译家母语词汇和短语的等价关系。蒯因强调指出，分析假设是语言学家依靠对观察到的言语材料做精确性外推建立的，其有效性要依靠与土人的交际是否成功来检验。有可能构成相互竞争的分析假设，其中每一个都与土人的言语行为倾向相容，但它们却把不同的意义归于"固定句"，甚至把不同的指称归于"固定句"的某些构成成分；更有甚者，我们不可能知道哪一个假设是比较好的且具有优先权，因此，翻译具有"译不准"的性质。这就是蒯因的"翻译的不确定性"原理。

与上述理论相关的，是蒯因关于指称的不可测知性的原理。指称的不可测知性，亦称词项的不可测知性。蒯因认为，可以表述与所有可能的相关行为倾向相容的不同分析假设系统，它们把土语表达式的同一用法，或者译为词项，或者不译为词项；如果译为词项，或者译为单称词项，或者译为普遍词项；进一步，翻译为抽象的单称词项或普遍词项，或者翻译为具体的单称词项或普遍词项；更进一步，如果该土语表达式被翻译为具有分离指称的词项，那么将会有不同的分析假设系统，给这个词项确定不同的指称，由此把不同的本体论赋予该土著说话者。蒯因认为，在词项身份以及指称问题上，问有没有唯一正确的翻译是没有任何意义的。就是说，词项与指称的意义是不确定的。例如，土语表达式"嘎哇丐"（Gavagai）是指兔子，还是指兔子的一个未分离部分，或者兔子的一个时间段，或兔性等，这些在单纯行为证据的基础上是无法确定的，指称不可能被绝对的测知。这是因为兔子的未分离部分与兔子的时间段之间唯一区别在于他们的个体化。由兔子组成的那个世界的分离部分，由兔子的未分离部分所组成的世界的那个分离部分，由兔子的时间段所组成的世界的那个分离部分，这三者是世界的同一个分离部分。于是，就会出现下述情况：为了判定"嘎哇丐"究竟是对应于兔子的未分离部分还是"兔子"，此时，语言学家可以询问土人，同时用手指着兔子的一个未分离部分。但麻烦的事发生了，当语言学家指着兔子的未分离部分时，即使同时还遮盖了兔子身上的其他部分，他也在指着整个兔子。如果语言学家用"嘎哇丐"询问土人，并用一个总括手势指着整个兔子，但是语言学家此时也在指着兔子的多个未分离部分，因此他们便得不到所需要的结果。蒯因认为，这一点看来是正确的：在这个水平（即实指学习和原初翻译）上，在兔子和兔子的未分离部分之间，不可能做出哪怕是尝试性的决断。蒯因这里论述的，就是所谓指称的不确定性。他认为，关于何谓正确的翻译，何谓错误的翻译，根本不存在任何事实问题。正因如此，不同翻译中的所有分析假设都是平等的，只要他们满足某些起码条件，翻译中就不再存在可断定为真或假的东西了。翻译的不确定性来自指称的不确定性，它们共同来自本体的相对性。我们认为，指称的不确定性不仅存在于两种语言的翻译过程中，而且存在于同一种语言的对话中。据说，有一个人在接受启蒙教育时出现了这样的笑话：先生问他黑板是什么，当时先生是指着黑板的中心部位，他就回答说是中心，于是先生又指着黑板的一角问，他回答说是角，问了好几次都没有回答是黑板，这真是没法在理解上达成默契。现在我们可以理解原来师生两人对"指称"的理解是不一样的。

蒯因认为，尽管不可能在行为的基础上绝对的确定土语表达式的意义和指称，但通过诉诸分析假设，也就是多试验几次，可以相对地确定其意义和指称。这就是说，土语表达式可以用相对的方式测知。他指出："指称除非相对于一个协调的体系，否则就是无意义的。"这样一来，一个表达式所含的名称在不同的概念系统中有不同的指称，因而没有孤立的、绝对不变的指称。因此，绝对地问一名称是否指称某物是没有意义的，我们必须相对某个背景语言提出这一问题。如果我们问，作为名称的"兔子"在什么意义上指称兔子？这时需要一个背景语言来落脚。背景语言使这个问题有了意义，即使只是相对的意义；意义反过来也相对这个背景语言。他认为，不能以任何绝对的方式询问指称，应该参照背景语言来询问指称。这就是指称的相对性，也就是本体论的相对性。

蒯因认为，本体论的相对性有三层意思：相对于背景语言、相对于翻译手册、相对于指称量化，即相对于关于量词的指称解释。蒯因指出，本体论确实在双重意义上是相对的，唯有相对于某个背景理论，相对于某个选定的把一种理论译为另一种理论的结构主义语言学翻译手册，才能有意义地限定一个理论的论域。此外，指称问题（本体论问题）也是与量词和变元相关的。由于本体论具有相对性，本体论的选择最终归结为概念结构、说话方式或语言形式的选择。并且选择不应以是否与实在相符合作为标准，而应以是否方便和有用作为标准。

第四节　现代分析哲学的转型与发展

前一节简略介绍了分析哲学的基本形态，其中前五个形态主要集中在英国，而后三个形态在美国，从蒯因到普特南，到戴维森，再到布兰顿，这标志着分析哲学的转型与发展。蒯因开启了分析哲学的转型，普特南和戴维森在分析哲学的转型中作出了重要贡献，布兰顿标志着分析哲学的新发展。所以，这一节打算从布兰顿，即接着从第八个形态讲起，来看看分析哲学的新发展。

虽然，有人认为分析哲学已经"死亡"，甚至认为蒯因就是分析哲学的终结者，但是站在布兰顿的角度看，分析哲学并没有从哲学活动中消失。另外，中西语言哲学研究会的钱冠连、王寅等倡导的"中国后语言哲学"活动，基本目的是呼吁中国外语界继承分析哲学的传统，开创语言哲学研究的新局面，并针对分析哲学现在的处境，喊出了"西方不亮东方亮"的口号。与其消极地把这说成是口号，还不如积极地把它当成响亮的号角。

　　其实，不管分析哲学是否真的已经消亡，有两点毋庸置疑：第一，就是分析的方法仍健康地存活在哲学的活动中；第二，对意义的追问仍然是哲学的重要主题。我们可以说，蒯因的意义研究如原初翻译理论旨在挖掘意义的来源，而普特南的"缸中之脑"和"孪生地球"这样的假设性实验旨在指明，意义并不是单独由人脑所能决定的。

　　在20世纪和21世纪这一转接时期，布兰顿把分析哲学和传统哲学结合起来，即把康德和黑格尔哲学整合到分析哲学中，把美国的实用主义同分析哲学整合起来，形成了分析的实用主义。这应该算是分析哲学的新的阶段。

　　当布兰顿在普林斯顿大学读书时，也就是20世纪70年代，当时已经有人对他说，读哲学的学术文章应该读五年以内的，因为分析哲学已经开始腐烂，新的哲学从某种意义上来说，刚刚从蒯因开始。布兰顿当时对此感到惊讶，后来明白20世纪70年代正是人们对分析哲学强烈不满的时期（Brandom 2008：202）。当布兰顿打算从实用主义视角把康德和黑格尔哲学整合到分析哲学中去时，麦克道威尔不无开玩笑地说，他是要把实用主义健康的器官移植到已经腐烂的分析哲学的躯体中去。

　　麦克道威尔的话恰好反映了分析哲学所遭遇的诟病。分析哲学之所以遭到诟病，原因大致如下：第一，分析哲学在剑桥"三巨头"摩尔、罗素和维特根斯坦那里，逐步地同古典哲学剥离开来，所以一些人对分析哲学产生不出热情来，一些人甚至怀疑弗雷格的新逻辑为什么会成为开启哲学走入新纪元的工具。第二，分析哲学热衷处理狭小的、技术性的谜团，沉迷于语言细枝末节的意义追问，让人感觉哲学没有什么宏大的抱负。第三，分析哲学家从不关心怎样把他们关注的问题整合到综合的理论框架里去。第四，人们认为分析哲学不应该把各种各样的哲学主题、哲学问题的具体层面、哲学的不同派别等统统放到分析的台面上，进行不分青红皂白的解剖，从而一意孤行地委身于单一的科学主义。

　　布兰顿（Brandom 2008：213）说，分析哲学本身并没有错。分析哲学有三大境界：信心、希望和澄明。其中，澄明至上。澄明就是关于人与世界思想概念的澄明——确定和清晰。哲学离不开分析，分析之所以从来都是哲学的方法，原因在于哲学是追问意义的哲学。从人类获得理性和语言那一刻起，人类凭着柏拉图所说的好奇寻求对世界的理解，也许起初并没有什么哲学，但一定有对意义的追问。为什么这么肯定？我们完全可以推测，人类由理性驱使具有凡事都要弄个明白的本能的冲动。甚至到了今天，小孩要把玩具砸开来想看看究竟有什么东西在玩具里面；大人站在河口总想往上游走，想看看这河流的源头在哪里；你若走到大街上忽然抬头朝天望上几秒钟，你周围的行人也会本能地往天上看，他们想知道你到底在看什么；罪犯到了断头台也还在想警察究竟怎么发现自己的罪证的呢，等等，这些都是人生来就有的、习惯了的想把事情弄个明白的冲动。凭着这本能的冲动，人类要理解自然现象，要理解花开花落，要理解风雨雷电，要理解季节变化和昼夜更替，要理解饥渴饱暖，要理解生老病死，要理解许许多多感受到的和观察到的现象。而限于原始认识的不足，人类最先却是以零星的神话形式阐释着世界的意义，慢慢地再由零星的神话过渡到原始的迷信，由迷信再到原始宗教的形成。这期间，人类对世界的意义大致形成了相对确定的认识，给自然现象赋予了意义：刮风了，因为风魔发怒了；下雨了，因为龙王腾空打喷嚏了；雷神和电神出来一走，闪电雷鸣就出现了。面对广袤的世界和浩瀚的宇宙，人类意识到自身的渺小，不由得对异同寻常的现象产生敬畏，产生迷信。人类处于迷信状态，过程漫长，以致到现在迷信都不会消失，只不过在退缩而已。倘若有人在众皆迷信而独自清醒时发出"是什么？""到底为什么？"这样的追问的时候，哲学就开始了。"什么是什么"这是意义追问的典型。当本体论哲学追问"世界的本原是什么？""什么是存在"的时候，这仍然是对意义的追问。

有哲学就有意义追问，而追问意义最直接的方法就是分析。因此，分析从来都是哲学的方法，哪怕有人说分析哲学已经"死亡"，但分析的方法却依然存在。其实，所谓分析哲学的终结不是分析哲学完全消失这样的终结，而是道路的延伸问题。走到一条路的尽头，面临的任务不是宣布任务业已完成或者干脆转头往回走，而是要想方设法延伸道路或者就此开辟新的道路。这才是哲学家的准则。哲学家不是安享其成的游客，而是拓宽认识疆域的先锋。

分析哲学的出路仍然是要把人类的话语活动同世界联系起来，从微观问题分析入手去揭示人类话语能力和话语实践的普遍机制，以求达到分析哲学的最高境界——澄明。老子说："天下难事，必作于易；天下大事，必作于细；是以圣人终不为大，故能成其大。"（《道德经》第六十三章）以意义追问为主导的分析哲学，看似着眼于语言的细微现象探究，提出的问题看似容易回答，然而，就在这看似细微和容易的背后，潜藏着不容忽视的关于人与世界的大道理，而对这大道理的揭示并不是一件轻而易举的事。所以，从事分析哲学的意义追问，不但要"拿得住绣花针，而且还要提得起板斧"，即既要善于做小事，又要能够做大事；不但要仔仔细细地审查语言的细节问题，而且要明白怎样从细节问题中得到升华，构建关于人与世界的完整图画。

那么，我们拿着绣花针、提着板斧要解决什么样的哲学问题呢？即，在现在的哲学研究中，我们面临着什么样的问题呢？概括起来说，现在的哲学问题仍然是意义问题。这种说法比较笼统，那么具体一点，我们要研究什么样的意义问题呢？迄今为止，在意义的研究问题上，出现了意义的微观研究和宏观研究。在微观研究中，哲学家们的研究焦点放到了具体的语词上，探讨具体语词的意义是什么。分析哲学的前五个形态，基本上是意义的微观研究。在宏观研究中，皮尔士这样的哲学家致力于意义的宏大系统研究，出发点不是从具体语词的意义开始。尽管关于什么是意义这一问题出现了许多观点、提出了许多理论、形成了不少研究范式，但是意义问题仍然保留着，没有得到完全解决。所以，面对这样的情况，布兰顿在《为什么真在哲学里已不重要》（*Why Truth Is*

Not Important in Philosophy) 一文里说 (Brandom 2009: 156-176), 现代哲学研究对真的追求已经不再那么重要, 而重要的是, 甚至可以说紧迫的是, 我们怎样理解意义和阐释意义。

意义总是和语言有关, 意义成了语言的使用问题。当语言处于实际使用、服务于实际目的时, 如当我们用语言表达 "请把门打开" 这样的目的时, 我们不太可能遇到什么哲学问题, 即哲学问题不太可能凸显出来。只有当语言用于表达非实际目的, 语言处于非实际用处时, 尤其是当语言用来进行类比时, 我们就会遇到哲学问题。雷科夫和约翰逊在《我们赖以生活的隐喻》(*Metaphors We Live By*) 一书中说, "语言全都是隐喻 (All language is metaphor.) " (Lakoff & Johnson 1980)。这话虽是夸张, 但却也点明了语言使用的实际情况。我们喜欢使用比喻, 但要知道, 任何比喻不管多么贴切, 都是一种带有荒唐意味的表达。意义研究的任务就是要把荒唐的语言使用显示出来, 指明其中的问题, 以寻求可能的解决方法, 让语言理解走向澄明。

布兰顿在其著作《言行之间》(*Between Saying and Doing*) 表示, 语言分析并非专属于分析哲学家。人作为话语存在, 本来就有关于自身形象的话语构建。哲学研究不管是在古典哲学里还是现代哲学中, 都离不开对人的话语形象的理解。在布兰顿看来, 现代分析哲学的出路就要把分析同宏观理解结合起来, 把话语活动同元语言问题的具体表现结合起来, 以寻求一种理解策略, 从而能够把本为暗含的内容加以清晰地表达。理解, 无论有多少种类的理解, 但有一种理解是基本的、地道的以及明显的, 其他理解都寄生于这种地道的基本理解。这种理解就来源于能力强的母语使用者对其母语的自然理解。布兰顿说, 理解应该有规范, 这规范围绕意义探索来建立, 塞尔的言语行为理论为我们如何进行语义推导树立了样板, 但是, 这还不是一个完美的样板。因为, 这在概念考察上仍留有问题: 需要把经验主义和理性主义的关系处理好。为此, 布兰顿 (2009) 在《分析哲学怎样辜负了认知科学》(*How*

Analytic Philosophy Has Failed Cognitive Science）一文里说，分析哲学本来可以为认知科学在概念研究方面提供更好的指南，可是由于没有理清经验主义和理性主义的关系问题，以致认知科学的概念考察主要局限于经验的观察。另外，弗雷格本来为分析哲学开启了概念考察的活动，维特根斯坦强调了概念考察的哲学地位，可是，至于概念考察究竟应该在什么指导思想下进行，在现代认知科学里并不明确。现代认知科学主要有经验主义倾向，未能注意概念的理性特征。按照经验主义者的做法，我们可以教鹦鹉说话，比如教给鹦鹉"红色"这一语词，但是，鹦鹉能不能建立"红色"这一概念呢？"红色"这一概念来源于经验认识吗？"红色"与经验的关系是怎样的呢？这些都是分析哲学的概念考察所要处理的问题：处理概念的层次问题。

"概念"这一概念在意义研究中至关重要。维特根斯坦曾反复强调哲学的全部工作就是概念考察（Kenny 1994：286）。我们说，世界是人的世界，人的世界是意义的世界，而意义的世界却是概念的世界。人生活在概念中，但是并非每个人都对赖以生活的概念完全清楚。我们对所熟悉的事物容易产生误解，会误以为我们所知道的那一点点内容就是事物的全部。这是因为我们在概念上的局限造成。

按照维特根斯坦的观点，我们容易被我们所使用的语言所迷惑，哲学家也未能走出语言的混乱。我们依靠语言进行生活，依靠概念进行思考，所以哲学的任务就是要解开我们思想中的"疙瘩"，这些疙瘩由语言的误用造成（Kenny 1994：272-273）。误用语言就会导致误解，或者正是因为误解才出现语言的误用。有时，人们出于某种目的，还故意误用语言，故意让言意剥离，选取自己所需来达到目的。《吕氏春秋·离谓》明确说明："言者，以谕意也。言意相离，凶也。"又说："夫辞者，意之表也。鉴其表而弃其意，悖。"

因此，对于误解乃至故意曲解，我们只有弄清我们表达的内容才能消除误解，或者说扭转曲解。维特根斯坦说，这就要对整个语言进行彻底的耕作清理。做这样的概念清理工作不能浮躁，因为浮躁会使我们用错误的方式看待事物。大多数人开始探索某个哲学问题时，犹如慌慌张张地打开抽屉找一样东西，胡乱地把里面的纸张东扔西扔，一会儿拿出来，一会儿又放进去，这样就很难找到要找的东西。这时，就需要平心静气，调整方法，把抽屉里的东西一样一样地拿出来，检查一遍，最终肯定会找到要找的东西（Kenny 1994：277）。哲学的概念考察工作就要采取这样的方法。实际上，在这一点上，布兰顿基本上与维特根斯坦的观点一致。

现代分析哲学的发展仍然是把意义问题凸显出来，而对意义的追问就要做好概念考察。对意义这一概念的考察，正如维特根斯坦所言与在抽屉里找东西一样，不能胡乱翻找抽屉里的东西，而应该一样一样地检查。在考察意义这一概念时，我们就要审查现有的意义观，检查意义问题到底还存在什么问题。下面我们根据意义的微观研究和宏观研究、意义不变论和意义可变论、意义经验论还是意义理性论等这样的线索，来考察几种典型的意义理论，为提出我们的意义累积论奠定基础。

洞里观影千百度，蓦然回首，真理却在，洞外阳光处。

——柏拉图《国家篇》

第六章　意义理论的哲学观

　　"意义"一词在英文里主要与"meaning"对应，也与"sense"乃至"significance"对应。哲学家们一直力图为意义建立起系统的理论来，在已建立起的理论中，我们大致可以把它们分为经验主义意义论和理性主义意义论。这相当于科恩（Cohen 1966：24）所说的"意义事实论"（*de facto* theories of meaning）和"意义规则论"（*de jure* theories of meaning）。

　　经验主义意义论主要认为意义来源于可观察事实及其场景，意义就是一系列的事件；而理性主义意义论认为意义在于语言使用是否与规则相符，意义是一个规则系统。在经验主义意义论看来，语词的意义对于听者或读者是因果性特征，具体的声音或符号在一定条件下与某种事实产生关联，从而形成确定的意义，例如，司机听到停车的命令或看到红灯，自然而然就会按它的意义行事。而对于说话者或书写者而言，语词的意义是心理场景与事实的关联，这种关联早已建立起来，说话或书写时这种关联得到激活，起到交际的作用，这就是意义。在理性主义意义论看来，语词的精确意义在于语词符合语言规则系统，在于可以根据规则而得到解释。而规则是一个抽象的系统，就像微积分的规则一样，是先天的。

值得注意的是，把各种各样的意义理论粗略地分为经验主义和理性主义两大派，只不过是一种人为划分而已，而各种意义理论的枝枝蔓蔓甚为复杂，并不是整齐划一地归属于哪一派。也就是说，对于某一具体理论而言，它有可能是经验主义的意义论，但也可能带有理性主义的特征，反之亦然。这一节里，在我们要评介的六大理论中，穆勒和摩尔的意义理论属于经验主义，皮尔士和胡塞尔各自的意义理论属于理性主义，马尔科维奇的意义辩证论则是经验主义和理性主义的辩证统一，布兰顿的意义理论属于经验主义和理性主义的结合。

第一节　穆勒的意义理论

约翰·斯图亚特·穆勒是 19 世纪英国哲学家、经济学家和逻辑学家。赖尔说（Ryle in Caton：130），穆勒是现代逻辑学家中第一个提出意义理论的人，而且其意义理论颇有影响。

穆勒的意义理论是以追问单个语词的意义为出发点，以建立逻辑系统为目的。虽然穆勒是否对现代形式逻辑或者说符号逻辑产生什么实质性贡献，这值得怀疑，但有一点不需怀疑，那就是他的逻辑思想没有直接影响罗素，而是通过他的后继者包括皮尔士，对罗素有间接影响。不过，穆勒的意义理论却提出了问题，供当时以及后来的哲学家思考，而且穆勒自己给意义是什么这一问题提供的答案，不同于布伦塔诺及其弟子迈农和胡塞尔，也不同于弗雷格、皮尔士、摩尔和罗素。这主要归因于，穆勒为其意义理论提出了一套具有原创性的学说。虽然穆勒的逻辑学说没什么影响，但是他的意义理论影响很大，这里提到的从布伦塔诺到罗素的这些著名哲学家几乎都受到了穆勒意义理论的影响。

一、意义与直接指称

穆勒的意义理论并非空中楼阁，有着英国哲学的历史根源。如果以语词和事物的关系而论，那么还可以追溯到柏拉图、亚里士多德的相关论述上去。穆勒关于语词和事物的关系讨论直接来源于霍布斯和洛克。如果说洛克强调语词代表观念，那么穆勒认为语词就是事物的名称。穆勒的观点可以概括如下：

第一，语句的意义是由其组成成分复合而成，单词意义有如原子，而句子意义有如分子。这是一种很自然的认识倾向。

第二，几乎所有的语词都是"名称"，这一观点让我们觉得既然语词是事物的名称，那么，我们能够使用语言是因为我们对世界能够掌控，否则，我们叫不出名称，就说不出语词来。

第三，凡是能够做语法主语的成分，不管是一个词，还是多个词的组合，都是名称。这样一来，"阿Q"是一个名称，"被赵太爷打了嘴巴的那个人"也是一个名称，"国王"是一个名称，"当今法国国王"也是一个名称。

第四，名称有"通名"和"单名"之分。通名比如"人"可以用来指"张三""李四"和"王麻子"等，而单名如"王麻子"却只能用来指王麻子一个人。

第五，名称有"延指"和"涵指"之分，但是，并非所有的名称都有这种区分，有的名称只有延指，没有涵指。所谓延指，就是名称所指代的那个实体，如"张三的家"指张三的房子以及住在房子里面的张三一家人，这是延指，客观地、具体地存在。而"家"的涵指就是张三感到家就是天堂或者张三感到家就是地狱，这不是客观存在。

第六，有些名称用来描述事物，而有些名称用来描述我们关于事物的观念。不过，描述事物的名称最常用，而描述关于事物观念的名称属于形而上学者创建的语词，不常用。我们最好使用最常用的、描述事物本身的语词。

我们从穆勒的意义理论中总结出来的上述六点，是后来分析哲学家们关注的焦点。在意义的指称论中，穆勒属于直接指称论者。而穆勒的直接指称论成了迈农、弗雷格、罗素和前期维特根斯坦关注的焦点。迈农的"亚存"观回应的是穆勒的第五点与第六点。弗雷格的指称途径论批判了第一点和第二点。罗素的描述语理论对第三点和第四点做出了详解。而前期维特根斯坦关于"原子事实"的观点对应的正是穆勒的第一点。

二、直接指称的自然倾向

粗略地看，穆勒的观点都很自然，好像不假思索就能得出的结论。第一个观点，语句的意义由其组成成分复合而来，单词的意义像原子，而语句的意义如分子，这是意义的成分论，或者说意义的复合论。整体由部分组成，部分之和就是整体。这种自然结论，虽然有其合理之处，但是，倘若要进行反证，我们不愁找不到例子。现在有观点认为，单个语词的意义根本不存在，弗雷格也明确表示不要孤立地看语词的意义。这是因为，语句的意义并不是简单地由其组成成分相加而来。第二个观点，所有语词都是名称。这样一来，就单从传统语法的角度看，就把语法名词当成名称，我们首先会问专用名词与普通名词有没有区别呢？描述实际事物的语词与描述非实际事物的语词，又如何区别呢？我们倾向于把名称当成专名看，这就容易陷入直接指称带来的陷阱。迈农、弗雷格、摩尔和罗素乃至前期维特根斯坦就曾受到这一观点的影响，甚至曾经被这一观点所束缚。

我们确实有穆勒这种认识倾向，把所有语词看成是名称。但我们为什么会有这种认识倾向呢？根据穆勒的观点，"土豆烧牛肉"由五个名称构成，就算"烧"是烹调方式的名称，"土豆"可以分解为"土"和"豆"，"牛肉"等于"牛"和"肉"，但是，"土"是土，"豆"是豆，

"土"和"豆"放在一块就成了"土豆"了吗？就算"土豆烧牛肉"可以分解成五个名称，那么"二加二得四"也能分解成五个名称吗？用这样的问题来质疑穆勒的观点，就算穆勒尚在，恐怕也很难给出令人满意的回答。

可是，我们不妨站在穆勒的角度思考问题："土"和"豆"加起来等不等于"土豆"呢？如果我们回答说不等于，因为"土"是真正的土，"豆"是真正的豆，这时，我们一不小心反而支持了穆勒的指称论观点。我们用"土"是土的名称，"豆"是豆的名称，来判断"土豆"是不是土豆。当我们说，"土"与"豆"复合起来成不了"土豆"时，我们似乎反驳了穆勒的合成论，但是，我们若再仔细思考一下：难道在确定"土豆"这一名时，我们丝毫没有考虑"土"与"豆"吗？如果我们说"土"和"豆"加起来就成了"土豆"，我们还是在支持穆勒的合成论观点，不过，我们又会遇到新的问题："土豆"明明只是一个名称，已经相当于一个最小的表达单位，我们似乎没有必要再把它分成"土"与"豆"了，但问题是，"土豆"又为什么能够分解成"土"与"豆"呢？

这时，有人会说，"土豆"虽然是中文名称，但是它本来是用来指英语的"potato"，"土豆"只不过是众多译名中的一个而已，因为除了"土豆"之外，我们还有"洋芋""马铃薯"等名称来指代英语"potato"。那么，我们会问，那为什么我们不把 potato 译成"破大头"呢？另外，本来可以译成"破大头"的 potato 在英美人的认知世界里，肯定有它指称的实体，而就这名称本身而论，potato 来源于西班牙语 *patata*（怕打她），变体是 *batata*（拨打她）。"破大头""怕打她""拨打她"的拉丁文却是 *Solanum tuberosum*，我们若因此而把土豆发音成"锁了奴母·徒悲汝诉母"，这在植物分类学家听来比任何其他名称都具有更精确的指称。

思考至此，我们发现迈农、弗雷格和罗素等人的相应观点，是对穆勒意义理论的局部反驳或修补，着眼点在于具体问题。他们没有回答为什么穆勒的意义理论让人感觉很自然，即为什么我们会觉得穆勒的观点是在不假思索的条件下自然而然地提出呢？另外，前期维特根斯坦虽然在整体上有穆勒的影子，但是并没有对穆勒整个意义理论的合理性进行探究。迈农的"亚存实体"主要指"金山""王母娘娘"这样的名称；罗素认为这些是描述语，并不是真正的专名。这似乎有理，但实际上，细究起来仍然把问题原封不动地保留了下来。在著者看来，即在意义累积论视野下，"土豆"这一名称与迈农的"金山"同属一类名称，也是罗素所谓的描述语。意义累积论能够为穆勒的意义理论提供合理解释，而不是挑刺，不是用特殊例子来反驳。意义累积论能够解释为什么"土"与"豆"合起来就成了"土豆"。

穆勒的意义直接指称论，常识意味浓。问及一个语词的意义，按人们的常识，一般都会采取穆勒的回答方式。在常识意味下讨论意义的，不仅有穆勒，而且还有摩尔。摩尔的意义理论虽然发端于对唯心主义的批判，但是，摩尔的意义理论比起穆勒来已经有所推进。

第二节　摩尔的意义理论

乔治·爱德华·摩尔是20世纪初英国最重要的哲学家之一。他与罗素和维特根斯坦共同被誉为"剑桥分析哲学三巨头"，剑桥因这三巨头的哲学研究及影响而成为分析哲学的中心。摩尔于1873年出生在伦敦南部，于1892年进入剑桥三一学院学习，研读并翻译古典文学。在剑桥，摩尔认识了罗素，并对哲学产生出浓厚兴趣。1896年毕业于剑桥三一学院古典文学专业的摩尔，因热爱哲学与表现突出而获得了留校在剑桥继续研习哲学的奖励（Soames 2003：3；杜世洪 2015）。1921年摩尔成为英国《心理》杂志的执行编辑一直到1939年退休，并推荐

《心的概念》的作者、牛津大学的赖尔接任《心理》杂志执行编辑这一重要职位。

长期的编辑工作以及早年从事翻译实践，让摩尔养成了字斟句酌的习惯。在这习惯的驱使下，摩尔对一些著名哲学家的断言式话语进行研究，追问它们的意义，逐渐形成了摩尔的意义理论。那么，摩尔是怎样追问哲学名家断言式话语的意义的呢？在哲学的分析运动中，摩尔的意义理论有什么样的特点呢？

一、关于对著名论断的质疑

摩尔的哲学研究肇始于对唯心主义的反思与批判，并逐步形成"常识论的实在主义立场"（Gross 1970：15）。摩尔对唯心主义哲学家的一些话语表述表示不满，而常常发问以示质疑。在当时专事哲学的人眼里，摩尔的疑问虽然显得有点幼稚，却很有道理。虽然摩尔的常识论在解决知识论问题时没有取得成功，但是他的日常语言分析颇有影响，以致后人从他的学说中发展出了"新摩尔主义"（杨修志、曹剑波 2013）。这与摩尔对唯心主义的批判有关（杜世洪 2015）。摩尔对唯心主义哲学的以下观点存有疑问（Gross 1970：22；杜世洪 2015）：

S1. 存在就是被感知。

S2. 我们看见的周围一切事物只不过是真正存在的事物的影子或样式。

S3. 我们不知道别的任何事物，只知道我们自己心中的观念。

S4. 现实不是真实的。

在以上四点中，S1 是贝克莱的观点；S2 是柏拉图的断言；S3 有笛卡尔思想的痕迹，但这是当时剑桥大学哲学界谈论得很多的一个观点；而 S4 是托马斯·阿奎那的观点。摩尔从常识的角度对这样的句子表示质疑，从字面入手来推敲这些语句的意义。摩尔把物质和现实的意义同具体物件的存在关联起来，当别人说现实不真实时，摩尔想到的是具体而真实存在的事物。就这样，摩尔走上了哲学话语意义研究的道路。摩尔的自传谈到了他的哲学研究（杜世洪 2015）："现在想来，不是世界或科学本身让我想到了任何哲学问题，而是其他哲学家关于世界或科学所说的话让我想到了哲学问题。我对他们话语中存在的问题一直很感兴趣（现在依然很感兴趣），而这些问题大概可以分为两类，即，一类问题就是要尽量弄清某个哲学家所说的话到底是什么意思；另一类问题就是要探索，到底有什么真正令人满意的理由，让一个哲学家坚信他的话是正确的抑或是错误的。想来，我一生都在致力于解决这样的问题，当然我并不是那么成功地解决了我本喜好的问题。"①

在摩尔看来，哲学家用语句表达观点却缺乏常识，比如阿奎那所说的现实不是真实的，那么阿奎那的身体是不是真实的呢？我们有能力用语句来表达想要表达的意义，但是我们在分析我们的话是否正确方面，却显得无能。怎样正确分析话语的意义呢？这是摩尔致力一生的研究，不过，摩尔自己也承认在这方面做得并不成功。

相传，当听到讲台上一位唯心主义者说，物质不存在，现实不真实时，摩尔大怒，走上台去打了那位演讲者一下，质问"这一打"到底真不真实。在他著名的《捍卫常识》（*A Defense of Common Sense*）一文中（Moore 1959：33），摩尔列举了一些常识，认为常识是真的。摩尔没有直接说物质存在不存在、现实真不真实，而是用他的身体举例说，身体是真的，身体存在，而且身体周围的环境也存在。

二、"感觉资料"与意义的实在性

摩尔是把物质同具体物体的存在联系起来，而且是把意义同物件的

---

① 这段文字属于本文作者翻译。

存在联系起来了。显然，摩尔的意义理论具有实在论的主张，认为意义与物件不可剥离，但摩尔似乎要把物件本身与意义剥离，但又同时认为意义离不开物件的存在。这样一来，摩尔的意义理论就具有指称论的特点。

物件与意义到底是怎样联系起来的呢？这个问题可以从摩尔的感觉资料①中找到答案。

什么是感觉资料呢？摩尔做了举例说明（Moore 2008：28；杜世洪2015）。他拿出一个白色的信封，让听众们观察，每个人都在自己所处的位置看到了信封这一白色物件，而且每个人都会感觉到这白色物件的颜色、形状和大小。摩尔认为，人们各自在不同角度感觉到的关于信封的颜色、形状和大小就是他们各自关于信封的感觉资料。

摩尔的感觉资料可以解剖为三点：感觉（人的主观感觉），物件（人能直接感觉到的事物）和资料（人在感觉中获得的信息）。摩尔这一认识，会让我们想起先秦时期公孙龙的"坚白论"来。公孙龙关于"坚"与"白"这两种属性相离的观点，大致相当于摩尔的感觉资料。在公孙龙看来，一块白石头，用手去摸它我们会感觉到它的坚硬，而我们用眼睛去看它会感觉到它是白色。当我们闭上眼睛而且离开白石头的时候，我们会感觉到白石头的什么属性呢？感觉到的是"坚"还是"白"呢？显然，这里的"坚"与"白"属于摩尔所说的感觉资料。

摩尔提出"感觉资料"这一概念，主要是批判贝克莱"存在就是被感知"这一唯心主义观点。"感觉资料"这一提法在当时比较新颖，但是，关于"感觉资料"这方面的思想，并非摩尔独有。前面我们说过，公孙龙的"坚白论"大致属于这样的认识。就是在西方哲学史中，洛克、贝克莱和休谟等大体上也有近似于"感觉资料"的认识，只不过说法不一样，而且针对的问题不一样。摩尔本人也认为，洛克、贝克

---

① 原文"sense-data"，多译作"感觉与料"，本文认为"感觉资料"恰当一些。

莱和休谟在这方面的认识出现了问题，而且这些问题如"存在就是被感知"是没办法从他们的认识角度来加以妥善解决的。在摩尔看来，贝克莱认识不到事物的存在，而休谟对事物的存在与否表示怀疑。摩尔要避开这两人的困境，他的任务就是要正确分析关于"感觉资料"这方面的哲学命题。

"感觉资料"到底包含些什么内容呢？摩尔认为，首先，我们有对事物进行感觉的"正常条件"。其次，将可以称为"感觉资料"的分为五大类（Soames 2003：24-28；杜世洪 2015）：

> 第一，关于事物的意象，这一意象是人们在正常条件下拥有的，它并不依赖于现场观察，也就是说，当人们远离所观察的事物时也会想到的意象；
> 第二，梦里经验；
> 第三，幻觉和幻想；
> 第四，后果意象，即，亲身经历后所留下的意象；
> 第五，在正常或非正常条件下观察到的内容。

这五类都属于"感觉资料"，它们有"能够被经验到"和"不可分析"这两大特征。这就是说，美女的美是"感觉资料"，这美能够被经验到，同时，美女的美无法分析，美已经是一个无法再细分的意象。当我们说美女之所以美是因为她的皮肤、身材、五官、仪态、举止等，但是在摩尔看来，"美女的美"是一种"感觉资料"，分解了的美例如"眼睛的美"是另一种"感觉资料"。"感觉资料"不可分析，"眼睛的美"这一"感觉资料"并不等同于"美女的美"这一"感觉资料"，也不能把"眼睛的美"当成"美女的美"的组成成分。平常我们习惯于认为，西施之所以美肯定与她的各部分美有关，这种思考有道理，但不是摩尔所说的"感觉资料"。当你单独看到美丽的眼睛时，你已经有了关于眼睛的"感觉资料"了。

"感觉资料"既是感知到的内容，又是人们对事物的感觉而形成的命题或判断的最终主体。摩尔举例说，你看见你的手，你所看到的就是一项"感觉资料"，而不是整个手本身或者手的组成部分。当你举起你的手说"这是一只人手"时，"这"就是一项你感觉到的"感觉资料"。关于"这是一只人手"，你所知道的内容与这一"感觉资料"有关，而不是手这一物件本身。在摩尔看来，"这是一只人手"的意义就是说这话时的"感觉资料"，而不是"一只人手"本身。

既然"这是一只人手"的意义与实际的"一只人手"这一物件没有直接关系，而是与心灵直接关联，那么它究竟是怎样与我们的心灵发生关联的呢？换句话说，"感觉资料"究竟与心灵是什么样的直接关系呢？摩尔认为，具体的物件不能与心灵直接关联，而是要通过"感觉资料"才能取得联系。"感觉资料"与心灵的关系就是领会与亲知（apprehension and acquaintance）（Moore 1968：147），而领会与亲知又建立在各种不同的感官上，如看见、听到、闻到、触摸、感受等等。不同的感官得来的经验结果会有不同的"感觉资料"。这里可以看出，摩尔明确认定有外在世界的存在，这与贝克莱的观点截然相反。

值得注意的是，对于摩尔的"感觉资料"，有两个关键问题需要思考：第一，"感觉资料"是怎样与物件联系起来的呢？第二，"感觉资料"又是怎样与心灵联系起来的呢？如果我们回答不了这两个问题，我们就站在休谟的立场上了，即我们无法证明事物存在还是不存在（Moore 1968：148；Chan 2010：211；杜世洪 2015）。如果我们把这两个问题合二为一，认为心灵的作用至为重要，那么我们又站在贝克莱的立场上了，即，事物的存在只是感觉而已。事实上，摩尔就是要避开这样的困境。

三、"存在就是被感知"的意义谬误

在《感觉资料的状态》（*The Status of Sense-Data*）和《对唯心主义的反驳》（*The Refutation of Idealism*）这两篇文章中，摩尔详细地分析了乔治·贝克莱"存在就是被感知"的错误所在（杜世洪 2015）。贝克莱的这一观点的英文是"To be is to be perceived."摩尔对这一句子做了如下剖析（Moore 1968：1-30）。

第一，句中系动词"is"（是）表示等同关系，这就是说，"to be"（存在）和"to be perceived"（被感知）是同义表达式，二者等同。这显然是错误的，因为"被感知"和"存在"根本不是一回事。为什么不是一回事呢？摩尔进一步反证说，如果是一回事，那么就是说这一语句的主词和谓词存在着必然联系。摩尔下一步就是要证明二者之间到底有没有必然联系。

第二，贝克莱认为"to be"（存在）与"to be perceived"（被感知）有必然联系，因为离开主体就很难想象有什么经验对象。对此，摩尔认为贝克莱这一观点在逻辑上讲不通。摩尔说，如果"存在就是被感知"是一个必然判断（正如"三角形有三个内角"这样的必然判断一样），而且如果贝克莱的这个必然判断是真的话，那么，当我们否定这个必然判断时就会出现明显的逻辑矛盾。比如，我们否定一个真正的必然判断"三角形有三个内角"时，说成"三角形没有三个内角"，这显然会出现矛盾。然而，当我们否定"存在就是被感知"时，我们说"存在不是被感知"，这时我们却看不出有什么矛盾出现。因此，to be（存在）与 to be perceived（被感知）并非一定有必然联系。

第三，既然"存在就是被感知"没有必然联系，那它就不是分析性的语句。"所有单身汉都是未婚男子"，这样的语句是分析性的，在不需要经验的情况下，我们从语句本身就可以推算出它的主词与谓词之间的必然关系。然而，"存在就是被感知"，这一语句却完全可能是综

合性的语句，它的得来要依赖于经验。正如我们说"梨子是有核的水果"，这里的主词"梨子"和谓词"有核的水果"之间的联系建立在经验之上。摩尔进一步思考，贝克莱是怎样得出"存在就是被感知"这一结论的呢？我们找不到现成的验证方式来验证它，既然无法验证它，我们凭什么去坚信它呢？

摩尔反驳了贝克莱的"存在就是被感知"之后，接下来就要证明"感觉资料"与"物件"究竟具有什么样的联系。摩尔以视觉方面的感觉资料为例，先假定视觉感觉资料与物件存在以下可能性关系：（1）根本没有物件，因此就无所谓什么联系问题；（2）"感觉资料"只是话语描绘出来的项目，因此也不需要考虑具体物件问题；（3）"感觉资料"只是物件表面现象的一部分；（4）"感觉资料"与物件之间存在着一种不可分析的联系方式，我们现在不知道这种方式。

摩尔首先否定了第一种可能性，因为常识告诉我们并非一切事物都是心灵的事物，具体的物件客观存在着，由于客观事物的存在，所以"感觉资料"也并不是心灵之物。对第二种可能，摩尔也明确否定，因为物件不是话语描绘出来的。在摩尔看来，当"我"谈论到"我"的手时，"我"面前确确实实有"我"的手存在。摩尔赞成第三种和第四种，他认为，当"我"看到或谈到自己的手时，这时的"感觉资料"只涉及手的一部分，"我"根本没有考虑到手的骨头、血脉以及毛孔这样的东西。在常识状态下，在正常条件下，"我"关于手的"感觉资料"只是手的一部分内容。

"感觉资料"与所感觉到的部分内容之间的关系究竟是什么呢？这正是摩尔为此殚精竭虑、苦苦思索的问题。在《感知的若干判断》一文里（Moore 1968：220），摩尔企图详细说明这联系是怎么一回事。当一个普通物件呈现在我们面前时，比如一张沙发、一棵树、一个笔筒等等这样的非透明性物件出现在我们面前时，我们可能会说出"这是一张沙发""那是一棵树""我的笔筒里只有钢笔"等这样的话来，这些都是"感觉资料"，但要注意，我们这些话根本没有把它们全部表达出来。一张完整的沙发、一颗完全的树和一个整体的笔筒究竟各自含有什么样的具体内容，并不完全出现在我的"感觉资料"中。我们以某种无法分析的方式感觉到了部分内容。物件只是以部分现象呈现在我们的"感觉资料"里，而不是完整地给予我们，物件呈现出来的方式，我们无法加以描述。

需要特别注意的是，对于"感觉资料"这一个语词或概念，摩尔感到无法加以描述这一困惑，后来成了罗素描述语理论①力图解释的内容。摩尔的意思是，当说"这是一棵树"时，这里呈现的是一种"感觉资料"，而不是把整个一棵树交给了"我"。这里只有"感觉资料"的呈现，而没有物件的给予。这让我们想起，"这就是我们的校长""校长来了"等这样的话，这确实只是"感觉资料"而已。然而，日常生活中，当你对我说"这就是我的车钥匙"时，你肯定是要把车钥匙给我，这时"感觉资料的呈现"和"物件的给予"却同时发生了。摩尔对这样的现象却没有论及，这里已经涉及了直接指称，而直接指称却是摩尔所反对的。

四、摩尔对休谟的批判

摩尔关于"感觉资料"的论证，目的并不在于描述外部世界究竟如何存在，而是在于强调我们知道外部世界确实存在。在这一点上，摩尔的论证是成功的。这既是对阿奎那、贝克莱等人的反驳，又是对休谟的批判。这就是说，摩尔主要批判了英国唯心主义哲学的同时，对休谟的经验主义也做了批判。

贝克莱的主观唯心主义观认为物质不存在，这种观点受到了摩尔的批判，与此同时，休谟的经验主义不可知论也遭到了摩尔的质疑

---

① 罗素的描述语理论 The Theory of Description 多译作"摹状词理论"，本文沿用陈嘉映先生给出的译名。

（Moore 1968：155；杜世洪 2015）。休谟认为：我们相信因果关系的存在是非理性的，因为归纳得不出普遍必然规律；现实中我们相信因果关系，比如火使人温暖，水使人清醒，是因为不这样就要吃苦头，但是从理论上看，我们的理性无论如何也得不出普遍必然的因果关系。休谟写道，关于原因与结果我们的一切推论无非是由习惯得来的；信念与其说是我们天性中思考的行为，不如说是感觉的行为比较恰当。

休谟的不可知论主要表现在两个方面：第一，关于物质对象和上帝是否存在，这不可知；第二，关于经验之间因果关系（或普遍必然规律）是否存在，这不可知。关于物质存在的不可知，这是继承了贝克莱的思想，而后一个不可知是休谟的创见，这对康德哲学和现代科学哲学产生了巨大影响。

摩尔把休谟的不可知论总结为两条规则：第一，除非已经知道所领会的那种事物就是事物存在的符号，否则，任何人都无法知道未经直接领会的事物的存在；第二，除非对甲事物与乙事物之间的一般联系有亲身经验，否则，没人能够知道甲事物就是乙事物存在的符号。这两条规则是说，如果你没有直接亲知某种事物，你就不知道该事物的存在，不过，你若直接知道该事物存在的符号，你或许能够知道该事物的存在。如果你没有亲自经验到事物之间的一般联系，你就不可能知道一事物是另一事物存在的符号。如果你对有联系的两事物没有直接亲知，你就不可能知道或者经验到这两事物之间的联系。

摩尔认为，如果休谟上述规则正确的话，那么我们就不可能知道事物的存在，因为，我们能够直接亲知的并不是事物本身，而是"感觉资料"。另外，我们也不能断言，"感觉资料"就是事物间的联系，因为我们并没有亲知或直接经验到事物本身。这样一来，通向知道事物是否存在的两条途径都关闭了，因此，我们根本无法知道事物的存在。对此，摩尔认为，这一结论显然有问题。按常识，我们并非不知道事物的存在。于是，摩尔对休谟的两条规则从逻辑推理上做了如下反驳

（Moore 1968：147-167）：

前提 A：如果休谟的两条规则为真，那么我们就不可能知道事物的存在。

前提 B：休谟的两条规则为真。

结论 C：所以，我们不知道（不可能知道）事物的存在。

这一逻辑推论的焦点集中在"前提 B"，休谟的两条规则到底是真还是假呢？摩尔进行了反证：

前提 A'：如果我知道某物确实存在，那么休谟的两条规则为假。

前提 B'：我确实知道某物存在，如我面前的铅笔真实存在。

结论 C'：所以，休谟的两条规则为假。

对于上述推理，摩尔认为有效。然而，他的"感觉资料"这一概念并没有在这个推论中起到任何作用，因为这里的推理仍然建立在常识的基础上。

摩尔对休谟的批判，本来要强调我们能感知的不是事物本身，而是"感觉资料"，而在实际推理中，摩尔反而预设了他对实际事物的直接感知，如直接知道面前铅笔的存在。摩尔的"感觉资料"并没有发展为一个成熟的体系，这是因为摩尔的全部注意力并不在于要建立体系，而在于寻找哲学家所说的话的漏洞。

摩尔进入哲学问题讨论的途径并不是哲学或者科学，而是聚焦哲学家的语言使用问题。另外。摩尔虽然注意到了语言使用的微妙，建立起一个新概念"感觉资料"，但是，他并没有意识到他的"感觉资料"本身却经不起推敲。后来，赖尔批判摩尔时说，"感觉资料"这一概念的出现，本身就不符合语言使用的常识。

尽管摩尔的"感觉资料"不太完善，但是人们在谈论摩尔的哲学研究时，始终无法回避摩尔"感觉资料"这一不成熟的概念。摩尔的意义研究也与"感觉资料"密切有关。

摩尔的意义研究和穆勒的观点相近，认为语词或者短语组合主要起名称的作用。名称所指代的内容就是意义，不过，摩尔不同于穆勒之处在于，名称指代事物时，有"感觉资料"的凸显，名称不直接指代事物。

五、概念关系组成的世界

在论及观念和概念时，摩尔认为洛克的观念这一概念不正确。洛克的"观念"是心理现象，心灵拥有的内容。摩尔认为心灵拥有的是"概念"，而概念是"普遍意义"，它不依赖于心灵本身，不是像洛克所说的观念那样属于抽象的心理现象。摩尔的"概念"既不是个体，也不是殊相，而是永恒的普遍意义。如：红、白、大、软、花、椅子等这些概念并不是个体的、殊相的，而是普遍的、永恒的。这些概念会相互结合形成新的表达。比如，"红"与"玫瑰"结合成了"红玫瑰"。当我们说"这是红玫瑰"的时候，我们既不是在谈论语词，也不是在谈论观念，而是声明"这""是""红""玫瑰"等这些概念的相互关系（杜世洪 2015）。因此，在摩尔看来，考察一个命题的真与假，不是去考察该命题究竟与现实是否对应，而是考察命题组成成分背后各种概念的相互关系（Soames 2003：34）。例如，对于"这猫是在坐垫上"这一命题，我们不必去看猫究竟有没有在坐垫上，而是要理解这一语句所涉及的各个概念的关系。

摩尔说，世界是由概念组成的，而概念是知识的对象。这有点像柏拉图的思想，不过，摩尔的概念还有别于柏拉图的理型。在摩尔看来，所谓存在就是概念或者概念复合及其关系。要判断什么是真什么是假，就要看其中的概念组成，概念先于事物的观念而存在。摩尔的这一观点针对的是英国经验主义哲学关于世界的认识而作的批判。由此可以看出，摩尔不但反对唯心主义，而且还对经验主义持有批判的态度。不过，对于世界的理解，摩尔认为我们可以直接领会。这一认识确实具有柏拉图哲学的意味，也正是摩尔关于命题理解的观点。

在摩尔看来，我们理解一个命题时可能会出现三种情况：第一，我们相信这个命题；第二，我们不相信这个命题；第三，我们对这个命题无所谓相信不相信，只不过是理解该命题而已。

对命题的直接领会不同于对"感觉资料"的直接领会。领会"感觉资料"需要的是感觉活动，而不需要理解。然而，领会命题却需要理解，而不需要感觉活动，这是命题的特征之一。命题的另外一个特征是命题总是关于某事物的陈述，即便是"2+2＝4"这样的命题也是关于 2 和 4 的陈述。此外，命题的第三个特征是命题有真假，这是命题独有的特征。说一个命题为真或为假就是把某种属性归因在命题上。

既然只有命题才有真假可言，那么我们可不可以说信念、语句和意象有真假呢？摩尔说，它们的真假是在派生层面上谈论，是派生意义上的真假。这就是说，要判断一个信念是真还是假，就要看这个信念是不是表达了一个命题。语句的真假判断也是这样，就是检查这个语句是否表达了一个命题。意象的真假也是派生的，判断一个意象的真与假，就是要检查这个意象有没有导致意象效果的命题。以命题为核心，摩尔认为语句、某些手势、某些思想以及某些不完整的句子等代表的是名称，它们的意义就是当中的命题。在摩尔看来，意义就是命名或指代关系。

六、意义与分析

摩尔的意义理论主要围绕名称与命题而论。语词和语句都是名称，语句是命题的名称，语词是概念的名称。意义就是命了名的对象或概念。摩尔早期思想认为，概念就是世界里的事物，命题就是关于世界的事实。但后来，摩尔发现意义问题很复杂。于是，他进一步论述了什么是意义。

（一）意义同定义与分析的结合

摩尔把他的意义概念同定义和分析紧密结合起来。认为，定义就是分析，就是把复合物分解开来，而简单物无法分析，因此对简单物的定义是指派名称。例如，摩尔在《伦理原则》里讨论什么是"善举"时说，"善举"是一个复合概念，要定义它首先要知道什么是"善"以及什么是"恶"。

怎样定义"善"呢？词典里给出的定义并不是真正的定义。真正的定义就是能够描述出被定义的对象的真实特征，所以定义本身就是一个成分分解的过程。有些语词并不是复合体，它们是单体，我们无法对它们进行成分分解，因此我们就无法定义它们。如，"黄""红""好""坏""善""恶"等，这些语词无法进行成分分解，因此我们无法对它们进行分解式定义，因而无法给它们建立判断标准。但是，对这些无法分解的语词，我们可以指定它们的对象，即什么是黄、什么是红，这些是可以指定出来的。回到什么是"善举"这一语词的定义上来，"善"是无法进行分解式定义，但是"举"却可以分解，因为"举"是多种行为的名称，在多种行为当中，有些行为被指定为"善"，人们用"善"这一词来命名，这就在语言使用中有了"善举"。

（二）意义是理解的对象和分析的结果

意义同定义结合起来，而定义同分析结合起来。在摩尔看来，分析就是要把复合体分解成单体，找出其中的独特之处。于是，在摩尔那里定义有三层意思。摩尔以"马"为例，进行了详细的说明。第一个层面，"我"用"马"这一个语词指代"有蹄的、四足的、马属动物"；第二个层面，所有使用这种语言的人都用"马"来指代"有蹄的、四足的、马属动物"。注意，这两个层面属于名称指定与使用，如果定义只有这两个层面，那么一切语词都可以定义。然而，定义却有至关重要的第三个层面，那就是对复合体的成分进行分解式的分析。如"马"不仅可以分解成"有蹄，四只脚"，而且还可以分解成"有一个心脏""一个头""两只耳朵""一个尾巴"等等许许多多的成分，这种分解式定义一直可以进行下去直到分解出不可再分解的单体。

摩尔以马为例的这种分析方法旨在说明语词分为可分析和不可分析两大类。不可分析的如"黄""好"等，这样的语词属于指定出来的名称，而可分析的如"马""善举"等这样的语词，却需要领会与理解。至此，我们可以看出，对摩尔意义理论的理解，不能单纯地停留在"语词就是名称，语句就是命题的名称，意义就是定义"这样的表述上，而应该推进一步（Stoljar 2006；杜世洪 2015）。沿着摩尔的方法看，可以得出一点认识，意义归根结底就是"理解的对象和分析的结果"。

（三）意义有正确分析的条件

把意义同理解与分析结合起来考察这一认识，在西方哲学史上远可以追溯到柏拉图《泰阿泰德》中对语词的详细考察，近可以追踪到罗素和维特根斯坦那里，例如逻辑原子思想、描述语理论以及关于语词使用的方方面面的深究。虽然有如此的渊源，但是，在我们看来，似乎只有摩尔才非常执着地要为意义的理解和分析建立一套标准。

摩尔就意义的正确分析提出了三条要求（Altman 2004：395）：第一，对一个概念要进行分析，只有当我们知道"分析项"适用于"被分析项"，我们才可能知道"被分析项"适用于对象；第二，只有当我们能够核实"分析项"是否适用，我们才能核实"被分析项"是否适用；第三，任何关于被分析项的描述都必须与关于分析项的描述同义。

摩尔这三条要求表达的意思是，一个正确的分析必须满足三个条件：第一，分析项与被分析项属于同一概念范畴；第二，分析项和被分析项分别有不同的表述方式；第三，分析项所表达的概念在被分析项里尚不明确，因此分析就需要对被分析项进行阐明。例如："某某是兄长"可以分析成"某某是男性同胞"，这两种表达方式不同，但是二者同义，适用于同一概念，表达的内容明显清楚。

然而，摩尔的这三个条件，却存在问题：既然分析项和被分析项二者的描述要同义，那么我们怎么知道"兄长"与"男性同胞"具有同样的意义呢？如果我们知道二者同义，那么我们的分析实际上属于"重言累赘"。对于这一点，即同义关系，蒯因明确指出这属于经验主义的教条。

虽然摩尔的哲学思想并不具有宏大的体系，但是，摩尔在捍卫常识的思辨中建立起的"感觉资料"仍然是哲学界无法回避的概念。围绕"感觉资料"这一概念，摩尔就英国唯心主义的一些断言式话语做了深入分析，批判了阿奎那、贝克莱等人的论断，逐步形成了实在主义的意义理论。

摩尔的意义理论具有鲜明的针对性，其中所涉及的哲学问题是哲学史上的经典问题。摩尔的分析手法，让人感到哲学的意义研究绝不是空谈，而是要解决具体的问题，这对现代哲学仍具有借鉴意义。哲学研究要避免天马行空式的宏图勾画，要避免笼统地输出一个个新的概念，要避免输出可能导致混乱的概念。更重要的是，从事分析哲学研究就要清理哲学上的沉疴旧疾，理清一些哲学问题。摩尔的这种哲学批判精神值得提倡，这对现代科学哲学和语言哲学研究具有典范作用，尤其是在概念考察方面，摩尔的哲学分析技术精湛，值得借鉴。

第三节　皮尔士的意义理论

现代西方哲学主要有三个传统：分析哲学传统、现象学-解释学传统以及实用主义传统。作为实用主义的代表人物，"皮尔士被很多哲学史家视作分析哲学——现代语言哲学的开创人之一。"（陈嘉映 2003：2-3）然而，人们在论及语言哲学时，主要说的是狭义上的"分析哲学传统的语言哲学"，而疏于论及实用主义的语言哲学。结果就是，实用主义的语言哲学思想，特别是皮尔士的意义理论，却未能在国内外语言哲学的众多教材或经典文选中占有一席之地（Martinich 1985；Baghramian 1999；Lycan 2000/2008；陈嘉映 2003；成晓光 2006；Morris 2007；Soames 2010）。这在语言哲学界不无遗憾。应该说陈嘉映意识到了这一憾事，所以他才掷地有声地呼吁道："我希望哪位学人另写一部《语言哲学——分析哲学传统之外》"（陈嘉映 2003：3）。为了弥补这一憾事，也是出于对陈嘉映这一呼吁的响应，又时值 2014 年 4 月 19 日是皮尔士逝世 100 周年纪念日，著者撰写本节，旨在探析美国实用主义语言哲学思想的代表理论——皮尔士的意义理论。

皮尔士的意义理论处于被人忽视的状态，人们谈论皮尔士时，不太可能谈到他的意义理论；反过来，人们谈论意义理论时，又太不会提及皮尔士（Almeder 1979：1-24）。其实，阿米德尔的话并不正确，因为皮尔士的意义理论，虽然没有时刻凸显在人们的心中，但到底不会被遗忘（杜世洪 2014）。奥格登和理查兹其《意义的意义》（*The Meaning of Meaning*）一书的附录中说，在意义研究的精细程度和确定性方面，皮尔士首屈一指，而且其符号及意义的研究影响深远（Ogden & Richards 1989：279）。实际上，皮尔士开启了"语言意义现象研究的新方法"（Rellstab 2008）。

一、皮尔士的思想源泉

查尔斯·桑德斯·皮尔士是美国的通才，生于马萨诸塞州的剑桥，父亲本杰明·皮尔士是哈佛大学数学和天文学著名教授。皮尔士早年在哈佛大学接受教育，硕士毕业后在他父亲的帮助下留在哈佛的天文台当助理；后来任教于霍普金斯大学。本来皮尔士可以在此从教一生，但由于性格冲动、言语直率，同事们并不喜欢他，加上他有涉嫌失范的行为，校董事会觉得他给学校带来了不良影响，就辞退了他（杜世洪2014）。皮尔士晚年虽然穷困，但仍未放弃学术写作，哪怕流落街头也不忘掏出纸片及时记录自己的思想；他在被人遗忘中度过余生，于1914年4月19日在宾州一个小镇逝世（Hoopes 1991：1-13；Brent 1998：1）。

皮尔士的思想源泉直接来源于他早年对逻辑学和哲学的热爱。皮尔士说他本人热爱逻辑学，几乎读遍了所有的逻辑学著作，而且曾经有一段时间几乎每天都要与穆勒的"铁杆追随者"乔恩瑟·莱特讨论逻辑学问题。皮尔士对哲学的酷爱从德国古典哲学开始，慢慢地对古希腊、中世纪、启蒙时期的哲学进行研读（杜世洪2014）。皮尔士花了三年多的时间，坚持每天用两个小时来研读康德的《纯粹理性批判》，"直到该书的全部内容烂熟于心"①。（Peirce 1955：2）

皮尔士的思想源泉还发端于他的怀疑精神和批判精神。皮尔士熟读了各种流派的哲学著作之后，产生出了反叛思想，这是因为他发现所谓的主流哲学都存在着问题，他认为不仅有必要修补哲学的漏洞，而且更重要的是应该重建哲学。皮尔士认为，人们对过去的哲学观点持有的态度多为相信，很少怀疑，相信大于怀疑。于是在相信的状态下，生吞活剥地接受了别人的学说，还养成了宁愿相信而不愿怀疑的习惯（杜世洪2014）。殊不知，既有哲学中概念混乱纷杂。有的人满脑子是稀里糊涂的概念，一团泥淖，还自以为只要学会了那些混浊的概念，自己就有了清晰的掌握，其实不然，囫囵吞枣而已。造成这种结果的原因，就是人们习惯于相信，而不太愿意怀疑，更不知道怎样怀疑。相信成了习惯，不需要代价，而怀疑需要方法，代价很大。（Peirce 1955：18）在皮尔士看来，一个头脑清晰的人，头脑中是没有多少概念的，因为他不

---

① 文中所引用的皮尔士的话语和观点均出自作者自译。考虑到篇幅，英文原文一概省略。

需要那么多无用的概念。那么，我们怎样做到头脑清晰呢？皮尔士会说（杜世洪 2014），我们要学会"如何把我们的观念表达清楚"。

由此观之，皮尔士的思想具有现代分析哲学的旨趣。清理哲学中的混乱概念，清晰表达自己的观念，这是皮尔士的抱负，而这种抱负完全符合现代分析哲学的宗旨。一代哲学大师维特根斯坦也不折不扣地倡导这样的哲学理念（杜世洪 2014）。这正是哲学上意义研究的精神体现。

皮尔士思想的主要特点就是实用主义。皮尔士是美国实用主义之父，他的实用主义是对经验主义的推进。它既不同于英国传统的经验主义，又不同于康德的反形而上学怀疑论，更与 19 世纪的证实主义不同。实际上，皮尔士是从这些哲学思想中获取到有用成分，从而建立起了他自己的经验主义。为此，他用可错论取代了怀疑论，用实用主义取代了证实主义，把苏格兰的常识论改变成批判常识论（Buchler 1955：ix；Margolis 1998；潘磊 2011）。

而就意义研究而言，皮尔士的实用主义其实就是意义理论。皮尔士最初给实用主义准则下的定义是："要考虑效果，这效果可能在想象上具有实际结果，我们就考虑我们的认识对象具有什么样的效果。于是，我们对这些效果的考虑就是对这一对象的全部认识。"（杜世洪 2014）后来皮尔士把实用主义准则修改为："为了清楚地获得一个知识概念的意义，我们应该考虑，这一概念的真之必然性可能会导致什么样的实际效果，而且应该料想到这些实际效果的总和将构成这一概念的全部意义。"（CP5.9）①最后，皮尔士对这一准则做了进一步的修正："实用主义的准则是：每一个可以用陈述语气语句进行表达的理论判断，都是思想的含混形式，如果说它有意义的话，那么它唯一的意义就在于它有

---

① 文中所涉及皮尔士原文的夹注格式，如果出自皮尔士文集单行本，就采用惯用格式，如（Peirce1998：134）；如果是出自哈佛大学出版的皮尔士原著多卷本 Collected Papers of Charles Sanders Peirce，文内夹注就一律按照皮尔士研究协会的惯例，注明卷号及文章的段落，如：（CP5.9）是指 Collected Papers 第 5 卷第 9 段。

实施相应实用准则的可能，而这实用准则可表达成条件句，而条件句的归结主句则要用命令语气。"（Peirce1998：134）这里明显强调，对于一个理论判断语句而言，它的意义来源于该判断句在可能的实践活动中所带来的实际效果。实用主义的这一准则正是皮尔士意义理论的核心所在。

二、关于实在论与唯名论之争的观点

皮尔士的实用主义把意义这一概念引入经验主义的方法论中，把逻辑技术运用到概念澄清中，创建出皮尔士实用主义意义理论。实用主义在学理上属于认识论，但皮尔士的哲学思想还有另外一大主题，那就是形而上学实在论或称经院实在论（杜世洪 2014）。

皮尔士说："在我们探究实用主义的证据之前，有必要权衡一下经院实在论的好好坏坏，因为，如果不相信有实实在在的共相存在，那么实用主义就很难进入脑海。"（*CP*5.503）这说明，在皮尔士看来，他的实用主义具有经院实在论这种形而上学的根基。后来罗素在评论皮尔士哲学的经院实在论时说（杜世洪 2014；Peirce1998）："在我看来，皮尔士说得对，实在论与唯名论之争尚无定论，这一争论在以前很重要，在现在仍很重要。"

站在语言哲学的意义研究的角度看，唯名论与实在论之争正好反映了现代意义理论之间的争论。指称论、观念论等实际上都是在寻找语词究竟指代的是什么？指代外部世界的事物，还是指代头脑中的观念？对于指称论所关注的问题，在皮尔士看来，需要思考的问题是像"人""马""花"等这样的类别名称究竟有没有与它们相符合的且不依赖于我们思维的对应物存在（杜世洪 2014）。实际上，"人""马""花"等这些名称是概念，它们的指称物不能直接等于某个具体的事物，而是存在于人们对一些具体事物的经验过程中。这就是皮尔士实用主义的基本观点，可以概述为：我们在经验具体事物的过程中可以发现观念的最终

意义。

那么，皮尔士的具体看法究竟是什么样的呢？这得简要回顾一下实在论与唯名论的争论。

讨论哲学的意义理论，势必会涉及唯名论和实在论。这得从中世纪哲学谈起，再追溯到柏拉图那里去。中世纪经院哲学围绕个别与共相的关系之争形成了两个对立派别：唯名论与实在论。其实，如何认识共相，以及关于共相与个别事物关系的争论源于古希腊哲学。柏拉图的理型属于共相。

从 11 世纪末到 12 世纪中叶，共相问题成为中世纪早期经院哲学争论的中心。到 14 世纪末为止，总共持续了 300 多年。在这场长期的争论中，由于观点并非全然一致，又有极端和温和的唯名论与实在论之分。以罗瑟林、培根、司各特、奥康的威廉为代表的唯名论者，反对共相具有客观实在性，否认共相为独立存在的精神实体；主张唯有个别事物才具有客观实在性，认为共相后于事物，共相只是个别事物的"名称"或人们语言中的"声息"（杜世洪 2014）。这种论断称为极端的唯名论。以阿贝拉尔为代表的唯名论者，除了否认共相的客观实在性和主张唯有个别事物具有客观实在性之外，又认为共相表现个别事物的相似性和共同性，因而共相只存在于人们的思想之中。这种论点称为概念论，属于温和的唯名论。

以香浦的威廉和安瑟尔谟为代表的极端的实在论者，断言共相具有客观实在性，共相是独立于个别事物的第一实体，共相是个别事物的本质或原始形式。个别事物只是共相这第一实体派生出来的个别情况和偶然现象，所以共相先于事物。以托马斯·阿奎那为代表的温和的实在论者也断言共相是独立存在的精神实体，但又强调共相这一客观实在，既独立存在于事物之前，又存在于事物之中和事物之后（杜世洪 2014）。即共相作为神创造个别事物的原型理念或原始形式，存在于被创造物之前；共相作为神创造的个别事物的本质或形式，则存在于事物之中；共相作为人对个别事物的抽象归纳的概念，它在事物之后，也就是说存在于人们的理智之中。

关于实在论与唯名论之争，皮尔士持有务实的看法。皮尔士认为，这种争论的重心不应该聚焦在是否有柏拉图式的共相存在上，而应该考虑其中的关键是什么。皮尔士认为，问题的关键在于我们的全部知识都是由概念组成，而概念就是关于不同对象的陈述，因而它们应该是共相。不过，外部世界的具体对象常以殊相或者个体出现（杜世洪2014）。至此，问题的焦点就是外部世界究竟有没有个体事物能够与我们头脑中的共相相匹配。对于这个问题，皮尔士进行假设，如果我们的全部知识都是共相，如果所有的存在都是个体，是殊相，那么，我们头脑中的概念就与外部世界脱节，无法与之类比，我们的概念就空洞无物，属于虚构。既然代表着我们全部知识的概念不能如实揭示外部世界，那么我们就没有关于外部世界的真知识。这假设显然行不通，因为我们毕竟拥有关于外部世界的真知识。

在皮尔士看来，如果我们承认头脑中的概念与外部世界具体事物相符，那么我们就会认为这些概念是实在的，我们就是实在论者。当然，要成为实在论者，还有另外一条路径，那就是坚信有柏拉图的理型存在，坚信我们头脑中的概念是实在的。对于坚信有共相存在的实在论者，皮尔士表示惋惜。因为在皮尔士看来，经院实在论的核心不在于坚信共相存在，而是要证明作为共相的概念与外部世界具有匹配关系。

三、皮尔士的三大范畴概念

皮尔士提出三个基本概念：第一性、第二性和第三性。这三个概念基本上属于范畴性概念，而不是实体性概念（杜世洪2014）。所谓范畴性概念，可以理解为，"马"这一概念指的是范畴，而不是具体的马的实体，而实体性概念正如项羽的"乌骓"、关羽的"赤兔马"等这样的概念。皮尔士的第一性、第二性和第三性在他的逻辑学、形而上学和认识论里具有各自对应的范畴（杜世洪 2014）。皮尔士把它们描述成现实的三种模式，存在的三个范畴，或经验的三个世界 。

第一性指的是某个实际观念的潜在性或者说可能性，即第一性是一种潜在的或者说可能的观念。它既不是柏拉图的理型观念，也不是心灵中已经存在的实际想法。它介于"空无"和"存在物"之间，它与空无的区别就是，空无仅仅是空无，空无不可能变成实际，而第一性却可能变成实际。第一性能够进入头脑，但它还不是头脑中的实际观念，而只是出现某种实际观念的可能性或潜在性（杜世洪 2014）。例如，"红"已经是一个实际观念，但是"红色性"就是第一性，是对红色形成感觉的一种可能性，它有可能变成"红"这一实际观念存在于大脑。又如，疼痛感觉的可能性就是关于疼痛的第一性，但它还不是像"牙痛"这样的实际存在。

第一性大致有如事物的属性，是不依赖于事物而存在的属性。我们可以拿公孙龙的"坚白"来说明皮尔士的这一观点。根据公孙龙的"坚白论"，一块石头，我们用手摸它，会感觉到"坚硬"，用眼睛看它，会发现它是"白色"的。我们在既没有摸又没有看的状态下，这块石头的"坚"与"白"两种属性却可能是分离的，这是公孙龙的"坚白论"，即石头的"坚（硬）"与"白（色）"在我们的感觉之外处于分离状态，这就是公孙龙所说的"离坚白"。然而，在皮尔士看来，公孙龙的"离坚白"关涉的是第一性存在，即在我们还没有形成"坚"与"白"这两种实际观念之前，我们早就有感觉到"坚"与"白"的可能性了，正因为我们有这种感觉可能性，我们才能感觉到"坚"与"白"。因此，在皮尔士看来，"坚"与"白"就作为第一性存在。

第二性指的是"实实在在存在的对象"，这对象可以是物件，也可以是事实。第二性虽然是单体存在，但必须经过经验才能感知到。第二性是离散的、具体的，而第一性是模糊的、部分的。皮尔士认为，当第二性得到经验时，就会在心灵里产生"感知"，感知是潜意识运作的、感觉的心理过程，感知以"意象"或者"感触"的形式而有意识地表现出来。皮尔士的感知有点像摩尔的感觉资料，也有点像经院哲学的"第一意向"。

第三性就是意义，是普遍概念。与第二性不同的是，第二性是具体的、离散的，而第三性是抽象的、普遍的、连续的。如果第二性是纯粹的事实，那么第三性则是习惯、法则、规律、必然性等。第二性是二元关系，而第三性是三元关系，它包括符号、对象与解释。第三性相当于经院哲学的"第二意向"，属于普遍概念。在皮尔士看来，每一个第三性或者说抽象概念必定指称一个第二性或者说指称"感知"，这才有实在意义。抽象概念必定指称感知，抽象概念才有意义；而感知是从意识中产生，意识又是从"注意力"和"抽象能力"的运作中凸显出来（杜世洪 2014）。如果整个感知没有注意力和抽象能力的运作，那么感知就不能成为意识。注意力犹如探照灯，可以把形成感知的各部分内容探照出来，再经过抽象能力的运作，各部分内容进入意识的层面，最后合成抽象概念。关于任何一个感知的判断，至少要涉及两个抽象概念的判断：主词的判断和谓词的判断。例如，在"这石头是白的"这一感知判断中，有"这石头"和"白色性"这两个关键概念，其中"白色性"是意识的中心内容，它不是想象出来的，也不是虚构的，而是有一个外在的对应物"这石头"，而"这石头"却因为其"白色性"而进入注意力运作中（杜世洪 2014）。这样一来，"白色性"是石头的白色，是实在的。因此，千真万确的是一切白色物都拥有白色性，这就是在宣称，换句话说一切白色物都是白的；而且既然真的是实实在在的事物才拥有白色性，那么白色性就是实在的。

从"这石头是白的"这一感知判断中，经抽象能力运作，我们可以得出"白色性是实在的"这一命题。同样，从"这粉笔是白的"这样的判断中，我们也可以得出"白色性是实在的"这一命题。这里有一个问题：既然"白色性"是实在的，那么石头的"白色性"和粉笔的"白色性"，这两个实在的"白色性"是同样的吗？如果是同样的，那么就等于说，两个实在的白色性就是一个白色性。

然而，这里会出现混乱，哲学争论中关于共相的本质问题在这里凸显了出来。共相是抽象的，不是实在的。如果两个"白色性"是实在的，那么它们是共相吗？显然不是，共相概念下的"白色性"只能是一个，而且是抽象的。

对这样的混乱进行澄清，是哲学的首要任务，在这一点上，皮尔士与维特根斯坦异口同声。皮尔士认为，我们在表达思想时，尤其是在得出抽象判断时倾向于宽泛和模糊（杜世洪 2014）。比如，我们说"所有人都有一死"这话时，会自然而然地倾向于同样的死属于所有人。这种判断仅仅在第一性和纯粹的抽象过程中成立。严格论证起来，应该说，人都有一死，但各有各的死法，或者不同的死具有相似之处。皮尔士认为，在宽泛、模糊和笼统中企图得出普遍性结论，而这种看似有理的结论却经不起推敲。从这点上看，皮尔士实用主义的旨趣就是要尽可能寻找对概念或观念进行精确表达的方法，这正是意义理论所关注的中心问题。

四、皮尔士实用主义意义研究的方法

就意义研究而论，皮尔士认为实用主义就是一种廓清概念实在意义的方法（杜世洪 2014）。在皮尔士看来，哲学教义、命题和概念以及我们使用的语词或其他符号等，诸如此类的表达的实在意义需要核查清楚。

皮尔士在被誉为"实用主义的出生证"一文《如何把我们的观念表达清楚》（*How to Make Our Ideas Clear*）中说（Arens 1994：6），哪怕一个概念不清晰就会误导我们一生；模糊的概念就像黑夜里大雾弥漫的道路，会把我们引向歧途，走入绝境，甚至掉入万劫不复的深渊。对于

个人如此，对于整个民族也如此。如果一个民族拥有的是一些模模糊糊的概念，这个民族整体都会误入歧途。所以，拥有清晰的概念于私于公都至关重要。

实用主义是廓清概念的一种方法，是意义研究的方法。根据这一方法，詹姆斯和杜威等哲学家的研究其实就是旨在廓清他们所研究概念的意义。詹姆斯对"真"的意义的考察，杜威对"价值"的意义的研究等，在方法上都是实用主义的方法。虽然，实用主义这种方法在皮尔士、詹姆斯和杜威三人那里各有差异，但他们有一个共同关心的问题：如何澄清我们所表达的概念或观念的意义？

如何去澄清概念或观念的意义，换句话说我们如何去判断一个概念到底是清晰的还是混乱的呢？皮尔士说，近代哲学史上澄清概念的方法主要有两种：一种是笛卡尔式的，一种是莱布尼兹式的。笛卡尔以心灵"清楚""明白"作为有效澄清概念的标准，相比中世纪诉诸神的化身——教会的权威是一个巨大的进步。然而，在皮尔士看来，这一方法的最大问题在于：一个似乎清楚的概念和一个真正清楚的概念，这两者之间的区别究竟是什么，笛卡尔未能论及。莱布尼兹发展了笛卡尔的方法，他把逻辑引入澄清概念的过程中，认为只有通过逻辑定义的方式我们才能获得关于概念意义的清晰理解。皮尔士认为，莱布尼兹没有意识到，逻辑定义只能像机械一样传递转换知识，除非增加了观察的事实，否则它无法孕育出新的知识。在皮尔士看来，这种方法在本质上和笛卡尔的方法一样，仍是在心灵内部"绕圈子"。

皮尔士认为，上述两种澄清概念的方法所要求的不过是清楚的概念必须有一定的标记而已，并没有解决怎样使我们所表达的概念变得清晰这一问题。皮尔士反对这种只在意识领域内澄清概念意义的方法，他认为，一个概念的意义不是通过单纯考察其本身就能确定的，我们只有从概念的外部效果以及对于这种效果的习惯反应中，才能找到澄清概念意义的客观方法。这样一种客观方法也就是"实验的方法"或"实用的方法"。

五、皮尔士的符号学意义理论

皮尔士开创了关于辩护或确定性的符号学模式（江天骥2007）。皮尔士认为，只要承认思维的认知属性，那么就可以说思维具有语言特征或者说符号特征，皮尔士的符号学堪称"认知符号学"（胡壮麟2010；2013）。根据这一特征，思维就要以交际为前提，而交际的发生又必须以符号为手段。这样，皮尔士把"人是社会的动物"这一认识赋予了实际内容，进行了注解，强调符号关系的本质与条件是公共的并适用于交际的，这就避开了把交际看成是出于个人反应与私人感觉这样难以把握的观点。皮尔士的这一认识与维特根斯坦对私人语言的批判和规则是公共的这种观点基本一致。我们知道，18世纪的欧洲曾流行一种观点，即以卢梭为代表的"个人激情语言观"，他认为，语言在本质上是要满足个人激情的需要，人类是因为充满了激情才促使了语言的产生（杜世洪2009）。显然，皮尔士的符号关系也是对激情语言观的彻底批判。

皮尔士的实用主义意义理论与他的符号学联系紧密，菲兹杰拉德认为皮尔士的符号学理论就是实用主义的基础（Fitzgerald 1966：10；王振林2012）。在世界观方面，皮尔士符号学理论的基本出发点是，人是符号的动物，人依靠符号的方式来理会现实，通常所说的语言与交流其实就是符号关系。现实不仅是社会构建出来的，而且还是语言构建出来的。根据皮尔士的符号学理论，每一个符号有三个层次：像似符、指示符和规约符。在符号学领域里，符号这一术语通常指这三者。它们与皮尔士的三个范畴（第一性、第二性和第三性）相关，也与解释项的三个等级相关。解释项的三个等级是直接解释项、动态解释项和最终解释项。

含有上述三个层次的每一个符号均是一个刺激模式，而且有意义。像似符是最简单的符号层次，它指的是符号的物理像似性，例如你的头像照片就是你的像似符，电脑的 office 文档处理软件上面的打印机符号、格式刷符号等也是像似符，禁止吸烟的图像标志是像似符，交际中的惯常的手势符是像似符，拟声词是像似符，等等。像似符与第一性范畴对应。

如果说像似符是由物理特征来定义，那么指示符就是由感觉特征来定义。某一感觉特征常常与另一种现象相关。动物智力水平越高，越能识别感觉特征背后的复杂内容。乌云指示着可能下雨、皱眉指示着不快或怀疑、说话的乡音指示着说话人的籍贯，等等。不过，指示符并非总是与其相关项完全匹配。指示符后面究竟指示着什么相关内容，这需要解释。指示符与第二性范畴对应。

规约符最常见的形式就是语词，或者说，语词通常是符号学领域里的规约符。一个规约符就是按约定总结出来的规律、法则、普遍道理等等。如果说像似符与对象的联系是物理联系，指示符与对象的联系是感觉关系，那么规约符与对象的联系是联想关系或习惯联系。规约符是抽象的，但是它以像似符和指示符的内容为基础。例如，"猫咪"一词是规约符，在发出这一词时，我们已经不需要直接的物理联系了，但是它与像似符脱不了干系，我们也知道说出"猫咪"一词背后丰富的指示内容，指示符背后的对象及其感觉内容。由于规约符与对象是联想关系，所以我们可以用规约符来表示在直接物理世界里并不存在的对象，如"独角兽""貔貅""孙悟空"等。另外，凭着规约符的习惯联系，我们还可以建立或解读符号与符号之间的相关联系。规约符与第三性范畴相对应。

皮尔士的符号意味着三元关系，或者三元的符号过程。即，当我们说一个符号时，我们要知道它的三个层面，同时我们要知道符号的外延对象、对象与符号的联系、符号的解释者如何看待对象以及符号在观念产生或修正过程中的实际效果。由此可见，从实用主义角度来谈论语词的意义，就不能用一一对应关系在单一层面上来考虑语词的指称（杜

世洪 2014）。我们可以用三角形来表示皮尔士的符号概念。如图 6-1
所示：

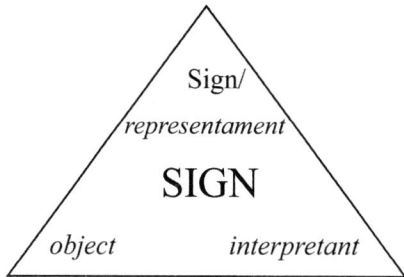

```
              Sign/
         representament
           SIGN
      object    interpretant
```

图 6-1 皮尔士的符号三角示意图（Johansen & Larsen 2002：27）

上图说明，皮尔士的符号概念有广义和狭义两种：广义的"符号"
（如图 6-1 中部的文字"SIGN"所示），代表三个内容：代表项
（representamen）、解释项（interpretant）和对象（object）；而狭义的
"符号（Sign）"略等于代表项，狭义的符号本身就是符号三角的组成
之一。

皮尔士实际将符号解释项分成了两部分，其中一部分是符号的自身
信息，另一部分是符号使用者关于生活世界的一般知识，后者是前者的
先决条件，而前者又不断对后者进行改造。存在于符号之外，但对理解
符号解释项又必不可少的信息属于"附加经验"或"附加观察"，应该
将其同符号的自身意义严格区分开来。

皮尔士说，符号意义是需要在具体的意指过程中"形成"的。这
意味着我们必须以特定的方式来实现符号的指称功能。如果莎士比亚剧
本的语义结构必须与当时具体的文化背景相结合才能产生哈姆雷特患有
疾病的解释项，那么在理解这些文本的时候，我们就应该具备一定的补
充经验，即能够识别与话语相关的人物、事件或状态，并以此作为解释
文本的经验基础。

皮尔士关于符号意义的理解与传统逻辑学中的"外延"和"内涵"
这两个范畴有关。如果用传统的术语来解释他的思想，"外延"指的是

语言符号的一般意义；而"内涵"则指语言符号在具体情境中的个别意义。以下是他写于 1911 年一份手稿中的一段话（Johansen 1993：154）：

> "狗"这一词语的意义是某只狗，是关于某只狗的知识，但它的意义不明确。"符号解释项"是关于所指"某只狗"的特征不太确定的概念。……至于这些特征，我们知道它有四条腿，是食肉动物等。这里我们必须首先区分该词语所指的那些主要特征，即主要解释项。其次是它在具体解释者头脑里实际激起的概念。再则是那些有意想激起的特征——也许它只是主要特征的一部分，也许是那些非主要的特征，尽管我们以前不知道，但该词语现在想激起它们。

皮尔士显然把符号意义看成是外延和内涵这两个方面的结合。如果用最简单的形式来表示这三者之间的关系，我们可以得出公式：外延+内涵=信息。

皮尔士还把意义的形成看作是人类不断积累新知的过程。符号的外延意义是已经得到社团认可的知识，而符号的内涵意义则是外延意义的具体表现，其中包括可能被社团认同的新知识。这表明，语言符号意义可以分为词内意义和词外意义两种。面对不断变化的人类生活经验，人类需要词内意义的帮助，以更好地把握生存环境，但他们同时也会根据新的生活经验，不断调整自己的语言模式。只要生命的过程不断，符号的意义就会不断变化，因为它们"会比先前的符号带来更多的信息"（杜世洪 2014）。从这一认识角度看，皮尔士的意义理论具有"意义累积论"的特点，即意义是一个累积的过程。

皮尔士的实用主义准则几经修正，最终实用主义意义理论所遵守的核心准则是：对于一个理论判断语句而言，它的意义来源于该判断句在可能的实践活动中所带来的实际效果。从这一准则来谈论语词的意义，就不能用一一对应关系在单一层面上来考虑语词的指称。皮尔士的这一观点与维特根斯坦"意义在于使用"这一观点颇有相似之处（杜世洪2012；2014）。这既是对"意义直接指称论"的批判，也是对"意义还原论"关于属性分离观的批判。从皮尔士的角度看，公孙龙的"坚白论"，不应该把"坚硬的""白色的"石头中的"坚"和"白"分离开来，因为，在皮尔士符号体系中我们还没有形成"坚"与"白"这两种实际观念时，早就有感觉它俩的可能性，而感觉到"坚"与"白"这本身属于"第一性"存在。

如果说实用主义是一种方法（江怡2013），那么皮尔士的实用主义就是廓清概念实在意义的一种新方法。值得我们深入研究的是，皮尔士还把意义的形成过程看作人类不断"积累新知"的过程。这就是说，语词的意义具有累积的特性。我们认为未来的意义研究不妨围绕"意义累积论"展开新的探索。

第四节　胡塞尔的意义理论

胡塞尔是德国著名哲学家，20世纪现象学学派创始人。出生于普罗斯涅兹城的一个犹太人家庭。他在大学里先攻读数学和物理，1881年获博士学位，1883年起在维也纳追随德国哲学家、心理学家布伦塔诺钻研哲学，先后在德国哈雷、哥丁根和弗赖堡大学任教。他的著述与思想对海德格尔、萨特、德里达、梅洛-庞蒂等著名哲学家产出了深刻的影响。

胡塞尔的大量著作有些发表于生前，有些出版于死后，有些仍在整理编辑中。重要的著作有：《算术哲学》（*Philosophy of Arithmetc: Psychological and Logical Investigations*，1891）、《逻辑研究》（*Logical*

Investigations，1900—1901）、《作为严格科学的哲学》（*Philosophy as Rigorous Science*，1910）、《纯粹现象学和现象学哲学的观念》（*Ideas Pertaining to a Pure Phenomenology and to a Phenomenological Philosophy*，1913）、《形式的和先验的逻辑》（*Formal and Transcendental Logic*，1929）、《笛卡尔沉思》（*Cartesian Meditations*，1950）、《欧洲科学的危机与先验现象学》（*The Crisis of European Sciences and Transcendental Phenomenology*，1954）、《第一哲学》（*First Philosophy*：*Lectures in* 1923/24，1959）等等。

一、本质还原法

胡塞尔哲学思想的发展可分为 3 个时期：前现象学时期（1900 年以前）、现象学前期（1901—1913）和现象学后期（1913 年以后）。前两个时期主要是批评 19 世纪各种经验论的心理主义，发展布伦塔诺的意识意向性学说，建立了从个人特殊经验向经验的本质结构还原的"描述现象学"。他提出了一套描述现象学方法，即通过直接、细微的内省分析，以澄清含混的经验，从而获得各种不同具体经验间的不变部分，即"现象"或"现象本质"。这一方法又被称作本质还原法。

胡塞尔倡导的早期现象学运动，主张在各人文学科内运用现象描述或本质还原法，从中获取较直接、较真确的知识。胡塞尔试图借助描述现象学的悬置原则，将一切有关客观与主观事物实在性的问题都存而不论，并把一切存在判断"加上括号"排除于考虑之外。他以为这一哲学立场既可避免当时自然科学中的经验论"自然主义"，又可避免当时德国"精神科学"中的历史相对主义，从而在哲学研究中奠定具有普遍确定性的认识基础。

胡塞尔现象学的研究对象侧重于意识本身，尤其是意向性活动或意向关系。意向关系既包括意向作用，又包括意向对象。他认为，意向对象不是客观实体，意向作用也不是经验性活动，它们分别是聚集于意向关系体内的特定方面。他主要研究对象在意识中的显现方式，即对象的"透视性形变"、显现时的清晰度以及意向关系体的统一化作用。

胡塞尔后期现象学最终演变为更彻底的主观先验唯心主义。目标是使现象学还原深化为"纯粹意识"或"纯自我"，以便使知识的"客观性"或"确定性"建立在纯主观性的基础上。经过这一还原，一切经验性内容都将被排除，只留下"纯粹意识"或"先验意识"，包括所谓先验自我、意向作用和意向对象。他认为，先验自我是意识和意向结构的最深核心，同时也是推动心理活动和引发知识结构的总根源。胡塞尔后期现象学所关注的中心课题是先验意识的构成作用及主体在其特殊视界内经验到的"生活世界"。他指出，从个人生活世界向人类共同世界的过渡，是通过所谓"主体间关系体"来完成的。胡塞尔因其在现象学中提出的先验唯心主义与彻底主观主义的立场、观点，使他在现象学学派内部不断受到批判。但他提出的一些分析方法，在20世纪初的西方哲学与人文科学中一直具有重要影响。

二、意义与意向

胡塞尔的意义理论是其现象学思想的重要组成部分。胡塞尔对语言意义及其作为"观念"之物的本性和作为指称中介的作用的看法，几乎完全与同时代的哲学家弗雷格相同。对于胡塞尔来说，语言意义和意向相关项的意义是同一的。因为，在胡塞尔看来，每一个语言意义都是一个被表达的意向相关项的意义，而每一个意向相关项的意义从根本上来说都是可表达的，这就是语言意义。

在《逻辑研究》的"第一研究"中，胡塞尔详尽地讨论了语言或语义学的意义——他称之为"含义"（bedeutung）。胡塞尔的意义和指称理论几乎就是弗雷格式的，事实上，似乎就源自对弗雷格著作的阅读。我们在表6-2里把胡塞尔与弗雷格二人关于意义和指称的相似观点做了比较。

表 6-1　意义与指称——胡塞尔与弗雷格的观点比较

胡塞尔的观点			弗雷格的观点		
专名	通名	句子	句子	专名	概念语词
专名的意义	通名的意义（概念）	句子的意义（命题或思想）	句子的意义（思想）	专名的意义	概念语词的意义
专名的指称（对象）	通名的指称（符合该概念的对象）	句子的指称（事态）	句子的指称（真值）	专名的指称（对象）	概念语词的指称（概念）
		真值			符合该概念的对象

　　胡塞尔是通过区分一个语言表达式的意义和这个语言表达式所指称的对象而开始其哲学讨论的。在胡塞尔看来，含义和对象的区分十分明确。这种区分并不是在语言使用者心中发生的主观内容或过程同独立于意识而存在的客观实存物之间的区分。相反，胡塞尔认为有三重区分，即（1）主观的心理内容；（2）客观的实存物，包括语词通常所指称的具体物理物；（3）同样是客观的却又是抽象的、作为语词意义而由语词所表达的实存物。

三、胡塞尔的意义取向

　　在学理上，胡塞尔的意义理论究竟属于什么主义呢？根据莫汉提（Mohanty 1964：2）的研究，虽然，我们可以把胡塞尔看成是为数不多的几位"前分析哲学家"之一，但是胡塞尔明确拒绝承认自己的哲学属于什么什么"主义"。事实上，胡塞尔的独特研究方法让他的哲学含有许多元素：实在主义、唯心主义、理性主义、经验主义、实证主义以及实用主义等。既然胡塞尔的本质还原法强调直接、细微的内省分析，以澄清含混的经验，从而获得各种不同的具体经验间的不变部分，那么，我们可以说胡塞尔的意义理论完全符合分析哲学的宗旨。在思维、语言、世界这三者的关系分析方面，胡塞尔的意义理论正是他的语言哲学观。

19世纪末20世纪初关于思维、语言和世界的哲学研究关注的内容可以分为五个层面：（1）思维主体；（2）思维过程，即思维作为实在的、具有时间性的、心理的过程；（3）思维本身；（4）语言表达；（5）思维的对象，即世界。

这里对这五个层面需要做一些说明。思维主体就是指思想者、思考者或者说想问题的人，思维是人的思维，必须由人作为（1）思维主体，这显而易见。比较麻烦的就是（2）思维过程和（3）思维本身之间的区别。思维过程是指思想者心灵里面的活动，只有思维者本人才能内省到。思维本身是指客观的、超越个人主观的内容，如果我们不承认这种客观的、超越主观的内容存在，我们也就无法讨论思维的客观性、可交流性等。至于（4）语言表达，几乎没有人会怀疑它的存在，即必然承认语言表达的存在，不过，问题在于如何看待语言表达，这就是各种意义理论所关注的内容。（5）思维对象与思维本身，这两者最容易引起争议，不同的哲学家有不同的看法。弗雷格的意义（sinn）和指称（bedeutung）的区分实际上就是思维本身和思维对象的区分。

面对这五个层面，胡塞尔把（1）和（2）都去掉，认为思维主体及其心灵活动这两项与思维的逻辑研究不相关，而至关重要的是：语言表达、思维活动和客观意义表达。显然，胡塞尔把心理主义关心的内容排除在外，即他不考虑具体的心理学问题。另外，胡塞尔的思维活动并不是思维过程（2）。胡塞尔的思维活动和客观意义表达不是外在的，也不是由思维活动引向客观意义表达，而是，思维活动与客观意义表达属于同一经验的不同方面。在胡塞尔看来，思维活动是"构成意义的经验"，而客观意义表达是"构成的意义本身"。因此，对于意义问题，胡塞尔会说，"我们既创造意义，又掌握意义"（Mohanty 1964：4）。

对于"语言表达""思维活动"和"客观意义表达"这三者，在胡塞尔之后的分析哲学研究中，有人（如艾耶尔）认为胡塞尔的思维活动和客观意义表达纯属多余，只要分析语言表达就可以直达思维。在艾耶尔看来，思维就是按规则"操控符号"，意义属于语言系统中符合规则的符号。除了符号运作之外，根本没有其他什么思维过程。其实，艾耶尔的这种观点，正是胡塞尔的语言观和意义观所要批判的对象。

根据胡塞尔的语言观和意义观，符号是事物的符号，事物的符号就是要把事物"指示出来"，这是符号的一种功能。但是，并非所有的符号都能够承担表达意义的功用，给出的表达并非都指向意义。一句话，并非所有的符号都有意义表达。意义表达是符号的功用，但是，我们不能说意义的功用就是"指代"，这要当心，也不能把意义表达当成"指示出来"。符号"有意义"和"指代"是两种根本不同的功用。

在讨论胡塞尔的符号概念时，我们会想起皮尔士的符号概念。皮尔士的符号有三层意思，显示着三元关系，每一个符号都有它的意义，因为符号有代表项、对象和解释项。然而，胡塞尔的符号概念显然不同于皮尔士。胡塞尔的符号分为有意义和无意义符号两种。我们可以把无意义的符号称为"标记符"，有意义的符号叫作"表达符"。但要注意，胡塞尔的标记符并不是空无的，它可以是某事物的标记。比如，五星红旗是一个标记符，标记着中国的国旗；河岸水漫过的痕迹也是标记符，标记着河水曾涨到的高度；脸上的刀疤是标记符，标记着受过刀伤。按胡塞尔的观点，这样的标记符不表达意义，而是把事物指示出来，而指示出来并不等于意义。

标记符只是纯粹的标记，它不需要我们去洞察它的联系，例如我们不必去刻意调查刀疤与受刀伤有什么样的联系。在胡塞尔看来，当我们说 A 是 B 的标记符时，我们不需要去论证 A 与 B 之间是不是存在着某种必然联系。我们相信"经验到 A 的存在"就等于说"我们有理由相信有 B 存在"。胡塞尔关于标记符的观点，真正要说明的是"符号"与

"符号所指代的对象"之间的联系并不一定是过去经验的再生，当然胡塞尔并不反对这种联系属于"观念间的联想产物"。这样，我们就不会去怀疑"符号"和"符号所指代的对象"之间到底有什么联系，因为，在胡塞尔看来，"符号"与"符号所指代的对象"之间的联想关系完全可能是纯粹的创造，例如用"五星红旗"作为标记符，代表中国的国旗，这之间没什么"理性观念下的必然性"，就是一种创造而已。符号与其所指代的对象二者因为"纯粹的创造性联想关系"而形成新的"统一体"。在这新的统一体里，人们不会去追究二者之间有什么原始内容。

胡塞尔认为，当 A 在我们头脑中唤起 B 时，我们并不总是一味地去寻找 A 和 B 之间究竟有什么经验关系，以及一味地去探究在经验上到底是谁引起谁这样的问题，当然，有时我们确实需要这么做。然而，有时当在我们头脑中 A 唤起 B 时，A 与 B 之间的联系只不过是一种新的"感觉到的统一体"。因此，联想具有创造性，它可以把两样不同的事物焊接在一起。我们举一个例子，"辣椒粉"和"花椒粉"二者之间没什么必然联系，也没有经验上联系，但四川厨子可以把二者放在一起，得出"麻辣粉"，这时，有谁会去探讨二者经验上的先后关系呢？又如，当四川厨子把"麻辣粉"放到"冰激凌"里去，而得到新口味的冰激凌——"麻辣冰激凌"时，这就是依靠联想的创造性而获得的新的"感觉到的统一体"。其实，胡塞尔真正要表达的意思是，"符号"与"符号所指代的对象"之间不一定有必然的逻辑联系或理性关系，但它们之间可以有创造性的联想关系。至此，我们可以明白为什么胡塞尔会说，我们既创造意义又可掌握意义。

胡塞尔把符号分为标记符和表达符：标记符无意义，而表达符有意义。因此，在胡塞尔看来，话语以及话语成分多属于表达符，而"手势"和"哑语"却不是表达符，它们可能是标记符。为什么呢？胡塞尔的推论如下：

首先，"作为表达符的话语"与"通过话语而得以表达的经验内容"，这两者互为一体，"不可区分"；而手势和哑语却让人感觉得出，它们与要表达的内容之间并不具有不可区分的联系，它们只是标记符而已。地地道道的表达符是不会让人感觉到它们游离于表达内容之外，意义是通过它们而得以表达。

其次，手势和哑语作为标记符，标记的是使用者的心灵状态。手势和哑语本身并不具有意义内容，它们的意义内容是解释者给予的。

至于专名，胡塞尔认为也可以分为标记符和表达符两类。在胡塞尔看来，穆勒未能注意到这种区分，倾向于把专名统统确定为标记符。这是胡塞尔与穆勒的不同点之一。另外不同的是，在胡塞尔看来，虽然有的专名可以指代存在的对象，但是并非所有专名都必须有存在的对象。穆勒似乎倾向于把有无含义作为有无意义的区分标准，但胡塞尔认为穆勒所说的有无含义的名称都是有意义的名称。还有一点不同之处就是，胡塞尔认为名称的外延同内涵的区别并不是名称的命名与意义的区别，这一点穆勒未能明确说明。

最后，符号的意义功能与符号的指代功用不同。话语有意义，完成的是符号的意义功能，而手势和哑语只是指明手势使用者的心灵状态，完成的是符号的指代功用。

胡塞尔做了上述推论后进一步指出，表达符作为有意义的符号出现在交际话语中，它们具有发音功能，让听话者领会到说话者的思想，而让说话者表达出信念、疑问、愿望、痛苦和快乐等。在交际话语中，说话者的某些心理经验会通过表达符而发出来。宽泛地讲，由听话者归因于说话者的一切心理经验都是发声出来的；而狭义地说，只有那些给相关表达符"赋予意义"的"心理行为"才发声而出。例如，当说出一个感知陈述"这茶杯漏水"，宽泛地说，这是说话者"感知经验"的陈述，而狭义地说，这是关于说话者心理行为如相信或判断的陈述。这就是说，面对一个茶杯，说话者说出"这茶杯漏水"时，不管这茶杯里面当时有水没水，说话者已经有了关于"这茶杯漏水"的感知经验，所以他说"这茶杯漏水"；另外，面对这个茶杯，说话者凭自己的感知经验，会得出自己的判断或信念，于是，"这茶杯漏水"是说话者的心理行为的发音形式。一句话，胡塞尔的意思是，意义就是表达符与它所表达的经验内容融为一体。

谈到符号的发音功能，我们有必要区分"谓词陈述"和"情态表达"。前者针对的是客观事实，后者是关于愿望、决心、想法等。那么当说话者发音，说出一句话来，我们如何判断这话是谓词陈述还是情态表达呢？这一问题，正是胡塞尔苦心思考的问题。然而，他终究未能找出满意的解答。虽然，直觉会帮助我们理解话语，但是，我们毕竟不能凭直觉来区分说话者的这两种陈述。因此，在胡塞尔看来，我们要当心，不要把话语的发音功能同话语的标记功能混淆起来。

当胡塞尔提醒我们不要把发音功能同标记功能混淆起来时，胡塞尔强调的观点是交际是语言的"原初功能"。"发音出来的"和"被客观领会到的"二者可能会"分离"：前者可能是说话者的某种心理经验，而后者却被看成是"所涉事情的状态"。那么，发音会不会仅仅是一种标记符呢？胡塞尔认为，标记符无法让人领会到说话者的心灵状态究竟是什么，它只是标记着心灵的某种状态而已；而发音出来的话语却能够让听话者领会到说话者的状态，所以，话语一旦被说出来，话语完成的功能绝不仅仅是标记而已。就算，发音出来的话语同领会到的状态二者发生了分离，话语仍然会有意义，因为话语的意义功能始终是话语的首要功用。

其实，胡塞尔要在"发音说出的心理经验"与"命名所说出的心理经验"之间加以区分，因为这二者可能并不等同。这里的意思是，符号本来就有标记符和表达符之分，而有意义的表达符还可以进一步分成两种：一种是，它"发音说出的心理经验"与"命名所说出的心理经验"一样；另一种则是不一样，即发音说出的与命名所说出的不一样。情态表达，如表达疑问、愿望、命令、决心等，多属于前者，而事实陈述却可能出现不一样的情况，多属于后者。这就是说，当"我"说"我想到月球上去"，这是情态表达，"我"所说出的心理状态与你所领会到而加以命名的关于"我"的心理状态基本上一致。但是，当"我"说"我头痛"，这是事实陈述，这时"我"所说出的与你所领会到的就不一样了。

胡塞尔似乎要得出这样的结论：说话者"发音说出的"属于信念，而听话者"命名所领会到的"属于所涉事情的状态。这样一来，即便"我"说"我头痛"这样的话，也不过是"我"的信念而已，当然"我"的信念可能有经验为根据。"我"经验到了头痛，于是"我"相信我头痛。"我头痛"好像是对经验事实的描述，其实归结起来还是出于对事实进行判断的心理行为，"我"判断出头痛，于是我有一个信念："我头痛"。在听话者看来，"我头痛"是一个命题陈述"S 是 P"，而在说话者那里，既然"我头痛"是信念，说话者的"我"头痛可以表达成："我"相信"我"头痛，即"某人相信 S 是 P"，这就有对错之分了。

这里胡塞尔表达了两层含义：其一，我们就有理由大胆怀疑一切事实陈述，因为它们是说话者的信念表达而已，有对有错。胡塞尔其实是要找出一种从细微处辨别真伪的方法来。他的本质还原法就是要力图澄清含混的经验。其二，命名与意义不是一回事。"我"说"我头痛"时，你可以领会"我"的状态，并给"我"的状态命名，但是"我"说这话的意义却可能完全与你的命名不一样。

当胡塞尔注意到命名不等于意义时，这就与弗雷格观点基本一致。我们指称某一对象并赋予它某个名称，但是这个对象的名称并不是它的意义。胡塞尔和弗雷格都认为有必要把意义和指称（命名）区分开来。从胡塞尔那里我们可以得出以下四点：

第一，具有同样意义的表达符却可能有不同的指称。

第二，具有同样指称的表达符可能会有不同的意义。

第三，不同的表达符的区别既可以是意义区别，又可以是指称区别。

第四，相同的表达符既有相同意义又有相同指称。

对于第一点，我们可以举例，如："乌骓是一匹马"和"赤兔是一匹马"这两句话，有"一匹马"本有的同样意义，即"一匹马"的意义在两句话里保持不变，但"乌骓"和"赤兔"却是不同的指称对象。

对于第二点，我们可以用"鸿门宴的东道主"和"垓下之战的失败者"有一共同指称"楚霸王项羽"，但二者引起的心理经验不一样，即意义不同。同样，"等边三角形"和"等角三角形"具有相同的指称对象，但意义不一样。

"项羽"和"乌骓"是"人"和"马"的关系，二者指称不同，意义也不同。这是第三点的例子，至于第四点我们无法找出具体例子，因为严格说来，在同一门语言里没有第四这种情况。可以有"A = A"这种表达符，但没有独立的两个相同的表达符，因为一旦相同了就不是独立的两个表达符了，而是一个表达符了。不过，在跨语交际中可以寻找例子，虽然我们不能说"午饭"与"lunch"相同，因为汉语的午饭内容与英语的 lunch 内容不一样，但是，"猪肉"和"pork"会不会相同呢？这是胡塞尔没有论及的现象。

四、表达符与指称

与弗雷格一样，胡塞尔把指称同意义区分开来，这一点正是穆勒所未能认识到的区分。不过，在这一点上，尽管胡塞尔与弗雷格观点相近，但二人毕竟还是有明显的区别。首先，用词上弗雷格的"sinn"相当于胡塞尔的"bedeutung"，而弗雷格的"bedeutung"就是胡塞尔的

"gegenstand"。其次，胡塞尔把"sinn"和"bedeutung"都用来指意义，而把"gegenstand"用来指命名的对象或指称的对象，而且"gegenstand"在胡塞尔那里还是表达符的对象。这就是说，"gegenstand"不一定就是实实在在的物件。第三，在弗雷格那里，一个命题的意义是该命题表达的思想，而该命题的指称就是该命题的真值；胡塞尔认为，命题的意义是命题的思想，而命题的指称是该命题指称或命名事情的状态。

胡塞尔的"表达符"不仅有意义而且还与对象有这样或那样的关联，表达符与对象的关系可能是命名关系，也可能是指称关系。属于命名的表达符可以在谓词陈述里作完整的主词，而纯粹的名词，如果没有命名功用，那么它就不是名称；如果纯粹的名词要成为名称，它就必须在句法上具有限定成分。这一点，是汉语语言所没有的，有点费解，而在德语和英语里却不难理解。我们勉强可以说，胡塞尔的意思是"马"只是一个纯粹的名词，它不是名称，"马"要在句子里作为名称使用，就必须加上"这匹"或"那匹"等这样的限定词。这就是说，在句法上，胡塞尔认为"马"不等于"这匹马"。谈到这里，我们会想起公孙龙的"白马非马"来。虽然在公孙龙看来，"马"只有"命形"，而"白马"既有"命形"又有"命色"，于是，"白马"不等于"马"；但是，放在胡塞尔面前，"白马非马"固然成立，更要注意的是，"白马"和"马"都不能成为逻辑语句里的主词，因为二者都不是真正的名称，只是纯粹的名词而已。"唐僧的'白龙马'"，才是名称。

胡塞尔认为，一个表达符的指称要受到其意义的部分影响，即表达符的指称有一部分是由意义决定。为什么会这样呢？首先，只有当一个表达符有意义时，这个表达符具有指称。其次，表达符是通过它所表达的意义而完成指称这一功能。当意义不同时，指称方式也就不同，但要注意，指称方式不同并不等于指称对象不同。对同一个对象，我们可以有不同的指称方式，因为我们的指称方式由意义决定。胡塞尔的这一认识，刚好与弗雷格相反，弗雷格认为意义由指称方式决定。

　　意义决定指称，这是表达符的一个特点。另外一个特点是，表达符的使用也会决定指称。某个表达符此时用来指称甲，彼时用来指称乙，这种指称上的转换是由我们对表达符的不同使用所决定。在这一点上，我们发现斯特劳森的观点与胡塞尔大致相似。我们知道，斯特劳森（Strawson 1950）于 1950 年发表在《心理》杂志上的《论指称行为》（*On Referring*）一文里，有类似的区分。然而，胡塞尔在多大程度上与斯特劳森观点相似呢？至少他们基本立场相似，即，"有意义地使用一个表达符"与"让表达符指称某个对象"，这两者基本上是一回事。这就强调指称绝不仅仅是表达符的功用，而更大程度上，指称是表达符有意义的使用。一个表达符固然有它的指称，但只有当该表达符处于具体的使用时，它的指称才会明确。此外，有意义的表达符本身不是没有指称，而是它的指称处于模糊状态，需要在具体的使用中变得明晰。表达符的使用对指称具有决定作用。胡塞尔的这一观点貌似与弗雷格和维特根斯坦观点一致，其实不然。弗雷格说不要孤立地询问语词的意义，强调的是只有在具体的语句中，一个名称才会指代某事物。维特根斯坦语词的意义在其具体的使用。在这个层面上，弗雷格和维特根斯坦的观点同胡塞尔相同。但是，胡塞尔还额外强调的一点，语词（即胡塞尔的表达符）作为名称，它本身有意义，因而本身就有指称，只不过它的指称在具体使用前还不完全清晰而已。实际上，胡塞尔把名词的指称分为"命名"与"判断"两个功能，这两个功能不容忽视。

五、胡塞尔的分析立场

　　指称问题是现代分析哲学的重要问题，它在迈农那里出现了悖论，在穆勒、摩尔等人那里出现了片面的认识，在弗雷格、罗素、斯特劳森等人那里出现了解决方法的争论。那么，按胡塞尔的观点，指称问题该如何解决呢？我们知道，围绕指称问题而出现的悖论有"这金山不存在"和"当今法国国王是秃子"。一般认为，在逻辑句法里，主词必定有相应的存在对象，否则这命题不成立，而在这两个悖论中，"这金山"和"当今法国国王"作为主词，它们却没有相应的存在对象，可为什么又成了主词呢？迈农认为，"金山"属于"亚存"，罗素认为，"当今法国国王"不是逻辑主词，而是一句"描述语"。

罗素的描述语理论基于两点认识：第一，关于逻辑专名的认识。在罗素看来，逻辑专名必定指代一个确定的对象，而且我们能够直接亲知它。第二，关于命题的逻辑主词的认识。如果要使这个"主词-谓词"命题有意义，那么它的逻辑主词必定有指称对象。如果逻辑主词没有指称对象，那么在这种情况下，充当命题主词的名词就对我们有误导作用，这说明，命题的语法形式与逻辑形式二者并不一致。在罗素看来，"当今法国国王是秃子"属于语法形式的名词，具有误导作用，它是伪装的专名，让人们误以为它就是逻辑专名。其实，在逻辑上，"当今法国国王是秃子"含有三层意思：第一，有一个对象 C 确实存在；第二，C 是当今法国的国王；第三，C 是秃子。当罗素把"当今法国国王"分解成这三个语句后，我们就能清楚地认识到为什么"当今法国国王是秃子"这一命题不成立。因为，没有 C 这个对象存在，也没有 C 是当今法国国王这种事实，而且当今法国当政的不是国王，更谈不上 C 是秃子。在罗素这种分析方法的视野下，迈农悖论（"这金山不存在"）也就得到了化解，最后成了一句没有意义的话："不存在的这金山"不存在。如果用肯定句说：这金山存在，那么这肯定句就成了矛盾，也没有意义："不存在的金山"存在。

对于罗素描述语理论所提供的解决方法，斯特劳森并不满意。斯特劳森认为，意义是语句或者说表达符的一种功能，提及或者说指称以及真与假，是语句或表达符使用的功能。对意义的鉴定并不依赖于指称对象。在斯特劳森看来，罗素的错误在于混淆了意义与指称，而误认为语句的意义必须与某种存在对象有关。

　　如果把胡塞尔引入罗素与斯特劳森两人之争中，那么，胡塞尔会站在哪一边呢？显然，胡塞尔会反对罗素。罗素认为逻辑专名必须有实存对象这一观点，这正是胡塞尔所要批判的。胡塞尔认为，所有的表达符都有作完整的逻辑主词的功用，"当今法国国王"仍然可以用作逻辑主词，因为，使用者在具体情况下使用"当今法国国王"来命名他所要表达的内容。意义和指称不是一回事，表达符的意义功能优先于指称功能，指称功能以意义功能为前提。即没有要表达的意义，就谈不上有指称。有意义的表达符可能在此时被用来指称某个对象，也可能在彼时被用来指称另一个对象，哪怕彼时的另一个对象是虚构的，也不影响表达符的意义传递。这一来，好像胡塞尔站在了斯特劳森一边，其实，胡塞尔与斯特劳森还是有区别的。斯特劳森认为，语词的使用分为真实使用和虚假使用，罗素的错误在于不承认虚假使用。真实使用有指称，而虚假使用没有指称。在斯特劳森看来，只有真实使用的表达符才有指称，如果我们使用一个表达符而无指称，这个表达符就属于虚假使用。这时，可能胡塞尔会问：我们怎么知道虚假使用的呢？即我们怎么知道某表达符没有指称呢？

　　在胡塞尔看来，斯特劳森没有把某些指称当成使用看待。指称实际上是表达符的一种功能，这种功能的使用取决于意义，即在已经有要表达的意义的条件下，才会有指称功能。而指称功能不是由对象决定的，而是由使用者的意向决定，即使用者有使用表达符去指称某物的意向。"当今法国国王是秃子"这句话处于使用中，说话人具有用"当今法国国王"来完成他心目中的意向，虽然他没有意识到当今法国没有国王，但是，他已经把要表达的意向赋予"当今法国国王"。在胡塞尔看来，判断"当今法国国王"有无指称不是去判断它是不是真实使用，而是去看它有无表达意向中的对象。

　　可见，属于欧陆现象学的胡塞尔的意义理论仍然与英美分析哲学关系紧密。胡塞尔通过直接、细微的内省分析，以澄清含混的经验，这种本质还原方法与分析哲学的方法殊途同归。不过，在意义研究的路径上，分析哲学多以经验事实为标准来衡量意义的生成，而胡塞尔却从思维活动来考察意义的有无。英国经验主义者洛克、贝克莱、休谟以及穆勒和摩尔的意义研究途径正好与胡塞尔相反。

洛克认为每一个通名的意义都是一个总的意象，而这个意象是由组成通名的个体经抽象而成。洛克的抽象观念就是一个抽象意象。对于这一点，贝克莱坚决反对洛克关于抽象观念的意象说。贝克莱认为，我们的抽象观念很难找到与之对应的意象，例如，我们有"三角形"这么一个抽象观念，我们却不能拿"不规则三角形""规则三角形""等边三角形""直角三角形"等许许多多三角形中的任何一种去对应我们关于三角形的抽象观念。其实，贝克莱对洛克的批判针对性并不强，因为洛克的抽象意象并不等于实际意象，贝克莱过分强调了意象的确定性，从而，让人感觉，贝克莱认为思维是意象性思维。这就是贝克莱的错误了。如果思维是意象性的，那么，有谁能想象出"没有长度的棍子"是怎么样的一条棍子呢？

其实，洛克的问题在于没有区分意象这一观念与意义这一观念有什么不同。因而，贝克莱的批判应该集中在通名及其意义的关系上。在胡塞尔看来，洛克、贝克莱、休谟，以及穆勒和摩尔等人关于通名的意义，存在一个共同的错误：就是没有弄清抽象思维的本质问题。洛克认为，心灵的能力是能够把所表征的对象的组成分辨开来，从而再把这些分辨出来的因素组合起来形成抽象的意象。对于这一点，在胡塞尔看来，穆勒并没有像洛克那样把步子跨得太远，因为穆勒感到不太可能把对象的各种成分都分辨出来，我们只能够注意到对象的某些属性。既然我们看不到对象的所有属性，严格讲来，我们就无法拥有像洛克所说的那样的包括各种属性的抽象通名。

洛克坚信我们心灵对事物属性的分辨能力，而穆勒相信我们有对事物属性的"排除性注意"，即，注意到某些属性后，其他属性就被排除在注意之外。贝克莱相对谨慎，他拒绝承认通名的真实存在，即拒绝承认抽象的通名观念。但贝克莱承认我们能从具体的感知中获得某种抽象观念，不过，这不是抽象的通名观念。在贝克莱看来，通名的普遍性不在于通名的符号本身是如何抽象而来，而在于我们使用通名符号去指代具体感知到的个体，通名符号指代的不是洛克的抽象观念。这样，对抽象思维的理解，洛克、贝克莱和穆勒各不相同。不过，休谟接着洛克、贝克莱等人的思考提出了自己的疑问：一个殊相是如何指代其他殊相的呢？休谟用他的观念联想论来回答这个问题。然而，胡塞尔对他们关于思维的论说都不满意。胡塞尔做了如下反驳：

第一，一定要把"对思维活动的心理解释"同"对思维意识内容的逻辑澄清"区别开来。经验主义理论用因果式的词句来描述抽象活动过程，这显然不能揭示意识的独特本质，同时也无法解释意识的内容。

第二，"注意这一行为"并不是我们关于普遍性的意识的描写成分。某种普遍性是我们"有意"（intend）或"特意"（mean）的意识，并不是我们的"注意"（attend）。我们的意识里一旦设置了某种普遍性，我们并不是像经验主义理论所说的那样去注意什么。

第三，"注意到的成分属性"与"具体的总体性"一样属于个体，即"白色性"与"一个具体白色物件"同样属于个体。注意到一个具体物的全部（例如注意到面前有一张白纸），和注意到该具体物的组成部分（例如注意这张纸是白色的），这两种注意行为属于同样的注意行为。因而，我们意识到某个普遍性时，我们这有意或特意的意识既不是具体的感知对象，又不是这个对象的内容，而是一个观念（其精确意义需要进一步弄清的观念）。

第四，贝克莱及以后的唯名论者认为，普遍性是某个意象或某个名称代表性功能的体现。这一认识是错误的，为什么呢？首先，某个符号、意象或名称表征某个具体的殊相，这是一种表征，而说这一符号、意象或名称表征所有的个体，这完全是另一种表征。如果把后一种表征也当成对某事物的表征，那就错了。其实，符号（有意义的表达符）并不是表征某个具体的事物，而是引起关于全部这类事物的意识。其次，当然某个具体的意象或名称能够完成一项表征功用。这就是说，一个说出或写出来的语词能够让某个更高一层次的意向行为成为可能。将感觉意念中的意象或语词作为出发点，成为更高层次思维活动的跳板。最后，如果把贝克莱的观点应用到几何证明中，我们很快就会发现，一个具体三角形的特征并不能表征所有三角形；一个具体三角形的意象也不是所有三角形的意象。所以，贝克莱关于个体感知到的属性的名称并不能用来命名普遍性。

至此，胡塞尔对贝克莱等人及唯名论者的批判越来越明显。胡塞尔认为，唯名论的本质及其失败的原因主要是拒绝承认普遍性的实体，而又企图从个体中去总结出关于普遍性的名称来，这里的症结就是他们忽视了意识的特征。意识一方面能够掌握符号的意义，另一方面又是构成普遍性总体图画的相关活动。唯名论的另外一个错误就在于忽视感觉活动与思维活动之间的根本区别，忽视"对个体感觉上的领会"与"对整体性的思维"之间的差别。我们在个体上得出的感觉认识，并不等于我们对普遍性的思考。

于是，胡塞尔做了三种形式的普遍性的区分："一个 A""所有 A"和"一般的这种 A"。胡塞尔这三者在思维活动中的作用不一样，例如："ABC 是一个三角形""所有三角形的三个角相当于两个直角""一般的这种三角形都是平面三角形"。胡塞尔对这三者做了细致的解释：

"一个 A"的普遍性属于谓词的逻辑功用。"一个 A"当中的"一个"，不可再还原，表达的是原始的逻辑形式，它的不固定性指示着它的普遍性，但这普遍性只是谓词的普遍性，是构成某类命题的逻辑可能性。

"所有 A"指的是另一种原始形式的普遍性。它与每一个成员 A 的外延或范围有关，但我们并不把各个成员分开，也不把它当成一个集合或者各个成员的总和。"所有 A"这一观念并不是由单个的表征组成的复合概念，但是"所有 A"这一观念具有统一的、不可分析的形式。

"一般的这种 A"也指的是另外一种形式的普遍性，是具体意义—内容的普遍性。"一般的这种 A"同"所有 A"近似，但二者有区别。它们的区别不是语法区别，也不是语词上的区别，而是逻辑功用的区别。它们逻辑功用的区别反映在不同模式的意识中。胡塞尔认为，这三种普遍性相互间不可能还原，但是某一具体的 A 却可能作为一种潜在性而隐藏在三者之中。

值得注意的是，胡塞尔做出这三者的区分，目的之一是要从方法上指出唯名论的错误来。胡塞尔认为，唯名论只看到这三种普遍性中的一种，即"一个 A"的谓词功用所显示出来的普遍性，从而，倾向于把其他两种普遍性按相似性联系而还原成谓词普遍性。在逻辑上，唯名论者会把"S 是一个 A"和"M 是一个 A"这样的命题，表达为"在 A 方面，S 和 M 相似"。这样，唯名论就犯了两个错误：忽视了另外两种普遍性的存在，以及因为把所有的普遍性还原成谓词功用的普遍性，反而歪曲了谓词功用的本质。

胡塞尔关于三种普遍性区分的另外一个目的就是回答关于意义理论的基本区分问题。胡塞尔的表达符和标记符的区分，已经让我们意识到意义问题不是物理事件问题，而是意识问题。关于三种普遍性的区分，会让我们认识到意义普遍性的层面问题。语义学家把语词分为"例语词"和"类语词"，虽然注意到了意义普遍性的不同层面，但是却始终未能走出物理事件的束缚，即，语义学家会认为，想象一个"例语词"实际上就是对物理模式的识别，这就容易在观念上带来逻辑混淆。胡塞尔的本质还原法所要澄清的就是这样的混淆。在胡塞尔看来，表达符（如语词或语句）的组成不仅有物理的一面，更重要还有意义的一面，不能把表达符的意义一面当成是物理的一面。

胡塞尔在《形式的和先验的逻辑》（*Formale und Transzendentale Logik*）中说，一个语言表达符不是一个正在流逝的物理现象，而是"理想结构"的再现。语言表达符的"理想性"可以从两个不同层面来描述：其一，语言表达符作为一个实体，它不属于物理世界而属于"精神世界"，从这个意义上讲，语言表达符好比乐曲：能够再现且不会丢失其本来身份。其二，表达符的理想性就是它意义的理想性，这是胡塞尔意义理论的核心所在。

按照胡塞尔的观点，我们注意到书写出来的文字，仅仅是一种物理模式，但我们一旦注意到文字的物理模式，我们就有外部感知；这外部感知不再是一个词或一个表达符本身，而是作为一个词或表达符在发挥功用。这时，语词的表征作用会发生根本变化，虽然该语词仍以外部感知的形式呈现在我们面前，但我们已经不再对外部感知感兴趣，而是要考量它的意向对象。

六、意向对象与意义相关项

根据麦金泰尔和史密斯的研究（张浩军 2010），胡塞尔关于语言意义是观念的，且意义与所指对象之间的关系是"意向对象"。因为，语言意义（含义）本身被胡塞尔进一步看作是语言表达以之为基础的行为的意义（意向相关项的意义）。语言意义本身是被表达的意向相关项的意义。由此可见，胡塞尔把行为的意向相关项的意义和在语言中被表达的语言意义看作是同一个实存物。但是把意向相关项的意义与语言意义等同起来的主要争论在于这样一个论题，即任何行为的意向相关项的意义从根本上来说都是在语言中被表达的。胡塞尔把语言意义看作行为的意义、行为的意向相关项的意义。语言意义是用来在公共可观察的行为中表达意识的意向行为的意义。通过这种方式，利用语言来使我们的意向行为被他人所认识。

胡塞尔有如下论题，即每一个意向相关项的意义在根本上都是在语言中被表达出来的。这个论题的基础就是：意向相关项及其组成部分是"内涵实存物"。

在一个断言中，我们表达一个判定的意向相关项的意义，因其被表达，这个意义被称作一个"语言的"意义或"含义"。但是，胡塞尔认为，行为及其意义在本质上并不是语言的，人们完全可以什么都不说就对某个事物做出判断。确实，每一个行为，无论它是"被公开的"，抑或不是，它都具有意义，即使这个行为被诉诸语言，它仍具有同一意义。胡塞尔称作"意义"的东西正是这个被表达的抑或未被表达的、并且与所有行为都相关的一般的意义观念。他说：

> 这些词（"*bedeuten*"和"*bedeutung*"）最初只与言语的范围有关，即与"表达"的范围有关。但是，扩展这些语词的意义并且适当地对其加以变通，以便使它们以某种方式适用于所有的行为，而不论这些行为包括还是不包括表达行为，这几乎是不可避免的，而且同时也是一个重要的认识进步……我们在更宽泛的应用范围中使用"意义"（*sinn*）这个词。（《现象学的观念》，倪梁康译，商务印书馆，2017年版，第304页）

意向相关项意义的可表达性最终形成了这样一个主张，即，它们是意向。在我们首先看到所有的含义都是一个被表达的意义的地方，我们现在又看到，所有的意义都是可表达的，因此（至少潜在地）是一个含义。简言之，在这里我们只具有一种意义实存物——意向相关项的意义，这些意义实存物通常既在语言中又在意识行为中发挥作用。在语言中被表达意向的实存物和在行为的意向性中发挥了中介作用的意向相关项的实存物是同一种实存物。随着把意向相关项的意义和语言意义等同起来，我们在胡塞尔那里所看到的反心理主义，从一个关于逻辑和语义学的论题一般化为了一个关于现象学和意向性理论的论题，即，意义是非心理学的内涵实存物。

可表达性论题对于理解胡塞尔是十分重要的。但是我们应当小心，不要误解了他所提出的这个主张。首先，这个论题并不认为所有的意义实际上已经被表达了。而且他也不认为，实际上现存的自然语言，甚至是在人类的认知范围内所可能的语言，足以表达所有的意义。胡塞尔在《逻辑研究》中说：

> 在那些作为含义而事实地起作用的观念统一与它们所联结的、即那些使它们在人类心灵生活中得以现实化的符号之间并不存在着一个必然联系。因此我们不能说，所有这类观念的统一都是表达性的含义。每一个概念的构成都告诉我们，一个原先从未实现过的含义是如何实现自身的。数字，在算术所设定的那种观念意义上的数字，不是在计数行为中产生和消失的……因此，有无数个含义在通常的、相对的词义上仅仅是可能的含义，但它们从来没有被表达出来，并且由于人类认识能力的局限性而永远无法被表达出来。（《逻辑研究》，第 1 册，倪梁康译，商务印书馆，2017 年版，第 333 页）

我们已经看到，可表达性的重要性在于，它就是最终将意向相关项的意义与语言意义等同起来的东西。这种等同作用的重要性是双重的。

意向相关项的意义是可表达的，因此语言意义表明，胡塞尔所设想的意向相关项比我们所想的要更为常见。因为，意向相关项和意义是胡塞尔意向性理论的核心，因此，也是其现象学的核心。在如何认识意向相关项和意向相关项的意义这个问题上，胡塞尔费了很大工夫。他把这种方法称作"悬置"或"先验现象学的还原"。他所找到的结果是直接地、反思性地认识意向相关项，或者更确切地说，熟悉"先验的"东西，包括意向相关项和"意向行为""原素材料"以及"先验自我"。
然而，现象学反思的困难不在于我们能否实行它，而在于我们如何实行
它。就如何实行现象学反思来说，胡塞尔提出对意识对象之存在的所有
设定进行"加括号"或"悬置"，但这种方法并非十分有用。然而，我
们已经很好地认识并理解了语言。如果胡塞尔的语言观是正确的，那么
我们就已经有效地认识了大量的语言意义。而且，既然这些意义本身就
是意向相关项的意义，那么这也就意味着，通过语言，我们已经有效地
认识了大量意向相关项的意义。甚至，在我们还没有清楚地描述意向相
关项可以被把握的方式时，意义所具有的可表达性就已经促使我们确
信，意向相关项和意义二者都是可认识的，而且我们最终能够把握
它们。

胡塞尔的意义理论目的不是要建立判断意义的标准或规范，而是要
说明意义的意向本质。在胡塞尔看来，表达符具有发音功用、指称功能
和意义功能，这三者并不等同。一个表达符可能有指称、"意义意向"
和"意义实现"，而与指称对应的是被指的对象，与意义意向对应的是
企图表达的意义，与意义实现对应的是表达出了的意义。意义意向是意
向的一种行为，它可以决定意义的实现。意向行为可以分为客观的与非
客观的意向行为，客观的意向行为分为"符号行为"和"直观行为"，
而直观行为分为知觉行为和想象行为。胡塞尔的意向行为分类如图6-2
所示。

下面我们用实例来说明胡塞尔的意义理论，即按胡塞尔的意义理论，
我们该怎样解释以下表达式的意义：（1）"阿托做阿博布"；（2）"方的
圆"；（3）"飞马"；（4）"当今法国国王"；（5）"月亮的另一面"；
（6）"人"；（7）"我面前的红墙"；（8）句法联结词如"或""且"
"是""以及"等。

根据胡塞尔的意义理论，除了（1）不是有意义的表达符以外，其
他从（2）到（8）都是有意义的表达符。对于（2）"方的圆"，有意

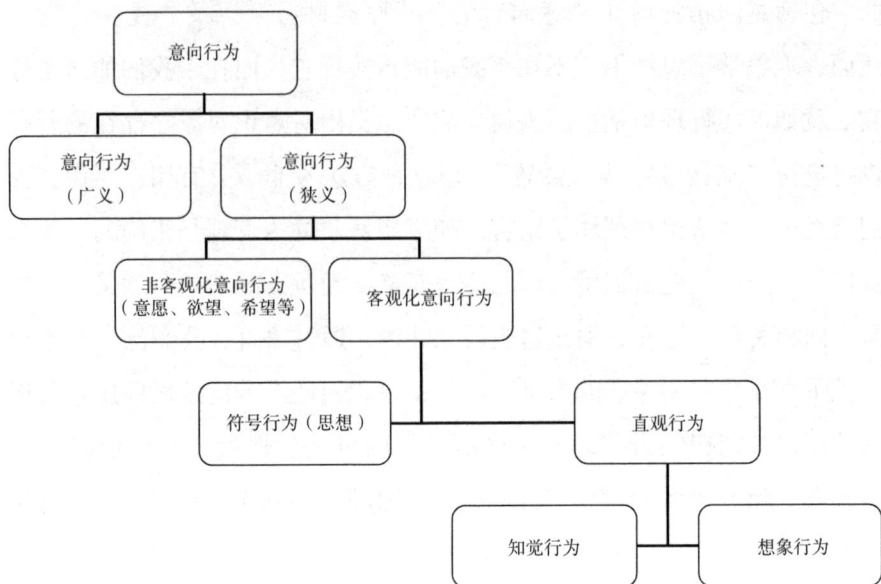

图 6-2 意向行为关系图

义，但它不符合先天的直观判断，即先天直观上它没有"所指"。对于（3），"飞马"有意义，无所指，但不需要直观判断，而是需要事实判断。对于（4）"当今法国国王"有意义，虽然无所指，但它与（2）（3）不同之处在于它有意向上的实实在在的指称。对于（5）有意义有所指，不需要先天直观判断。第（6）和（7）都有意义，有所指，有直观符合判断。第（8）有意义，但没有所指，也没有意向上的指称。总之，从胡塞尔的角度看，（2）～（8）都由它们相应的意义意向决定，而（1）没有意义意向。不过，（2）～（8）相互间的区分在于它们意义实现不同，精确性大小不同、在判断上，有的属于先天直观判断，有的属于事实直观判断。这说明"直观领会"与"纯思维活动或纯符号式理解"在意义判断中有差别。

总之，正如胡塞尔将意向相关项的意义和语言意义等同起来的做法阐明了他的意向相关项的观念那样，他也将语言意义的观念置入了一个更为广阔的视角下。语言意义本身是意向相关项的意义这一观点强调了这样一个事实，即指称、命名、判断、断定等语言活动都建立在意向现象的基础之上。无论胡塞尔在关于语言和意向如何契合这个问题的细节方面是否完全正确，但他对意义在意向性中所处地位有价值的洞见应当受到语言哲学家最为密切的关注。

第五节　马尔科维奇的意义理论

在现代哲学思潮中，如果说"马克思主义哲学研究要更上层楼"（陈先达 2014），"应当在更高层面上来定位新马克思主义研究"（衣俊卿 2012），那么马克思主义的语言哲学就不容忽视。"语言哲学是当代哲学的主题，真正的哲学在于其深刻的时代关怀，马克思主义不应对当代西方语言哲学的发展持置之不理或袖手旁观的态度，恰恰相反，正当西方各派语言哲学在矛盾和困境中寻求出路的时候，只有马克思主义的实践唯物论才能为当代语言哲学指明发展方向。"（华立群、殷猛 2012）如果说当今语言哲学的重要主题是意义问题的话，那么如何从马克思主义哲学的角度来思考意义问题，这便是马克思主义语言哲学的重要议题（杜世洪 2006）。南斯拉夫哲学家马尔科维奇是"东欧新马克思主义理论家"（衣俊卿 2010；胡雪萍 2011），他的意义辩证论堪称马克思主义语言哲学的代表学说（McBride 2001：32），它代表着马克思主义"辩证法的语言学转向"（王庆丰 2010），符合马克思主义关于语言问题的基本精神，"强调语言的交际功能和社会起源说"（张冰 2013）。马尔科维奇的意义辩证论既是对艾耶尔、摩尔和穆勒的批判，又是对皮尔士实用主义的补充。

一、批判需要辩证法
第二次世界大战后，马尔科维奇在原南斯拉夫的贝尔格莱德大学攻读哲学，于 1950 年获哲学博士学位留校任教。几年后，于 1956 年到英国伦敦学院师从逻辑实证主义的倡导者、英美分析哲学家艾耶尔，并获得第二个哲学博士学位。虽然马尔科维奇接受了英美分析哲学的教育，但是马尔科维奇一直从事的是马克思主义哲学研究。在研究中，马尔科维奇系统地阐述了"实践派"哲学的基本观点（McBride 2001：21）。他把马克思主义视为一种社会批判理论，强调马克思主义哲学的批判作用和实践作用，认为哲学的根本任务就是对现有的一切进行批判，特别是对异化现象进行批判分析，并指明使人在实践中能够完善自己的实际步骤。在他看来，马克思主义中包含两个最基本的哲学要素，即哲学人本学和辩证思维的新方法。马克思主义哲学作为一种人道主义哲学，其中心问题是人在宇宙中的位置问题。人在本质上是一个"实践的存在物"，是"一个能进行自由创造性活动的存在物"。人正是通过这种创造活动来改造世界，发挥自己的潜在才能，并满足其他人的需要。但是，人在实现自己理想潜能的过程中，却总是受到社会历史条件限制，从而使自己遭受异化之苦。于是，哲学的任务就在于分析批判各种社会异化现象，给人指出如何才能自我"实现"并在实践上达到理想境界的途径，这在方法上需要辩证法的指导。

马尔科维奇的意义辩证论思想主要体现在《意义辩证论》（*Dialectical Theory of Meaning*）这一著作中（Marković 1984），马尔科维奇主张从马克思人道主义辩证法的角度来建立系统的意义理论。马尔科维奇在这里所说的辩证法是什么呢？一方面，马克思主义辩证法仍然属于本体论哲学，它反映事物存在的普遍规律，这包括对立统一规律、量变质变转换规律、否定之否定规律。另一方面，马克思主义辩证法还是关于事物发展变化逻辑的反映。更重要的是，从人类学和人道主义角度看，马克思主义辩证法是关于人类实践活动的普遍理论（Israel 2002）。宏观上，辩证法大致可以做上述理解，但是，就意义理论的建立而论，马尔科维奇认为，辩证法作为一种哲学思辨的方法，主要考察人类在创造性实践活动中话语意义的客观性、综合性、动态性和具体性。

客观性是许多哲学教义的特点，而且许多哲学就什么是客观性做了大体一致的鉴定：一切哲学考察均以获得关于客观对象及其相互关系的知识为目的，力求反映客观现实，避免个人主观臆想，把非客观的因素（如个人喜好、个人感觉、个人欲望等）排除在考察活动之外，把对个体事实的考察升华为对普遍规律的揭示。客观性就是要打破先入为主这种主观臆想的束缚，以追求客观真理为目的。辩证法的客观性就是要把理论研究同具体实践结合起来。客观对象并不是依赖人的存在而存在，而是独立于人之外，不过，人类在实践活动中还能够接近客观对象、认识客观对象，甚至能够在一定程度上、一定范围内改变客观对象。

在意义研究中，怎样运用辩证法的客观原则呢？马尔科维奇认为（Marković 1984：19-26），目前的意义理论可以分为两大类别：极端主观的意义理论和极端客观的意义理论。极端主观的意义理论把意义看成是人的心灵概念、主观行为以及情感等。而极端客观的意义理论认为意义不依靠人的主观意识而存在，符号的意义是符号与客观对象关系的反映，意义的存在既不依赖人的思想又不由客观现实决定而是由超客观的对象决定。意义辩证论就是要在批判的基础上把这两种片面的意义理论结合起来，进行综合并加以全面的考察。既要认识到意义的主观性，又要认识到意义的客观性。在此基础上，形成主观和客观的统一认识。意义辩证论要揭示符号在人类社会实践中的具体作用，要揭示符号意义的客观来源。意义辩证论把抽象的意义概念同具体的实践活动结合起来，把考察对象设在事物、普遍特性、普遍联系、社会关系、社会结构等范围中，力求揭示意义的生成机制。这在指导思想上，一方面要避免纯粹的经验主义做法，另一方面又要避免唯心主义的束缚。既要批判"绝对实在论"的意义观，又要批判"绝对唯名论"的片面观点。意义辩证论的符号观有一条基本准则：当实践结果与预期的理论相符时，我们就有理由相信组成该理论的符号具有实在对象。这一准则足可以把

"飞马""独角兽""方的圆"等这类表达确定为纯粹的符号，因为它们属于心理的主观臆造，而不是客观实践结果之物，也就没有实在对象。

在马尔科维奇看来，意义辩证论还要注意用历史发展的眼光来考察意义问题。人类的认知活动是一个逐步完善的过程，人类对世界的认识是逐步进行的过程。因此，来源于实践活动的意义考察也要经历这样的发展过程。任何旨在孤立分析意义的做法都是片面的，不得要领。意义辩证论就是要把意义研究的对象放到发展过程中进行全面考察。

意义辩证论还要注意把普遍性和特殊性结合起来。意义研究既不能满足于只揭示普遍性，又不能只局限于特殊性。考察意义的实践活动，不但要揭示话语意义的普遍规律，更要考察意义的特殊现象；不但要寻找普遍的意义，而且还要考察意义的具体变化。不能从单一维度去考察意义，而要弄清各种维度下的意义情况。

总之，在辩证法的指导下，意义这一概念涉及许多哲学范畴，包括对象、经验、符号、心理概念、客观实践等。因此，考察话语意义，就要考察具体的实践活动，就要从每一个相关范畴和涉及意义的每一层面来做详细研究。

二、实践活动形成意义多重关系

为什么考察意义就要考察具体的实践活动呢？这是因为意义在实践活动的各种维度里、各个层面上形成。实际上，实践是"马尔科维奇哲学思想的鲜明特质"（曲跃厚、李元同 2014）。在马尔科维奇看来，意义是实践活动里各种关系的复合。马尔科维奇的意义辩证论旨在揭示各种维度下的意义概念、意义与现实的关系、意义与经验的关系、意义与思维的关系等。意义可以分为"心灵意义"、"客观意义"、"语言意义"和"实践意义"。

在处理各种维度的意义概念时，马尔科维奇认为（Marković 1984:

34）以下四点区分至为重要：第一，要区分个人（主观）意义和社会（客观）意义；第二，要区分"外显意义"和"内隐意义"；第三，要区分"意义作为内在意识现象"和具体条件下"意义作为外在习惯反应"；第四，要区分"意义作为符号与概念的关系"和"意义作为符号与对象的关系"。

根据以上四点，马尔科维奇认为现有的意义理论的不足之处表现为："实证主义"关注的是个人主观意义，"实在主义"关注的是社会客观意义，"形式主义"关注的是外显意义，"概念主义"集中在意义的内在意识，"实用主义"和"工具主义"聚焦在意义的外在实践。马尔科维奇认为，意义的这些流派都很片面，各自只注意到意义的某一个层面，而未能用统一综合的观点来揭示意义的不同情况。不过，马尔科维奇说，我们可以从现有的意义理论中得到启示，来建立综合的意义理论——意义辩证论。比如，唯名论者可以启发我们去考察符号与符号之间的关系，实用主义者让我们注意到"符号与实践活动"的关系，实证主义者会让我们去考察符号与我们的直接经验的关系，概念主义者让我们意识到符号与思想、符号与概念性实体之间的关系等。从所有的意义理论中，我们可以通过去其糟粕、取其精华而建立新的意义理论。

马尔科维奇强调实践活动是意义辩证论的重要组成内容。马尔科维奇关于实践的概念作了以下六点解释（Marković 1984：39）：第一，实践是人类改造其客观生存环境的总活动；这是人类生活的社会条件，人类在改造客观环境中，根据一定目的而需要对有机体和无机体进行改变、抛弃、创造等。第二，社会合作是实践的方式之一；这涉及人与人之间的交流、协调以便共同完成实践任务。第三，交流是实践的另一种特殊形式；人类在社会实践活动中要相互理解、相互激励，这就需要依靠某种符号作为交流的手段。第四，实践还包括创造，即人们对所观察的事物，对自己的见解、直觉、情感等会进行选择、解释和加工。第五，实践还包括评估行为，即如何形成判断、如何取舍、如何决定价值大小等行为都是实践的内容。第六，实践是认识活动，这包括对符号的理解、阐释、认识、概括等，包括对形势的判断与认识等。

在马尔科维奇看来，这是实践的内容组成，是意义理论要关注的认识论范畴。这些范畴就是总的客观现实、社会、交流、直接经验、价值和思维。任何意义理论的建立都离不开这六个范畴。对这六个范畴的认识又是以对象的认识为基础，而对象具有物质对象和精神对象两大类，如图6-3所示：

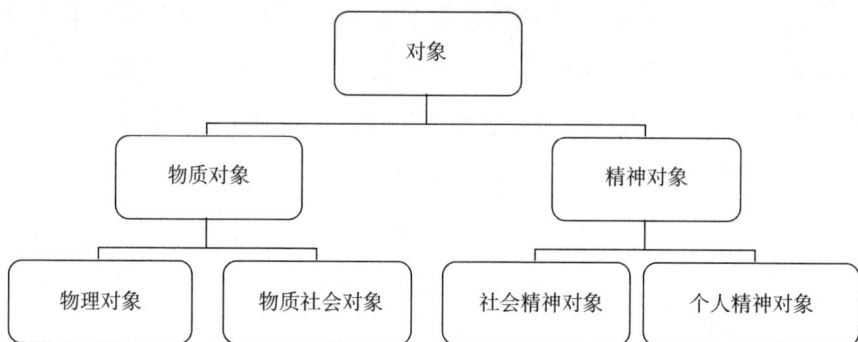

图6-3 马尔科维奇的对象分类

根据马尔科维奇意义的客观性主要体现在符号与对象的关系中这一论述。如果符号的意义指代的是物质对象，那么毫无疑问这种情况的意义具有客观性。如果符号的意义指代精神对象，而这精神对象是言语社群的"社会精神对象"而非"个人精神对象"时，这种情况下的意义不以个人意志为转移，具有客观性。在马尔科维奇看来，英国经验主义关于对象的认识不够全面，过分强调个人主观感受，因而他们的意义理论只有部分解释功效。例如，艾耶尔在摩尔的基础上对"感觉—资料"的论述仍然属于英国经验主义传统。艾耶尔认为物质对象是感觉经验的来源，并认为只要符合下列四个条件，我们就能用语言符号表达客观对象：（1）充分认识到个体感觉资料之间的相似性关系；（2）有感觉资料出现的相对稳定的语境；（3）感觉资料能够系统地呈现；（4）感觉资料的重复取决于观察者的活动。

　　马尔科维奇认为，艾耶尔关于上述物质对象的解释具有不可逾越的两大难题：第一，无法直接经验的物质如原子、原子核等，就无法成为感觉资料。第二，无法解释我们为什么拥有关于整体物质对象的知识要比关于组成物质成分的知识多。在马尔科维奇看来，这里的根本原因在于没有认识到精神对象的作用，没有认识到人的主观能动性。摩尔的错误在于没有充分认识到物质对象的存在与我们知道它们的存在这两者之间的关系。摩尔把物质对象定义为三点：具有广延性、非任何形式的感觉资料、既不是精神也不是意识活动。马尔科维奇认为，摩尔的这三点定义并不充分，虽然摩尔"挥舞着他的手"声称这就是客观对象的客观存在，但是，摩尔却无法从个体认识上升到整体认识。

　　因此，在马尔科维奇看来，关于对象认识的充分与否直接关系到意义的认识。空间存在的对象能够为主体的认知活动提供直接认知的可能性，而时间维度上的对象只能够为主体提供间接认知的可能性。一个对象在时间上延续越长，就越容易被认知，越容易让人们形成全面的认识。恒定的对象最容易让人获得可靠的知识。马尔科维奇如此强调对象的重要性，他的基本出发点是对象是意义的核心所在。

　　什么样的对象在什么条件下会是意义的承担者呢？这是马尔科维奇要回答的一个基本问题。意义的提问形式是"X 的意义"是什么，这似乎在问什么样的"X"可以成为意义的承担者或者说载体。

　　语言学界认为语词以及符合句法关系的语句是意义的载体；除此之外，图画、音乐、舞蹈、仪式等等也可以成为意义的载体；再有，人工记号、标记以及自然界的自然现象如闪电等也可以携带意义。为此，马尔科维奇提出了关于意义的两个必要条件（Marković 1984：172-177）：

　　　　条件一：至少有一个认识主体 S 存在，且 S 能够直接经验或间接经验（如想象）到对象 A 的存在。

　　　　条件二：认识主体 S 必须能够经常把对象 A 同另一个对象 B

联系起来，因此只要经验到 A 或想象到 A 都意味着有关于 B 的观念出现。

这是马尔科维奇关于对象 A 要成为意义载体的最低条件要求。这就是说要让对象"红灯"成为意义的载体，至少要满足以下两个条件：至少有一个司机，而且司机能够经验到红灯或想象到红灯；每当司机经验到或想象到红灯时，都会想起"停车"这一概念，于是在满足了这两个条件下，"红灯"承担了"停车"的意义。在谈到这样的条件时，马尔科维奇认为皮尔士的符号学理论能够对此做出全面的解释。

既然意义有自己的载体，那么意义到底是什么呢？首先我们不能把意义的载体与意义等同起来，即不能在"红灯"与"停车"这两者之间画上等号。在马尔科维奇看来，穆勒、摩尔乃至罗素等指称论者倾向于认为意义等于某个对象，这种观点已经不合时宜了。至少，从弗雷格开始，已经认识到意义与指称对象并不是一回事。马尔科维奇认为意义是各种关系的复合，例如"红灯"与"停车"不是相等而是代表着一组复合关系。于是，马尔科维奇就怎样认识意义提出以下四点论点（Marković 1984：175）：第一，意义不是孤立单一的关系而是多重关系的复合；第二，现有的意义理论多从单方面去揭示意义的某一关系，常常以一个概念作为另一概念的背景来探讨哲学的普遍道理；第三，意义的所有多重关系之间并非存在不可超越的障碍，人们可以从对一种关系的认识过渡到对另一关系的认识，而且各种关系之间不是相互矛盾而是相互补充；第四，综合的辩证方法是揭示复杂真理的方法，而各种分析的单一方法仅仅揭示的是复杂真理的组成成分。

从这四个论点可以看出，马尔科维奇关于意义的研究是要构建宏大而又全面的理论，而且他的意义理论是以现有的意义理论为基础。基于这四点，马尔科维奇认为意义这一概念包括五项意义成分：心理意义——符号与认识主体心理倾向的关系；客观意义——符号与指称对象的关系；语言意义——在给定的系统内符号与符号之间的关系；社会意义——两个或两个以上的主体之间的符号关系，即一个主体使用符号，另一主体解释所使用的符号，这样的相互关系；实践意义——符号与主体行为之间的关系。

马尔科维奇关于意义的认识，实际上是对皮尔士符号三角的进一步解释与扩充。皮尔士的符号关系包括符号、对象和解释项这组三元关系。在皮尔士看来，符号的意义处于这三元关系的整体中，不可以把这三元关系分解成几个二元关系。然而，在马尔科维奇看来，皮尔士的不足就在于没有把心理意义、语言意义和实践意义区分开来，而且皮尔士的解释项还可以分为有多个主体的解释项，即皮尔士的解释项可分成符号使用者的解释项和符号接受者的解释项。这样一来，皮尔士的符号三角可以分解成使用者的符号三角和接受者的符号三角，两个三元关系合成了六边关系。当然，在这六边关系中，有的关系是基本的，有的是派生的。在马尔科维奇看来，从这六边关系看，所有的意义都是社会意义，因此，对社会意义的研究不能孤立片面地考察。

三、意义衡量离不开交际准则

在对意义的实践活动以及五项意义成分做了考察之后，马尔科维奇就意义这一概念做了如下定义（Marković 1984：363；杜世洪、秦中书 2015）：

> 当一群具有"意识的存在物"看到一个物质对象出现时，这群存在物就会对这个物质对象进行思考（或者以某种外在相关的心灵方式经验这个对象），他们的思考（或经验）能够通过某种手段客观地表述出来，而且该群存在物所有成员都能使用这种表述手段、都能理解所表述的内容。在这种情况下，我们可以说这个物质对象就是一个符号，而且它有确定的意义。

意义是符号各种关系的复合体，这包括符号与其所表达的心灵状态的关系、符号与其所指代的对象的关系、符号与同一给定系统内其他符号的关系以及符号与实践活动的关系。实践活动是必要的，是对符号所指代对象进行改变、鉴定或创造等具体活动。

一个符号的意义是符号使用主体的心灵状态的功用、也是所涉及的其他符号的功用、是所涉对象的功用、是实践活动的功用。主体的心灵状态会通过其他符号而得到描述，会指代对象，会通过实践活动来改变、创造和定义具体对象。可以用公式表示为：Me (Si) = f (M，S，P，O)。这里 Me (Si) 等于符号的意义，M 是主体的心灵状态，S 是一套符号，P 是相关的实践活动，O 是所涉对象。

在马尔科维奇看来，这一定义还没有完全考虑到意义在交际活动中的具体情况，也没有注意到不同意义成分之间的内部联系问题。意义的五大成分，即心理意义、客观意义、语言意义、社会意义和实践意义，它们当中如果某一成分发生改变，其他成分会发生改变吗？另外，这五大意义成分会独立存在吗？对于这两个问题，马尔科维奇说，心理意义会因社会活动和心理经验的不同而发生变化，意义的五大成分不可孤立地分离开来。一个符号要有确定的意义，这就需要由这五大意义成分来共同确定。

意义不是孤立的，意义从来就是社交的意义。马尔科维奇认为，意义在交际中开显而得到确定，有效的交际必须符合以下准则（Marković 1984：375-395）：

准则一：在每个交际过程中必须弄清会涉及什么样的符号功能。许多误解和不必要的争论都是因为多重使用符号某一具体功能而导致问题发生。

准则二：应该使用具有最基本意义维度的符号。要弄清符号使用的维度、条件和局限，要使用主体和客体都明白的符号。

准则三：在具体的交际过程中，每一个符号应该只有一个确定的意义。要避免歧义的产生。

准则四：关键术语定义得越明显，交际就越有效。即，不要概念混淆。

准则五：为了充分恰当，任何解释都必须考虑整个语境。即，不要断章取义。

准则六：虽然在既定交际中意义要保持最大程度上的稳定不变，但应该根据语言的变化发展做同步修正。

准则七：在交际中，一方面应该明白，符号与对象之间的联系不是必然的，意义具有规约成分以及没有本体意义上的真正意义；另一方面，应该根据语言的语义发展规律做相应的修正，同时不能把符号与对象之间的关系完全看成是任意的。

准则八：在交际过程中，交际双方由于思想体系不一样而产生误解时，就应该寻求各自体系中不变的因素是什么，求同存异。

准则九：交际要达到成功有效，一个必要条件就是双方展开最大程度的合作。这就意味着：双方共同为达成相互理解而努力；当问题出现时要尽可能寻求双方共同的主张；双方要相互容忍并且适当让步；双方要坦诚，相互尊重；在争论时力求建立客观的真，而要避免主观臆想。

在这九条准则基础上，马尔科维奇又提出了交际的逻辑条件。这一逻辑条件是必要的，但不一定是充分的。这就是，语句 P 在逻辑上可交流，这就意味着 P 必须具有以下特点（Marković 1984：394-395）：

第一，P 在既定的语境中具有认知功用。

第二，P 具有各种维度的客社会意义，即，P 表达的心灵状态是在同一社群所有个体思维中的不变量，不因人而异；P 指示客观事件、事实或者对象间的客观结构；P 由其他有意义的语词组成，能够被清晰解释；P 适用于具体的、经验情境中的描写与解释。

第三，P 的组成符号在具体交际过程中只有一个意义，因而 P 本身只有一个意义。

第四，当 P 的使用出现歧义或者用于新的场合而产生新的意义，它的新义与众人原来所接受的意义发生偏离时，应该能够通过在具体语境中对 P 的组成成分的充分解释而得到对 P 的意义的明显确定。

第五，在具体的同一文本中，P 在所有的使用情况中保持意义恒定。

马尔科维奇的意义辩证论是马克思主义辩证观和社会实践观视域下的交际意义理论，它强调交际的社会属性以及有效交际所需要遵守的准则。马尔科维奇的意义辩证论是一个宏观的指导性理论，它并没有像分析哲学那样来讨论哲学中的具体问题。在这一点上，马尔科维奇的意义辩证论，虽然并不像英美分析哲学家（如艾耶尔、穆勒、摩尔、维特根斯坦等）和欧陆现象学哲学家（如胡塞尔）等人的意义理论那样有具体的针对性，而是一种高屋建瓴的指导方针，但是意义辩证论仍然符合英美哲学"分析性传统"的研究宗旨（Soames 2014：211；杜世洪、李飞 2013），与英美"语言分析哲学"的发展动态相适应。

马尔科维奇的意义辩证论强调实践的作用，认为意义是符号的各种关系的复合，与社会实践活动密不可分，而社会实践具有创造性。马尔科维奇意义辩证论的这一认识有助于意义研究的推进。在学理上，马尔科维奇的这一认识同维特根斯坦的意义观相似。维特根斯坦认为意义彰显于使用中，意义显现在生活形式中的语言游戏里。马尔科维奇的意义辩证论说明的正是这一道理。

第六节 布兰顿的意义理论

布兰顿生于 1950 年，是当今美国实用主义分析哲学家，现执教于宾州匹兹堡大学，在语言哲学、心灵哲学和逻辑学等领域著述颇丰，被誉为当今美国哲学新的里程碑式人物。布兰顿于 1972 年以优异成绩毕业于耶鲁大学并获得哲学专业的本科学位，后进入普林斯顿大学读研究生，导师是罗蒂，并于 1977 年以《实践与对象》(*Practice and Object*)为毕业论文获得哲学博士学位。布兰顿的哲学研究虽然直接受到了罗蒂、塞拉斯、达米特、麦克道尔等人的影响，但是，在哲学渊源上，布兰顿秉承美国实用主义传统，而且创造性地把康德、黑格尔、维特根斯坦和弗雷格等哲学家的思想融入自己的哲学研究中，形成了他自己的体系——分析实用主义。

布兰顿的突出贡献在于对语言意义的研究，代表作是《使它外显——推理、表征和话语守诺》(*Making It Explicit：Reasoning，Representing and Discursive Commitment*)[①]。该书于 1994 年出版之后，在哲学界引起了广泛关注。罗蒂、哈贝马斯、麦克道尔、丹尼特等大牌教授对布兰顿的推论主义做了积极的评价。虽然布兰顿在《使它外显》中认为他的思想属于"规范表象主义"，但人们都认为布兰顿是推论主义者、分析实用主义者和"规范语用学"的倡导者。

---

① 布兰顿这书的译名有《清晰阐释》（韩东晖 2005）、《使之清晰》（陈亚军 2010）、《明说之》（林从一 2005）、《明说出来》（何志青 2009）等。通读该书后，觉得这些译名都欠妥。本文把它译作《使它外显》。另外，commitment 一词在哲学中多译为"承诺"，如本体论承诺 ontological commitment。其实，译作"守诺"更准确一些。

一、意义的规范性

布兰顿的意义理论认为，意义是不可还原的规范性意义；对语词意义的考察应该同语词使用时的推论结合起来进行，因为意义与推论结为一体且密不可分。因此，应该从"语言实践"来解释语言意义。

力求通过语言使用来解释语言活动的意义，这种解释策略首先要考虑社会实践，在实践活动中鉴别出语言实践的具体结构，然后考虑各种语义内容是怎样传递给语言活动和语言表达的（Brandom 1997：153）。在布兰顿看来，社会实践是一种普通形式，而语言实践则是社会实践的一种具体形式。语言实践是有意义的社会行为符合规范地相互交换。这就是说，语言实践要遵守规范。由此而看，布兰顿的意义理论包括两部分内容：第一，描述语言实践的结构特点；第二，根据所描述的语言实践来解释语言的意义以及解释语义规范。

在布兰顿看来，在语言实践中至关重要的意义解释的特征是"规范性态度"。规范性态度是话语参与者相互看待对方以及看待语言活动时所持有的态度（杜世洪、李飞 2013）。这就是说，在具体的话语实践中，我们会以多种方式来看待双方话语交换是否正确、是否恰当、是否有保障等；同时，我们还会多层面地考虑具体情况下的话语交换，如双方有无义务、有无权利、有无遵守规定、是否正确地进行语言实践活动等。布兰顿把这些规范性态度都看成是语言实践的特征，这些特征既是控制语言实践活动的规范，也是交换中所用语句的意义（Brandom 1994：XII，25-26，55，76，143，163，173，626-627）。实际上，这就是布兰顿的语义解释信条，人们称之为"规范表象主义"。

二、四条限制

布兰顿的规范表象主义认为，一切语言活动均受语义规范所控制，因而，对意义的解释就是解释话语双方看待对方的态度，就是解释双方在看待对方时所遵循的语义规范是什么（Brandom 1994：291-295，626-627）。从布兰顿的意义理论中可以概括出四条标准：非自然化限制、非循环性限制、反实在论限制，以及客观性限制。

非自然化限制就是表象主义不能用纯粹的非规范性术语来解释语义规范，因而，用于解释的"规范性态度"这一概念本身必须是"自成一类的规范"。

非循环性限制就是表象主义作为解释信条一定不能受到"语义规范"和"规范态度"二者相互依赖这一细小循环的控制，因而，规范态度与语义规范，二者必须在概念上保持足够的距离。

反实在论限制要求表象主义必须把规范态度明显确定为语义规范的"最终解释者"。即，规范态度的规范特点不能从任何"超验语义实体"中派生，比如，不能从柏拉图理型这样的超验语义实体派生出规范特点来，不能从心灵中超验的语义特征派生出实践来等。另一方面，规范态度不能只实践与超验语义实体之间的中介而已。

客观性限制是指表象主义必须显示语义规范所具有的客观权威性，语义规范必须与同一言语社群的每个人绑定，就算人们不把语义规范当成绑定来看，语义规范也必须具有这种绑定的客观权威性。此外，在语义规范方面，必须承认存在着"整个言语社群都会犯错"的可能性。

三、四大守诺

上述四点限制是理解布兰顿意义理论的基本出发点。在此基础上，我们才能够深入理解布兰顿意义理论的一些核心概念。首先，布兰顿认为语言实践中有自洽的"断言实践"，这就是在语言实践的交换活动中，在一定条件下话语双方要交换某种断言或者说某种声称。正如所有社会实践一样，断言实践由规范控制。规范决定着话语"参与者"在特定的话语条件下发表断言时的"守诺"、"行权"和"道义状态"。这样一来，断言实践就成了"断言守诺"，断言守诺就是断言实践中最突出的道义状态。这就是说，话语参与者在特定的话语条件下有责任、有义务、有权利进行语言实践活动，并使用恰当的断言语句，而且在直接的言语交换中认同断言内容。在布兰顿看来，一项断言的意义就是断言的推论作用。具体地讲，意义由"推论"与"非适配性"二者的规范组成。一方面，这样的规范把任何一种断言同其他断言语句联系起来，一门语言的断言语句形成关于推论与非适配性关系的一张密网；另一方面，一些"非推论的规范性联系"要么是"充满经验内容的断言语句"和"非语言的可观察情况"二者之间的联系，要么是"充满经验内容的断言语句"和"非语言意向行为的结果"二者之间的联系。即，非推论的规范性把"现实中的非语言部分"联系起来也是意义的组成成分。

语义规范除了决定着断言守诺之外，还决定着另一种"道义状态"——"推论守诺"。即，说话者有遵守推论规范的"责任"，而所遵守的推论规范控制着断言实践。说话者在进行新的断言时有责任正确使用断言语句来作为推论的理由，有责任从可观察的情况里得出正确的非语言的行为结果。推论规范和相应的推论守诺把说话者的断言守诺联合成一个系统。

把布兰顿的上述两个守诺（断言守诺和推论守诺）同"规范态度"联系起来看，话语实践者在具体的实践中持有两个基本的态度：一个态度是自己要"认同"或"担负"这两种守诺；另一个态度是要把这两种守诺"归属"于他人。简单地讲，自己和他人都有这两种守诺：承认自己有这两种守诺是一种基本的规范态度，承认他人也有这两种守诺是另一种基本的规范态度。

自己认同或担负这俩守诺就是有"心性"去实施某种行为，或者做某种推论，以便与所认定的规范保持一致。这样的"心性"包括对规范的敏感性，而且这样的心性在实践中并非是纯自然的特征。注意，语言实践者对规范的敏感性这种心性是"内隐的"，而非"外显的"。

由于这种敏感性是内隐的，所以对规范内容的部分识别并不代表着对两大守诺的总体认同。认同两大守诺所涉及的关于规范的敏感性是"技能知识"，而不牵涉语言实践者是否知道或是否相信正是如此这般的规范控制着实践。当然，在复杂的语言实践中，话语参与者可能会把他们所注意到的规范"使它外显"，但是这种让规范得到外显的能力并不是担负两大守诺的本质要求（Brandom 2000：8-9，52-61；杜世洪、李飞 2013）。这就是说，在话语实践中我们一定要认同或担负"断言守诺"和"推论守诺"，这是基本要求，也是我们的规范态度，更是我们的心性。在这种心性的驱使下，我们会去执行语言实践行为，去做相应的推论。我们这样做有一个前提，那就是我们具备一种关于规范的敏感性，但这种敏感性不是外显的，而是内隐的。我们间或可以通过归纳出某种规范而把内隐的敏感性外显出来，但是，在本质上我们并非一定要这样做。即，在语言实践中，我们暗暗地遵守着规范而又没有必要把规范外显出来。

除了自己认同这俩守诺以外，在语言实践中我们还把这俩守诺归属于他人，即认为他人也担负着这样的守诺。注意我们把守诺归属于他人时，这也是内隐的，我们并不可能去量化它。在丰富的表达中，发话者并不会明显地去计算他人如何担负这两大守诺，发话者也不会去衡量他人的规范态度。发话者要做的只是在实践中显示自己如何认定他人担负着这两大守诺（Brandom 2000：165-178）。

认同守诺或自己担负起守诺，以及把守诺归属于他人，这是语言实践中两种基本态度。在语言实践中，这两种态度处于不断采用或变换的状态中，属于现场认知活动。布兰顿把这种认知活动称为"数据累积"。在布兰顿看来，一个"有能力的说话者"就是在断言实践中做一位"有能力的数据累积者"。数据累积，就是随着对话的展开，话语双方不断地担负起合适的断言守诺和推论守诺，并不断地调整自己的守诺，而且还要把这些守诺归属于对方，以便适应对话的进行。这样一来，表象主义把规范态度当成推论的规范，而规范态度就处于"数据累积"的态度之中了。

数据累积者自己要担负起断言守诺，同时还要把断言守诺归属于他人。这种"守诺归属"，在布兰顿看来分为两种："涉名守诺归属 d"和"涉实守诺归属 r"。一个数据累积者也就是一个颇有能力的说话者，他之所以有能力，是因为他拥有足够的表达资源，更重要的是他善于区分"涉名"和"涉实"两种不同信念的守诺归属。断言守诺的"涉名守诺归属"在语义方面具有描述性特征，而不具有评价性特征，也就是"数据累积者"（善于说话的人）不把这种归属的相关推论看成是对方固有的推论，即不认为对方一定会得出某种固定的推论。而"涉实守诺归属"关涉着语义的规范态度，在确定的态度下，数据累积者会认定对方一定会得出某种推论，而且推论正确。在布兰顿看来，涉名守诺归属并不是表象主义者的解释对象，涉实守诺归属才是表象主义者进行语义规范解释的对象。因此，布兰顿认为，涉实守诺归属所牵涉的语义规范态度，恰恰是守诺归属者自己所认定的断言守诺体系的功用之一。就是说，无论说话者真真切切地得出什么样的推论，我们都会认定他一定会得出此时此景的推论，而且认定他的推论有效。我们自己所认定的断言守诺体系，即由一个个具体的推论守诺所连成一体的断言守诺体系，正是我们用来考量他人语义的基础（Brandom 1994：596-597）。

要理解布兰顿的意义理论，除了上述关键概念之外，还有两个概念也至关重要："替换守诺"和"回指守诺"。布兰顿认为，断言语句的意义由控制该语句的推论规范构成。就这一认识而言，布兰顿考察的是语句的意义，而不是语词的意义；在逻辑上，布兰顿探讨了命题的意义，而没有考察逻辑主词和谓词的意义。布兰顿的替换守诺和回指守诺就是要解决这一问题。

什么是替换守诺呢？我们先看两个语句："张三在梧桐树的树荫下睡着了。""张三在一棵树的树荫下睡着了。"这两句具有推论上的关联性，关于前者意义的守诺实际上也是对后者的守诺。从前者到后者就是只有一个前提的一步推论，布兰顿把这样的一步推论称为"替换推论"。即，替换推论的特点是，只有一个有效前提，而且推论的结论只需要一步就可以得出，得出结论的方法是替换前提的词项或替换前提的谓词。这样一来，每个单称词项都有一系列的替换词项，每一个谓词都有一系列替换谓词。控制着"有效替换推论"的产生的替换性特征组成新的一种道义状态，这就是"替换守诺"。

一个替换守诺至少涉及着一对有序的替换词项，替换守诺规定了关于这些替换词项的替换推论的模式。具体地讲，一组替换词项（包括谓词）｛A，B｝是由一个替换守诺控制，这控制的条件是当且仅当每一组"含 A 句"和"含 B 句"满足以下条件：

第一，通过一步替换，可以把"含 A 句"的 A 替换成 B，而得到有效的"含 B 句"；

第二，A 和 B 处于同一"外延语境"，而"含 A 句"作为前提，"含 B 句"作为结论。

这样的推论就是有效的替换推论（Brandom 1994：360-399）。

于是，布兰顿认为某一单称词项的意义就是涉及该词项的各种替换守诺的总和。在同一句法范畴类"替换守诺"把每一词项同相应的其他词项联系起来，这样一来，每一单称词项的意义就由涉及该词项的各种替换守诺相加而成。布兰顿认为，推论守诺指明语句的意义，而替换守诺指明词项的意义。正确理解一个词项，相应地，就意味着在语言实践中去识别"替换推论"的"相应模式"。谈到这里，让我们不由得想起维特根斯坦和索绪尔来。维特根斯坦有一个他本人未加深入讨论的概念——共晓性，该概念旨在说明语句的意义是由与它相匹配的其他语句决定的。在探究语句的意义方面，布兰顿多少有点维特根斯坦的影子。而在如何确定语词的意义上，布兰顿与索绪尔的横组合关系与纵聚合关系有些相似。

　　正如断言守诺和推论守诺一样，替换守诺并不需要相应的关于替换规范的外显知识，而只需要属于技能性的内隐知识。这种关于替换守诺的内隐知识本身能完全表明数据累积者进行替换推论的实践能力。当然，在较为复杂的话语实践中，话语参与者可能把替换守诺的内隐知识外显出来。

　　断言守诺和推论守诺用来解释语句的意义，替换守诺可以用来解释语词的意义。那么，回指守诺及其功用是什么呢？

　　回指守诺是布兰顿意义理论中重要概念，旨在解释语句之间的交叉关系。语言学的回指主要是某些代词可以用来指代前面出现过的名词等。例如："张三高兴得很，因为他要结婚了。"在这一语句里，后面的代词"他"就是回指，指代"张三"。布兰顿的回指概念要比语言学的回指广泛一些，它不局限于代词。凡是后面语句出现的成分是前面出现过的，而且具有意义链关系——后面出现的符记的意义是对前面出现的符记的意义的继承，这样的成分都是布兰顿所说的回指（Brandom 1994：470-472）。在布兰顿看来，回指在话语实践中很普遍，无处不在，回指的任务之一就是要把语词的意义从一个词传递到另一个词。每一个单称词项"符记"和每一个谓词"符记"在使用中都可能是一个回指符记。因此，任何断言语句都有多个符记，而这些符记会是回指的前项，或者本身就是回指符记。使用回指符记，必须符合专门的规范。也就是说，有专门的规范控制回指的使用。从这个意义上说，数据累积者除了断言守诺、推论守诺和替换守诺之外，还有"回指守诺"（Brandom 1994：456-457）。回指守诺决定着出现在回指链条中的话语成分，即什么样的成分出现在前，什么样的成分在后，这是由回指守诺决定。回指守诺属于数据累积者就回指成分所进行的事实处理。回指符记是语言活动中的组成部分，每一个回指符记可能有两种回指的"前项"：一种是自己口中说出的，另一种是对方说出的。也就是说，回指关系可以在一个人的话语中完成，也可以在话语双方共同的话语中完成。对于后者，听话者的回指完全可能指代的是说话者的前项。例如甲乙两人的下列对话：

例 6-1
甲：张三终于要结婚了。
乙：有没有搞错？他不是发誓永远单身吗？

在这一例（6-1）里，"他"与"张三"的回指关系就是用话语双方共同完成的。我们知道，语言学里有关于回指的描述，但没有挖掘为什么会有回指现象。布兰顿谈论回指，并不是停留在现象描述上，他是要说明这样的回指关系的背后，是话语实践者，或者说数据累积者具有的一种回指守诺。回指守诺背后有关于回指的规范，即规范决定着回指。与其他守诺一样，回指守诺涉及的是内隐知识，只有在复杂的话语中，本为内隐的知识才可能外显出来。

规范态度、断言守诺、推论守诺、数据累积、替换守诺和回指守诺等是理解布兰顿意义理论的核心概念。各种守诺都属内隐知识，只有在复杂、特殊的情况下，内隐知识才会外显出来。布兰顿《使它外显》这一书名的基本要义就是：我们有理性的话语存在，我们在话语实践中具有正常的思维，在这种条件下，在具体的话语社交活动中，我们要使内隐的内容外显出来。

"使它外显"既不是"清晰阐释"，也不是"明说出来"，即，不是为了把内隐的知识弄清楚而特意说出一些话来，或者实施一些阐释活动，而是我们的规范态度以及我们所具有的守诺自然而然得出的推论。推论本身是内隐的，而不是要特意说出来的。例如：当"我"说"重庆已不再是火炉了"，其中内隐的知识有许多，"我"不需要把它们说出来，只要你具有与"我"同样的规范态度以及守诺，你肯定会得出一些推论："重庆曾经是火炉""重庆的天气炎热""有一个城市名叫重庆"等，这些内隐知识在复杂的交际中会外显出来。

根据布兰顿的意义理论，我们的话语交往实际上就是话语实践，而实践的主体具有理性和规范态度。正常的人在话语实践中具有"守诺""行权"和"预先排除行权"。"守诺"是指，当一个人断言 P 时，这一断言就要求他要对若干个其他断言进行守诺。例如：张三断言"哈尔滨市正在下大雨"，那么张三就要对"有一个叫哈尔滨的城市存在"这样的断言进行守诺。"行权"是指，当一个人断言 P 时，这一断言就要求他对若干个其他断言行权。张三断言"哈尔滨市正在下大雨"，这时张三就有权认为"哈尔滨市的气温下降了"或"哈尔滨的空气湿度增加了"。"预先排除行权"是指，当一个人断言 P 时，这一断言就会让他对若干个不相关的断言预先排除掉。例如：当张三断言"哈尔滨市正在下大雨"时，张三就要预先排除掉"哈尔滨市正艳阳高照"等这样的断言。

概括起来讲，布兰顿的意义理论核心在于把意义追求看成是推论，而不是对真的追求。人作为"话语存在"具有各种各样的"话语守诺"。人在话语守诺中把内隐知识（如各种实践规范以及语言规则等）通过具体的话语实践外显出来。"使它外显"就是推理、表征和话语守诺的外显。

四、布兰顿的语言分析精神

分析哲学的八个基本形态，其中前五个形态主要集中在英国，而后三个形态在美国，从蒯因到普特南，到戴维森，再到布兰顿，这标志着分析哲学的转型与发展。蒯因开启了分析哲学的转型，普特南和戴维森也在分析哲学的转型中作出了重要贡献，而布兰顿标志着"语言分析哲学"的新发展。布兰顿坚持语言分析精神，开启了新的研究范式——实用主义的语言分析。

"语言分析哲学"从方法上看大致等同于分析哲学。虽然，有人认为分析哲学已经死亡，甚至认为蒯因就是分析哲学的终结者，但是站在布兰顿的角度看，分析哲学并没有从哲学活动中消失。其实，不管分析哲学是否真的已经消亡，有两点毋庸置疑：第一，分析的方法仍健康地存活在哲学的活动中；第二，对意义的追问仍然是哲学的重要主题。

当布兰顿在普林斯顿大学读书时，即 20 世纪 70 年代，当时已经有人对他说，读哲学的学术文章应该读五年以内的，因为分析哲学已经开始腐烂，新的哲学从某种意义上来说，应该是从蒯因开始的。布兰顿当时对此感到惊讶，后来他才明白 20 世纪 70 年代正是人们对分析哲学感到强烈不满的时期。当布兰顿意欲从实用主义视角把康德和黑格尔哲学整合到分析哲学中去时，麦克道威尔半开玩笑半认真地说（Brandom 2008：202），布兰顿是要把实用主义健康的器官移植到已经腐烂的分析哲学的躯壳中去。

麦克道威尔的话折射出分析哲学遭受诟病的境遇。分析哲学之所以遭到诟病，原因大致如下：第一，分析哲学在剑桥三巨头摩尔、罗素和维特根斯坦那里，逐步地同古典哲学剥离开来，所以一些人对分析哲学产生不出热情来，甚至怀疑弗雷格的新逻辑为什么会成为开启哲学走入新纪元的工具。第二，分析哲学热衷于处理狭小的、技术性的谜团，沉迷于语言细枝末节的意义追问，让人感觉哲学没有什么宏大的抱负。第三，分析哲学家从不关心怎样把他们关注的问题整合到综合的理论框架里去。第四，人们认为分析哲学不应该把各种各样的哲学主题、哲学问题的具体层面、哲学的不同派别等统放到分析的台面上，而进行不分青红皂白的解剖。

对此，布兰顿（Brandom 2008：213）说，分析哲学本身并没有错。分析哲学有三大境界：信心、希望和澄明。其中，澄明为上。澄明就是关于人与世界思想概念的澄明——确定和清晰。哲学离不开分析，分析之所以从来就是哲学的方法就在于对意义的追问。本体论哲学追问"世界的本原是什么""什么是存在"，这是对意义的经典追问。

　　有哲学就有意义追问，而追问意义最直接的方法就是分析。其实，所谓分析哲学的终结不是分析哲学完全消失这样的终结，而是道路的延伸问题。走到一条路的尽头，面临的任务不是宣布任务终结，而是要想法延伸道路或者就此开辟新的道路。这才是哲学家的精神体现。哲学家不是安享现成的游客，而是拓宽认识疆域的先锋。

　　因此，"语言分析哲学"的前景仍然是要把人类的话语活动同世界联系起来，从微观问题分析入手去揭示人类话语能力和话语实践的普遍机制，以求达到分析哲学的最高境界——澄明。

　　老子说："天下难事，必做于易；天下大事，必作于细；是以圣人终不为大，故能成其大。"（《道德经》第六十三章）以意义追问为主导的"语言分析哲学"，看似着眼于语言的细微现象探究，提出的问题看似容易回答，然而，就在这看似细微和容易的背后，潜藏着不容忽视的关于人与世界的大道理，而对这大道理的揭示并不是一件轻而易举的事。所以，从事"语言分析哲学"的意义追问，借用胡适的话说，不但要拿得住绣花针，而且还要提得起板斧，这就是既要善于做小事，又要能够做大事；不但要仔仔细细地审查语言的细节问题，而且要明白怎样从细节问题中得到升华，构建关于人与世界的完整图画。

　　"语言分析哲学"仍然要研究"意义问题"（Du 2013；杜世洪、李飞 2013）。迄今为止，在意义研究上，出现了微观研究和宏观研究。在微观研究中，哲学家们的研究焦点放到了具体的语词上，探讨具体语词的意义是什么。尽管就什么是意义这一问题出现了许多观点，提出了许多理论，形成了不少研究范式，但是意义问题仍然保留着，并没有获得完全解决。面对这样的情况，布兰顿在《为什么真在哲学里并不重要》里说，现代哲学研究对真的追求已经不再那么重要，而重要的是，甚至可以说紧迫的是，我们怎样理解意义和阐释意义（Brandom 2009：156-176）。布兰顿道出的正是"语言分析哲学"的前景与任务。

若把他人的理论当成一座山，鲜有登山之乐，多有登山之苦。若把他人理论磨成一块砖，就应该勇敢地铺砌自己的创新之路。

第七章　意义与连贯

意义和连贯，这两个概念本身极度抽象，它们既没有确定的实体对象，也没有柏拉图式的抽象对象，但它们是哲学追问的对象。哲学家对意义的追问，彰显的是对意义这一概念的认识维度与方法。就话语连贯研究而论，哲学家的意义观同样指示着关于话语连贯的认识维度和方法。

穆勒注意到的是语词与对象的直接关系，他的核心观点是：语词可以直接指称对象，语词具有外延意义。

摩尔关心的是语词与语句，认为二者都是命了名的对象。从方法论角度看，意义离不开定义与分析。

实用主义是皮尔士意义理论的核心准则，它既是廓清概念实在意义的一种方法，又是意义研究新的标志。皮尔士关于"意义是累积新知的过程"这一观点孕育着新的研究方向——意义累积论的研究。

对于胡塞尔来说，语言意义和意向相关项的意义是同一的。在胡塞尔看来，每一个语言意义都是一个被表达的意向相关项的意义，而每一个意向相关项的意义从根本上来说都是可表达的，这就是语言意义。

马尔科维奇认为，人在本质上是实践的存在物，人的语言具有社会属性，而语言的意义离不开人的实践活动。对意义的考察就是要考察人在社会实践中的各种关系。

布兰顿认为，意义是不可还原的规范性意义；对语词意义的考察应该同语词使用时的推论结合起来进行，因为意义与推论结为一体而密不可分。因此，应该从"语言实践"来解释语言意义。

尽管以上意义理论旨趣不一，路向不同，但是它们有一个共同特点就是对意义的追问具有限制条件或者说限制性前提。意义这一概念模糊不清，只有在限制性前提下才能成型，才能变得清晰。在各自的限制条件下，意义追问的呈现方式就是各种联系的呈现，而不是对象的呈现。同理，话语理解中，关于连贯的考察，不是把连贯作为静态对象来考察，而是把连贯作为各种动态的联系来加以考察。在这一认识层面上，穆勒、摩尔、皮尔士、马尔科维奇、胡塞尔和布兰顿等人关于意义的考察，其实也是为话语连贯的考察提供了认识维度和方法，这六种考察维度和方法正好构成连贯研究的完整画面，意义和连贯的考察，就是语义连贯的考察，毕竟，话语连贯是意义性质的连贯，而不是语言形式的连贯。语言形式只是连贯的外显方式。

第一节　语义连贯的考察维度

连贯研究存在四类方法：语言形式法、语用推理法、认知心理法和语言哲学法。前三类方法及其相应的各种具体研究法如衔接研究法、信息结构法、主题推进法等，这些方法是语言学界所熟知的方法。第四类研究法语言哲学法尚属连贯研究的新方法。

语言哲学法的核心任务就是要建立语义连贯的考察维度。既然连贯在概念的本质上属于语义概念，那么考察话语连贯就是要考察语义关系。语义关系的考察单位可以根据实现语义的形式手段来划分。

一、穆勒的直接指称语义关系

我们从穆勒的意义理论得出启示，语句的组成成分是意义的载体，语词具有构建连贯的作用。这种考察方法就是考察语句间以语词为手段的语义关系。基于穆勒意义理论的语义考察，在学理上具有意义组合论的旨趣。所谓意义组合论，就是语句的意义会受到语句组成成分的影响，语句的组成成分构成语句的语义基础。

话语连贯是话题延展的特征，话题延展的基础是语义关系。见例7-1：

例 7-1　甲：你喜欢杭州吗？

　　　　　乙：杭州是人间天堂。

例7-1中甲乙二人的话语连贯基于话题的正常延续，是起着延续作用的语义关系，从穆勒的意义理论看，就在于杭州这一语词具有直接指称作用，语词杭州与杭州这座城市存在着直接指称的语义关系。

直接指称的语义关系凸显的是语词与对象的对应关系，是意义与物件的直接联系。在话语交际中，这种朴素的语义关系具有存在的生活基础，即在一定的生活形式中，这样的语义关系具有显著的地位。例如市场上的顾客与卖家的话语互动，建筑工地上工友相互间的工作交流等。

二、摩尔的概念属性语义关系

语词直接指称出来的语义关系是话语连贯研究的基本维度。在这个基本维度上，我们从摩尔的意义理论来看，语词和语句二者本身可以是某种对象或关系的名称；在常识的层面上，语句的语义关系是名称及名称所指代的概念所具有的关系。摩尔的意义理论为话语连贯研究提供的认识维度和方法是：考察连贯关系就要考察语词和语句所指示出来的概念属性之间的关系。试看例7-2：

> 例7-2 甲：给我买一匹马来。
>
> 乙：你是要白马还是黑马？

这里的甲乙对话构建的语义连贯，焦点在于受话者乙对于发话者甲所说的马的概念关系的理解。马所指引的概念具有许多概念属性和关系，所以受话者乙才有白马或黑马之问。摩尔的意义理论还有一个重要概念就是"感觉资料"，它有三个组成成分：感觉（人的主观感觉）、物件（人能直接感觉到的事物）和资料（人在感觉中获得的信息）。"感觉资料"的三大成分其实就是概念关系的内容。

物件当然可以成为被感觉到的事物，这是最典型的被感觉事物。语言符号本身也可成为被感觉的事物，即在没有实体物件情况下，概括出来的语言符号形式（语词和语句）也可成为"感觉资料"的组成内容。网络娱乐写手编造的非正常话语彰显的正是摩尔式多层次"感觉资料"。试看例7-3：

> 例7-3 问者：孔子是中国的什么家？
>
> 答者：老人家。
>
> 问者：早餐不能吃什么？
>
> 答者：午餐和晚餐。
>
> 问者：比细菌还小的是什么？
>
> 答者：细菌的孩子。
>
> 问者：学生学习成绩不及格的原因是什么？
>
> 答者：考试。

按照常识，正常的话语交流不太可能出现例7-3这样的问答。但是，这种反常问答并非没有存在的理据。我们可以利用摩尔的概念属性语义关系对例7-3这样的对话做部分解释，同时，也不能说这样的对话没有连贯关系。问题在于，例7-3这样的话题延展应该从皮尔士的认知符号学意义理论来加以解释。

三、皮尔士的认知符号语义关系

皮尔士认为，人们头脑里存在着模糊混乱的概念。如何澄清概念意义，是皮尔士认知符号学所瞄准的研究目标。皮尔士符号学理论的基本出发点是，人是符号的动物，人依靠符号的方式来理会现实，通常所说的语言与交流其实就是符号关系。现实既是社会构建出来的，也是语言构建出来的。根据皮尔士的符号学理论，每一个符号都有三个层次：像似符、指示符和规约符。在符号学领域里，符号这一术语通常指这三者。它们与皮尔士的三个范畴（第一性、第二性和第三性）相关，也与解释项的三个等级相关。解释项的三个等级是直接解释项、动态解释项和最终解释项。

皮尔士认知符号学的核心是符号意义的三元关系，符号意义是内涵与外延的结合。如果用最简单的形式来表示这三者之间的关系，我们可以得出公式：外延+内涵＝意义信息。这种三元关系是实用主义意义理论的核心内容。实用主义意义理论所遵守的核心准则是：对于一个理论判断语句而言，它的意义来源于该判断句在可能的实践活动中所带来的实际效果。

例7-3第一轮问答中的"家"这一语词的符号意义本来是某种专家，或者关于某类专家的知识，但是笼统地谈论"家"，家的意义并不明确。这就需要符号解释项，即关于所指"某类专家"的特征不太确定的概念。

只有符号解释项远远不够，我们还必须首先区分"家"这个语词所指的关于某类专家的主要特征，即主要解释项。其次，还要考虑

"家"在具体解释者头脑里实际激发出的概念。使用一个语词，就要有意激发该语词应该进入话语交流的概念特征，要激发的特征也许只是主要特征的一部分，也许是那些非主要的特征。问者意在激发答者头脑里关于"家"的符号意义，然而答者头脑里激发出的却是"家"的非典型特征，或者说与话题延展没有直接关系的特征。于是，你问"孔子是什么家？""我"答："孔子是'老人家'。"这样构建出来的是难以料想到的连贯。

对于某一符号的解读，话语交流的双方各自都有皮尔士所谈论的认知符号学的三元关系，双方解读的三元关系交织结合在一起，话语交流的过程其实是一个具有六元关系的过程。在这个六元关系中，话语交流完全可能会出现多种可能性的话题延展，出现多种创造性的连贯。

皮尔士的认知符号学语义关系表明，话语交流的过程是一个符号三元关系互动的过程，在这个过程中交流的符号意义得以形成。从皮尔士角度看，话语交流中意义的形成过程或者说创造性连贯的构建过程，其实就是人类不断"积累新知"的过程。符号关系具有创造性，在这一点上，皮尔士与胡塞尔观点相近。

四、胡塞尔的意向性语义关系

对于意义的研究，欧陆现象学代表胡塞尔与众多英美分析哲学家们殊途同归。胡塞尔通过直接、细微的内省分析，以澄清含混的经验，这种本质还原方法与分析哲学的分析方法具有不尽相同的旨趣。

对于符号而言，胡塞尔认为"符号"与"符号所指代的对象"之间不一定有必然的逻辑联系或理性关系，但它们之间可以有创造性的联想关系。基于这一认识，沿着胡塞尔的路子，我们完全可以断言，话语交流双方不但可以掌握意义，更重要的是还可以创造意义。

在意义创造过程中，我们可以基于对象但绝不能囿于对象。即我们完全可以说出下列这样的话语，见例7-4：

例 7-4　甲：大头针的针头上到底可以站立多少天使呢？

　　　　乙：我不知道，但我可以牵着大象穿过针孔。

　　这样的对话，并非疯言疯语，而是人类语言创造性特征的体现。从胡塞尔的意义理论看，对话具有经验基础，具有对象基础，但是对话更是理性的创造。基于这种观点的意义观，不是要建立判断意义的标准或规范，而是要说明意义的意向本质。

　　在胡塞尔看来，表达符具有发音功用、指称功能和意义功能，这三者并不等同。一个表达符可能有指称、"意义意向"和"意义实现"，而与指称对应的是被指的对象，与"意义意向"对应的是企图表达的意义，与"意义实现"对应的是表达出了的意义。"意义意向"是意向的一种行为，它可以决定意义的实现。意向行为可以分为客观的与非客观的意向行为，客观的意向行为分为"符号行为"和"直观行为"，而直观行为分为知觉行为和想象行为。

　　意向性意义构建过程中的想象行为就是创造性连贯构建的行为。在创造性连贯构建过程中，意向行为与意向性意义互为一体。试看例7-5：

　　例 7-5

　　　　野猪办了个洗浴中心，承包给山鸡，山鸡转包给麻雀，麻雀雇了几只蝴蝶接客搓澡。有一天，野狼喝多了龙府宴酒去洗澡，掉进澡盆里淹死了。这事惊动了动物国。狮王震怒，第一时间就派狐狸去调查情况。狐狸骂了山鸡，打了麻雀，最后，枪杀了两只蝴蝶，罪名是它们竟然是临时工，没取得搓澡许可证！

　　上例是认知语言学的隐喻，文学批评中的讽喻，话中有话，文有所指。但是，从胡塞尔的角度看，这样的话语体现的正是现象学的意向性语义关系。胡塞尔的意义理论聚焦在意向性语义关系上，但在意义的本源上，意向性意义离不开意向行为，而意向行为其实就是人们在社会活动中的实践行为。马克思主义语言哲学的代表人物马尔科维奇的意义理论关注的则是实践中的语义关系。

五、马尔科维奇的辩证性语义关系

马尔科维奇从马克思主义的辩证法出发，建立起人道主义思想的意义辩证论。他认为，人在本质上是实践的存在物，人的语言具有社会属性，而语言的意义离不开人的实践活动。对意义的考察就要考察人在社会中的各种关系。

马尔科维奇的意义理论比较宏大，而且他的意义理论是以现有的意义理论为基础。马尔科维奇认为意义是各种关系的复合，例如"红灯"与"停车"不是相等关系而是代表着一组复合关系。于是，马尔科维奇就怎样认识意义而提出以下四点论点（Marković 1984：175）：

第一，意义不是孤立单一的关系而是多重关系的复合；第二，现有的意义理论多从单方面去揭示意义的某一关系，常常以一个概念作为另一概念的背景来探讨哲学的普遍道理；第三，意义的所有多重关系之间并非存在不可超越的障碍，人们可以从一种关系的认识过渡到对另一关系的认识，而且各种关系不是相互矛盾而是互相补充的；第四，综合的辩证方法是揭示复杂真理的方法，而各种分析的单一方法仅仅揭示的是复杂真理的组成成分。

马尔科维奇认为，意义这一概念包括以下成分：（1）符号与认识主体心理倾向的关系——心理意义；（2）符号与指称对象的关系——客观意义；（3）在给定的系统内符号与符号之间的关系——语言意义；（4）两个或两个以上主体之间的符号关系，即一个主体使用符号，另一主体解释所使用的符号，这样的相互关系——社会意义；（5）符号与主体行为之间的关系——实践意义。

　　马尔科维奇关于意义的认识，实际上是对皮尔士符号三角的进一步解释与扩充。皮尔士的符号关系包括符号、对象和解释项这组三元关系。在皮尔士看来，符号的意义处于这三元关系的整体中，不可以把这三元关系分解成几个二元关系。然而，在马尔科维奇看来，皮尔士的不足就在于没有把心理意义、语言意义和实践意义区分开来，而且皮尔士的解释项还可以分为多个主体的解释项，即皮尔士的解释项可分成符号使用者的解释和符号接受者的解释。这样一来，皮尔士的符号三角可以分解成使用者的符号三角和接受者的符号三角，两个三元关系合成了六边关系。当然，在这六边关系中，有的关系是基本的，有的是派生的。在马尔科维奇看来，从这六边关系看，所有的意义都是社会意义，因此，对社会意义的研究不能孤立片面地考察。试看例7-6：

　　例7-6　（对话的人物关系：甲是中国学者，乙是美国伊利诺伊某客运中心服务台值班人员。）
　　甲：给您。这是我在卫生间捡到的一个钱包。
　　乙：等等。请填写这份表格，我们要当面清点并登记钱包里的钱物。
　　甲：怎么这么麻烦?!
　　乙：是有点麻烦，不过这麻烦是你引起的，你得负责。
　　甲：我怎么惹麻烦了?! 我负什么责?
　　乙：因为，你捡了钱包就是一项小小的过失。
　　甲：我拾金不昧居然是过失？
　　……

　　这例对话来自真实发生过的事情。甲作为中国人在美国捡到钱包后，主动交到公务人员乙的手中。可是，甲乙二人的对话表层上有语词形式上的衔接，但在深层里甲乙二人出现了理解的困惑。按照马尔科维奇的意义理论，甲乙二人的对话在客观意义和语言意义二者上没有问题，但是在心理意义、实践意义和社会意义三者上却发生了冲突。在美国伊利诺伊州，人们倡导的社会准则是不要轻易捡拾他人遗落的物品，谁要是捡拾了，谁就要对此物品负责。相反，在中国，把捡拾之物交公被视为一项美德，应该得到表扬。

马尔科维奇的实践性辩证语义关系可以显示出像例7-6这样对话的多层次语义关系。在这种多层次语义关系中，连贯构建也具有层次性。例7-6只有语言意义和客观意义这两个层面的贯通，但在其他层面上却缺乏出于完全理解的连贯。

六、布兰顿的规范性语义关系

规范态度、断言守诺、推论守诺、数据累积、替换守诺和回指守诺等是理解布兰顿意义理论的核心概念。各种守诺都属内隐知识，只有在复杂、特殊的情况下，内隐知识才会外显出来。布兰顿意义理论的基本要义就是：我们是有理性的话语存在，我们在话语实践中具有正常的思维，在这种条件下，在具体的话语社交活动中，我们会使内隐的内容外显出来。

对于概念而言，布兰顿将概念使用的规范性理解为三个不同的要素：在适当的语境中使用、概念使用适当的结果以及从语境到结果这一推论过程的正当性。语言概念规范性的理解是人类作为理性主体同时具有某种相关知识才能谈论的规范，这里的知识源于社会实践，社会实践中隐含的规范使理性对其先行遵从。"知道什么"源于"知道如何"，它超出了个体经验而具有了普遍必然性。"知道如何"是隐性的，它是理性主体的一种实践能力，"知道什么"是对这种能力的明确表达。语言交流是在对概念的规范性理解之后才"知道"如何去使用语言，我们在实践中使用概念应当在推理关系中明确概念之间的联系、不相容性以及恰当性。语言主体在社会实践活动的基础上将概念规范性的理解纳入推理关系中，并且明确地知道其使用适当与否。

在布兰顿看来，既然意义具有规范性，那么意义也就具有可推导性。布兰顿的规范性语义关系反映的是意义的可推导性。布兰顿提出了一个"三层次进路"用来表示内容与内涵、外延的关系，其中推导意义（内容）处于中间层次，通过不同的计分过程和内涵、外延相联系，可以用图 7-1 表示：

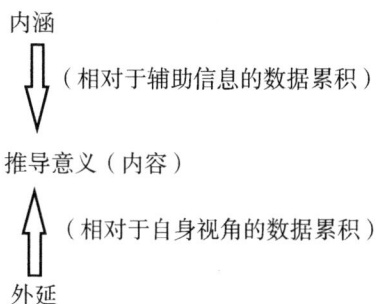

内涵

⇓（相对于辅助信息的数据累积）

推导意义（内容）

⇑（相对于自身视角的数据累积）

外延

图 7-1 布兰顿的三层次意义推导图

通过这种层次推导关系，布兰顿消解了传统的基本语义概念，即内涵和外延等概念都不是某种实质的语义属性，因此并不能将它们看作使得对话双方理解彼此话语所包含的信息的那种东西。布兰顿的这一观点颠覆了我们对于交流和理解的传统观念和常识图景，同时也是我们赖以构建语义连贯考察维度全貌不可缺少的组成成分。

穆勒、摩尔、皮尔士、胡塞尔、马尔科维奇和布兰顿等六人的意义理论为我们考察语义连贯提供了六个维度。在哲学的要旨方面，穆勒和摩尔走的是英美分析哲学的路子，皮尔士具有美国实用主义倾向，胡塞尔具有欧陆现象学的路向，马尔科维奇则是马克思主义实践哲学的代表，而布兰顿既有分析哲学的精神又有实用主义的做法。根据这些哲学旨趣，我们可以构建出语义连贯的六个考察维度。如图 7-2 所示：

移勒的直接指称语义关系
摩尔的概念属性语义关系
皮尔士的认知符号语义关系

发话者　　　　　　　　　　　　　　　　　　受话者

胡塞尔的意向性语义关系
马尔科维奇的辩证语义关系
布兰顿的规范性语义关系

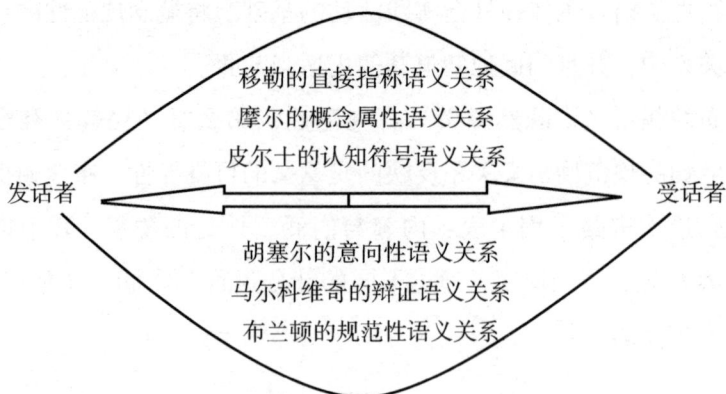

图 7-2　语义连贯的六个考察维度

第二节　语义连贯的脉络结构

《脉络与连贯》（杜世洪 2012：151-179）根据话语交流的双方立言、说事、论理和表情这四项内容建立了语脉、意脉、理脉和情脉这四个概念，并认为话语交流的双方既可以在单一脉络层次上进行理解，也可以在多种脉络层次上进行理解，而在实际话语互动中，发话者和受话者往往是在多种脉络交叉的情况下进行话语互动。本研究接受上述观点，并在此基础上进行深化研究，为他心语境中语义连贯的构建过程寻找合理的解释路径。

一、话语交流的过程

要考察连贯构建的过程，就要考察话语交流的过程。话语交流究竟是一个什么样的过程呢？本研究认为，罗曼·雅各布森话语交流的六元素模式具有普适性（Jakobson 1960：350-377）。如图 7-3 所示：

context

addresser ⟹ message ⟹ addressee

contact

code

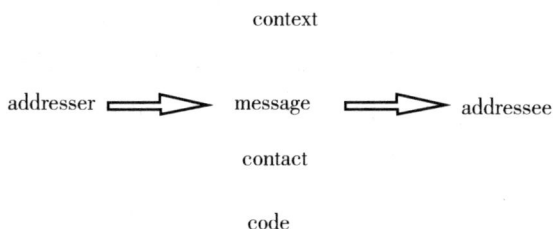

图 7-3 雅各布森的话语交流模式

雅各布森的交流模式主要针对语言的交际功能而建立，该模式可以转化成图 7-4：

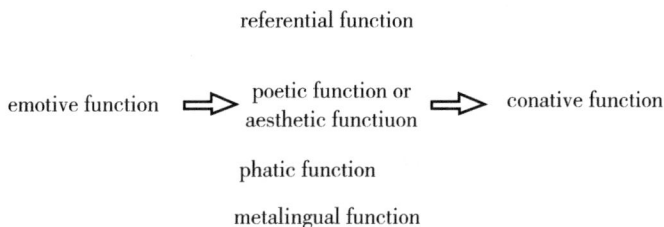

referential function

emotive function ⟹ poetic function or aesthetic functiuon ⟹ conative function

phatic function

metalingual function

图 7-4 交际功能图

话语交流的过程是触情而生，意动为果。从起因到结果这一过程中，交流的功能包括言有所指、言之有物、言之有情和言有所饰。

触情而生是发话者内心有所感受，需要发话，这就是雅各布森语言交际的触情功能（emotive function）。

意动为果是受话者接收到了发话者的交流信息而做出的反应，这里完成的交际功能是意动功能（conative function）。

言有所指是交流的语境信息、情景信息、心理状态信息等，是语言交际的指向功能（referential function）。

言之有物是交流信息本身的内容，交际内容本身需要修饰，这就是诗化功能或美化功能（poetic function）。

言之有情是语言交际的情感通道，交流双方赖以交流的基础，例如为了交流内容本身的传递，双方都要关乎对方的情感，问候对方、寒暄几句等，这就是交际的情感疏通功能（phatic function）。

言有所饰就是要对言语本身进行修饰，对语言本身形式进行反思、讨论和选择，这具有元语言性质，雅各布森把这项功能称为代码功能，也就是我们所说的元语言功能（metalinguistic function）。

根据雅各布森的语言交际功能，我们可以把话语交流的过程进行图示如图7-5：

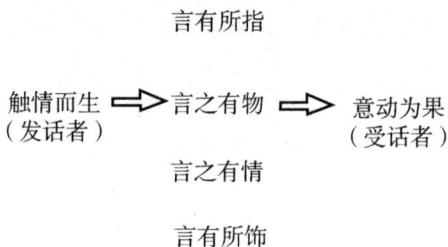

言有所指

触情而生 ⟹ 言之有物 ⟹ 意动为果
（发话者）　　　　　　（受话者）

言之有情

言有所饰

图7-5　话语交流示意图

二、话语交流的脉络结构

雅各布森关于语言交流的六大功能可以解释成图7-5所示的话语交流模式。这一模式与杜世洪（2012）所建立的话语连贯脉络结构模式具有相似之处。因此，按照"立言、说事、论理和表情"这四个维度建立起的"语脉、意脉、理脉和情脉"这四种脉络，在学理上既符合现代哲学家意义理论的旨趣，又符合雅各布森关于语言交流的基本观点。在脉络结构上，话语交流具有语脉、意脉、理脉和情脉这四大基本脉络。

（一）语脉

语脉的组成是语言形式本身作为话语资源而进入交流并得以凸显的成分。皮尔士的符号性语义关系、胡塞尔的意向性语义关系和马尔科维奇的"语言意义"等关注的焦点就有语脉的成分。语脉关涉的是言有所饰。网络中拆字式对话，堪称语脉凸显的典型。试看下例：

例 7-7（语料来自网络）

口对回说：亲爱的，都怀孕这么长时间了，咋不说一声呢？

回对口说：你总是单着也不是事呀。

夫对天说：缩头缩脑干什么？大丈夫该出头的时候就要出头。

天对夫说：这年头可不要强出头呀，说不定哪天就把你给整没了。

马对驴说：兄弟，怎么进了趟城就弄了个城市户口啦？

驴对马说：都进城打工好多年了，这回终于解决户口了。兄弟我看你也早点进城吧。

　　例 7-7 这样的话语产生于对语言形式的利用，属于元语言层面的操作，但并非囿于语言形式本身。根据胡塞尔的意向性语义关系，语脉凸显出来并非孤立，还有要表达的意向存在。语脉不会单独存在，只会凸现出来，语脉本身无法完成话语交流的意向性意义的传递。再如例 7-8：

例 7-8①

隔壁老王的媳妇最近迷上了拆字，昨天见到她，我叫道："嫂子好!"

她嘟囔道："嫂，可以拆成女和叟，叟是老头的意思，你是说我是老女人吗？"

我立刻改口："姐，叫你姐行吧。"

她又嘟囔道："姐，可以拆成女和且，且，苟且的意思，你是

---

① 语料来自网络

说我是苟且的女人吗？"

值得注意的是，语脉的构成来源是对语言形式的开发利用，而语言形式包括文字结构、声音结构、语词结构、语句结构和篇章结构。这就是说，话语双方可以根据这些形式内容来构建语脉。现实生活中，不乏这样的话语实例。

（二）意脉

意脉关涉的是言有所指，即话语双方在话语交流过程中对语境资源的利用，形成交流的脉络。语境资源的利用要受到话题本身的制约，并非所有的语境资源都会进入交际双方连贯的在线构建过程中。穆勒的直接指称式语义关系、摩尔的概念属性语义关系、马尔科维奇的"客观意义"关注的焦点就是意脉的组成成分。

话语交流中意脉的构建过程就是双方对语词的所指对象、语词指引的概念属性和客观事实的利用。物理对象本身进入不了话语交流中来，但是可以通过语言形式成为意脉的组成成分。按照摩尔的想法，我们从口袋里摸得出手机，但是我们摸不出手机的意义。

然而，在本研究看来，我们虽然不能像摸出手机这个物件那样，把手机的意义也摸出来，可是我们可以根据摸出来的手机来推导"摸出手机意在何为"。在这一点上，胡塞尔认为意向性意义的传递很多时候离不开经验基础，布兰顿抛开外延和内涵，根据意义的规范性，直接指向"摸出手机意在何为"。在这个时候，话语交流就有意脉的凸显。试看例7-9：

例7-9①

秦老娘在屋里走了几步，抬手撑住一根柱子，"怎么是湿的？"

---

① 语料来自方棋的小说《最后的巫歌》第254页。

她诧异地问。

张氏上前一看,愣了:"咦,哪来的水?"

"怎么无缘无故地流水呢?"张氏奇怪地瞪大了眼睛。

"中了夏家的邪术?"秦老娘紧张道,"难道……他听说了白帝天王被烧的事?他晚上才到……"

张氏说:"我去梨树湾请郎中。"

"有哪样用?"秦老娘绝望道,"他在福事中做了手脚!都怪隆平太忤太傻,害了我孙子了。"

"奶奶,我脚都麻了。"秦基安〔孙子〕在火塘边叫。

"害了我孙子,"秦老娘抹泪道,"怎么办啊?叫秦隆平来,他闯下的祸!"

上例中话语参与者是"秦老娘""张氏""秦老娘的孙子〔秦基安〕",对话的意脉构建是"湿了""水""流水""邪术""被烧""郎中〔无用〕""做了手脚〔他用了邪术〕""秦隆平太忤〔所以中了邪术〕""害了孙子""孙子脚麻"……这是一条凸显的意脉。湿了与水和流水是概念关系,这三者与邪术是概念关系,"秦隆平太忤〔所以中了邪术〕""害了孙子""孙子脚麻"是对象关系,同时与"邪术"形成意向性语义关系。

意脉的特征是语境资源得到激活,进入话语交流,从而形成意脉连贯。

(三) 理脉

理脉关涉的是言之有物,是交际信息本身,相当于布兰顿所说的规范态度、断言守诺、推论守诺、数据累积、替换守诺和回指守诺等所指向的内容。即话语双方具有的规范性内容,处于内隐状态,只有当进行断言、推论、信息的数据累积、语词替换和回指时,规范性的内容才会外显出来,这时就有理脉凸显。

理脉在雅各布森的语言交际功能中属于诗化功能，这里的诗化功能就是要把话语内容进行合理美化。这就是理脉的本质所在，话语交流需要符合某种道理，而这些道理在交际双方的心里处于内隐状态。话语形式、话语内容、话语所指向的语境资源等都会把理脉带出，理脉在交际中外显出来。试看例7-10：

例 7-10①

人事经理：章芸怀孕了。

项目经理：这个项目那她就不要参加。

这个例子外显出来的理脉凸显的步骤是：（1）怀孕不适合做这个项目。（2）章芸怀孕了。（3）章芸不适合做这个项目。（4）这个项目就不能交给章芸了。

话语交流的内容需要合理。话语合理就是合乎道理、合乎义理、合乎事理以及合乎情理。合乎道理就是合乎自然规律、自然法则；合乎事理就是合乎事情的发生及发展的规律；合乎义理则是合乎一定伦理道德的行事准则；合乎情理是指合乎人情规律，合乎一定的情绪或思虑的表现。

话语合理还包括合乎普遍的理与合乎特殊的理之分，合乎公共的理与"个人的理"之分，合乎整体的理与合乎局部的理之分，以及合乎过去的理与现在的理之分。这几对区分各自都合乎辩证法，都有对立与统一的关系，见图7-11。

例 7-11

据明朝曹臣所编《舌华录》记载，苏轼一日饭后散步，拍着

---

① 语料来自网络。

肚皮，问左右侍婢："你们说说看，此中所装何物?"一婢女应声道："都是文章。"苏轼不以为然。另一婢女答道："满腹智慧。"苏轼也以为不够恰当。爱妾朝云回答说："学士一肚皮不合时宜。"苏轼捧腹大笑。苏轼对朝云的回答，大笑认可，是因为他的确"不合时宜"。

上例中苏轼与两个婢女的对话合乎主仆之情理，而苏轼与其爱妾王朝云的对话既合乎情理又合乎当时苏轼所处环境的事理。况且"一肚皮不合时宜"这样的表达在对话中构建起了创造性理脉连贯。

理脉的特征是话语内容本身的合理性美化，这就是说理脉凸显，一方面指示的是雅各布森的诗化功能；另一方面彰显的是布兰顿的"内隐内容在实际话语中得以外显出来"的规范性语义哲学观。

（四）情脉

情脉关涉的是言之有情。亚里士多德说人是理性的动物，这话不错。除了理性，人更是感情的动物。动之以情，晓之以理。情与理相得益彰。雅各布森认为，语言的情感功能旨在确保话语交流拥有情感通道。情感既是交流的渠道，又是交流的重要内容。没有情感的话语交流恐怕只是机器人之间的交流。情感是普遍的存在者。按照二分法，情感可以分为积极情感和消极情感，或者说正向情感和负向情感。

情脉的组成是由情绪的表现方式决定的，而情绪大致可以按照通常意义上的七情六欲来划分。根据《礼记·礼运》，儒家以喜、怒、哀、惧、爱、恶、欲为七情。佛教以喜、怒、忧、惧、爱、憎、欲为七情。中医学名词喜、怒、忧、思、悲、恐、惊七种情志。西方宗教文化中的七种大罪，即贪吃（Gluttony）、贪婪（Greed）、懒惰（Sloth）、淫欲（Lust）、嫉妒（Envy）、暴怒（Wrath）和傲慢（Pride）也可进入人的情绪中。情绪心理学家对情绪的划分更为细致（《情绪心理学》（杜世洪 2008；斯托曼 1987：73-74）。

话语本身无所谓情感情绪，但是话语可以携带情感情绪。人的情感会从话语方式、话语内容、话语目的中显现出来。对于情脉连贯的研究，需要借助多模态手段。不过，话语本身仍然可以作为情脉的研究对象。试看例7-12：

例7-12①

玛丽亚是一家企业的CEO。过去的6个月里，她一直在公司推行一项成本缩减计划，但是直至今日都不曾看到效果，为此她专门召开了一项会议。

会议开始后，一位经理有些迟疑不定地站起身来，神情慌张地说："玛丽亚，请允许我提一个很棘手的问题？"

玛丽亚微笑着点头回应。经理接着说："是这样的，您又让我们双面打印，又让我们放弃对设备升级的投资，可自己却修建了新的办公楼，听说光是办公用具就花了三十万，是这样吗？"

玛丽亚一脸严肃，眼睛冒火。每个人都默不作声，不知道接下来要发生什么。

上例中，经理说的话表面上是事实陈述，深层上却有抱怨情绪和指责情绪，玛丽亚听了当然会不高兴，会生气，甚至会发怒。这样的对话中就有情脉的凸显。话语交流中的情脉实现方式是值得研究的重大问题。就人的话语进行情脉识别研究，这在人工智能高速发展的时代意义重大。机器人的话语有情脉连贯吗？其实，我们还需要花大力气来弄清人类对话的情脉连贯情况。不过，本研究暂时无法进行相应的、系统性强的深入研究。

在语言系统中，语气助词、感叹词、评价性形容词等都是情脉构建

---

① 语料来自网络。

的典型载体。其实，语言使用中的措辞、修辞、选择性表达等手段都是出于某种情脉构建的考虑。愤怒之时想骂人，高兴之际话好听。这些都是情感使然，具有情脉构建。良言一句三冬暖，恶语伤人六月寒。这也是在说话语交流中具有情感凸显。这些现象都值得被系统地研究。

三、连贯构建的脉络结构

我们根据雅各布森语言交际的六大功能，为话语双方的立言、说事、论理和表情寻找了理论根据，同时结合分属不同传统的现代哲学家穆勒、摩尔、皮尔士、胡塞尔、马尔科维奇和布兰顿的意义理论，研究发现话语互动中的发话者和受话者之间具有四个层次的连贯构建：语脉、意脉、理脉和情脉。

发话者在话语交流中触情而生（体现的是雅各布森的情动功能），发话在脉络数量上可能会有语脉、意脉、理脉和情脉。受话者在交际中意动为果（反映的是雅各布森的意动功能），受话也同样可能会有语脉、意脉、理脉和情脉。理论上，交际双方都有四脉，因此在同一种脉络上构建连贯，就有四种脉络连贯：语脉连贯、意脉连贯、理脉连贯和情脉连贯。

实际交流中双方的脉络连贯情况可能是异脉连贯，即发话者是语脉凸显，而受话者却是情脉凸显。这样的脉络结构就是异脉连贯。理论上，我们可以总结出如下种类的脉络结构见图7-6、图7-7、图7-8所示。

图7-6 话语双方同脉连贯结构图

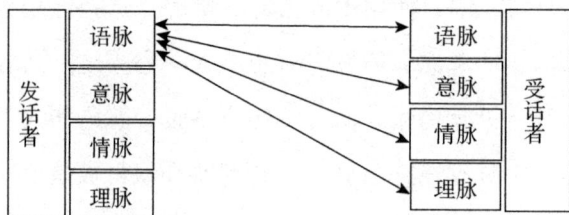

图 7-7　话语双方异脉连贯结构图

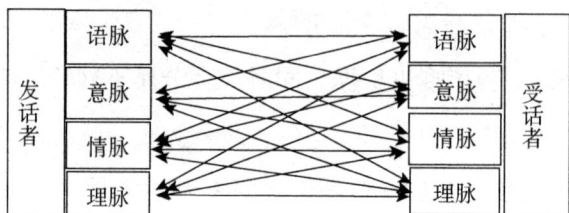

图 7-8　话语双方连贯脉络结构总图

从图 7-6、图 7-7 和图 7-8 看，话语双方的连贯构建具有多种脉络结构构建。仅从分析角度看或者说从理论上看，双方可以构建四种同脉连贯，如图 7-6 所示。双方也可以构建发话者是单脉，而受话者却是多脉的"单发多受"脉络连贯，如图 7-7 所示。反过来，发话者可以用多脉发话，却激活受话者的某一单脉，这种情况属于"多发单受"的脉络连贯构建。图 7-8 显示的是话语连贯脉络结构的全部可能性。

交际双方能够达到理解，关键就在于连贯脉络的构建。话语理解之所以可能，就在于双方都具有辨别话语脉络结构的能力与实践。话语理解就是顺着话语的连贯脉络进行分析和信息解读。

增强理解有两个目的：一是为了增加我们的知识；二是为了把我们的知识明白无误地传授给他人。

——洛克《人类理解论》

第八章　话语理解的合作原则

格莱斯合作原则虽然是一个老问题，但这个老问题却需要新的理解。要理解格莱斯的合作原则，自然要考察"合作是不是原则"问题。对此，钱冠连和冯光武二人各自表达了不同的观点，他们观点的差异颇具启示意义。钱冠连（2002：152）关于"合作不必是原则"的论点反映的是合作原则的"缺陷说"。在"缺陷说"看来，合作原则存在着"不足"，出现了"危机"而需要"拯救"。冯光武（2005）强调"合作必须是原则"折射的是合作原则的概念问题，可以称之为"概念论"。"缺陷说"和"概念论"是对格莱斯合作原则的不同理解，这种不同理解的焦点在于对"原则"理解的差异。针对这个问题，我们站在维特根斯坦自然理解观的角度，利用陈嘉映提出的"理解的合作原则"来思考"格莱斯合作原则"与"维特根斯坦自然理解"的关系。

理解的合作原则虽然与格莱斯合作原则不尽相同，但是在话语互动的研究维度里，二者却具有相同的研究旨趣：都试图为会话意义的衡量建立起客观尺度。然而，格莱斯的客观尺度却遇到了来自话语主观理解的挑战。这正是格莱斯合作原则引起国内外学者争论的问题所在（Sperber & Wilson 1986；Travis 1991，1997；钱冠连 2002；冯光武

2005）。对于这一问题，我们认为应该对"原则"与"理解"进行深入思考，然后才可能揭示格莱斯合作原则所存问题的实质。

第一节　对"原则"的理解

首先，我们要对"原则"一词进行考察，为如何看待格莱斯的合作原则做铺垫。

维特根斯坦在《蓝皮书与褐皮书》开篇就说，追问一个"词的意义是什么"，就要追问"解释意义的方式是什么"。他说，这好比要理解"什么是长度"就要弄清我们"怎样度量长度"（Wittgenstein 1998：1）。同理，要明白原则是什么，就要弄清我们怎样看待原则。

我们对"原则"具有不同的认识角度。从执行主体来看，原则可分为"强制性原则"和"非强制性原则"。强制性原则是硬性规定。作为硬性规定的强制性原则，不允许被打破和违背。强制性原则往往是刚性的，不容改变，而如果一个原则可以任意改变，那么这个原则就是非强制性原则。非强制性原则是柔性的、商讨性的、任意约定的。比如，象棋开步的红先黑后，围棋的黑先白后，这是一种约定。任意约定的"非强制性原则"可以分为无道理的约定和有道理的约定。围棋开棋的黑先白后，这种约定没什么道理可言，但围棋的打劫却有点道理。无道理的约定容易更改，而有道理的约定不宜更改。有道理的约定接近于强制性原则，而无道理的约定不具有任何强制性。

从建立依据来看，原则可分为"描述性原则"和"规定性原则"（杜世洪 2008；杜世洪、李菊莉 2012）。描述性原则往往不是行为当事人可以轻易意识到的原则，而是观察者发现、归纳、建立的原则。描述性原则是一种尺度，一种检验手段。描述性原则就好比化学实验用的pH 石蕊试纸，它可以用来检验溶液的酸碱度，但溶液的酸碱度并不按

pH 试纸的要求而改变。这就是说，即便没有 pH 试纸，溶液仍然有它自己具体的酸碱度。描述性原则以客观事实为建立依据，而在没有事实作为根据时建立的原则就是规定性原则。规定性原则可能是强制性的，也可能是非强制性的。

从原则所反映的事理来看，可以分为"事实性原则"和"概念性原则"。世界既有事实，也有道理。纯粹描述事实的原则是事实性原则，而揭示事实背后的道理，揭示人类活动有意义和无意义的极限时所遵循的原则就是概念性原则。如烫伤了手是一个事实，而引起烫伤这一事实的发生可能是另一个事实，如打翻了一杯滚烫的水，但烫伤这一事实的道理却不是打翻了开水这个事实所决定。事实性原则关注的中心是事实，而概念性原则则是对道理的推论。

所以，提到原则，人们大致会有以上各种不同的心理设定。围绕格莱斯合作原则所出现的理解上的差异，正是出于对原则的不同认定。钱冠连关于"合作不必是原则"的观点，其根本道理在于把格莱斯合作原则当成了强制性原则。冯光武称"合作必须是原则"，这一观点的立足点在于把格莱斯合作原则当成概念性原则。钱、冯二人都在同一个术语"格莱斯合作原则"下展开论说，但他们的观点瞄准的不是同一个层面。对此，不能简单地用对错来加以评价。这里不存在谁对谁错这样的问题，而是各自理解的层面不同而已。钱冠连讨论格莱斯合作原则时，关心的是语言现象，指出的是格莱斯合作原则在运用上的缺陷。这种"缺陷说"以具体话语现象为例来反观格莱斯合作原则的解释力，虽然找到了问题的突破口，但没有追究问题的成因。冯光武从概念考察出发，把格莱斯合作原则当成哲学问题加以思考，指出"合作原则试图揭示言语交际，和其他人类行为一样是理性的，合作性是理性的一种体现"（冯光武 2005，2006）。这样的断言属于概括性的观点，但仍需掉转方向从纵深处来思考格莱斯合作原则。不同于钱、冯二人，我们的观点是格莱斯合作原则属于描述性原则，旨在描述会话含义产生的各种情况。

至于合作"必须是"或者"不必是"原则，这样的提法多少带有矛盾的意味。我们觉得，原则总是与遵守和违背相关。如果断言某原则"必须是"原则，那就意味着这个原则至少在某个层面、某个范围必须被遵守。然而，遵守又是以违背为存在条件，没有违背就没有遵守所言，有"遵守"自然就有"违背"。说"遵守"与"违背"，这是从行为主体的角度而言。从客观分析的角度看，特别是在分析者的视角下，"遵守"与"违背"原则对应的是"符合"与"不符合"原则。于是，格莱斯合作原则在"遵守"与"违背"中遭到的质疑，实质上成了分析者在讨论"符合"与"不符合"合作原则的具体案例，而不是对格莱斯原则本身进行是破还是立的讨论。

由此观之，格莱斯合作原则真正存在的问题并不是合作原则是不是原则的问题，而是作为一种理论所必然遇到的解释力问题。只要一个理论不具备普适性，即只要承认格莱斯合作原则并不具有普遍的、放之四海而皆准的解释力，那么该理论或原则存在着不足或问题就显而易见。

第二节　格莱斯合作原则的解释力问题

格莱斯从语句意义的表达方式出发区分了自然意义和非自然意义。自然意义是事实性的，是指语词或语句所携带的意义具有自然属性，与某种自然符号直接相关。如"乌云密布意味着倾盆大雨"这样的语句，其意义是自然的、事实性的。非自然意义是非事实性的，是指交流中的意图。如"他的手势意味着他吃撑了"，这话的意义并非以事实为基础（Grice 2002：291）。非自然意义是格莱斯关注的重点，他的会话含义理论旨在说明为什么在"说话者意义（相当于非自然意义）"与"句子表面意义"之间会出现不一致的情况（Levinson 2001：16）。

　　格莱斯的非自然意义理论就是他的会话含义理论，就是说发话者所说的与发话者所意图的并非一致，说出的字面意义往往带有其他含义。比如"我"对一个不愿让他久留的不速之客说："左边是出口。"这话的意图是"你可以走了"。

　　不难看出，格莱斯对会话含义的考察应该以理解为基础，以话语行为和"共晓性"（common intelligibility）① 为检验尺度（Rhees 1998/2001）。"左边是出口"和"你可以走了"的关系是在理解中确定的，没有理解，二者就不会有什么联系。试想你对一个疯子说"左边是出口"，那疯子能明白你在逐客吗？所以，说话者可以设置含义，可以用不同的话语表达来传递自己的意图，但是，含义传递依赖的不是话语本身而是受话者与发话者之间的共晓性。格莱斯不是从共晓性的角度来鉴别含义的种类，而是从话语的组织方式来分析含义何以产生。

　　格莱斯提出会话的合作原则来分析含义产生的种种可能。在格莱斯看来，一次成功的交谈是参与交谈的人共同努力的结果。要促使交谈成功，参与的人必须有一个共同的交际目的，即他们通过交谈要达到某一目标，或者至少有一个被双方或多方都接受的大方向（何兆熊 1989：

---

①　Common intelligibility 是维特根斯坦的学生 Rush Rhees 在整理维特根斯坦语言观的笔记时，总结出来的一个概念。Rhees 没有就这一概念进行详细定义，但却反复指出，话语互动的基础在于理解，而理解又以 inter-intelligibility 为基础。话语双方的 inter-intelligibility 会在理解中达成 common intelligibility。在 Rhees 看来，维特根斯坦认为话语的本质不是规则的联合，而是 common intelligibility 的联合。Common intelligibility 是话语双方的内在贯通，语言形式上表现为语句的匹配关系，而与某一语句匹配的语句不但数量很多而且形式也很多。参见 Rhees（1998, 2001）第 12、26、32、44、63、260-264 等页。话语行为与 Common intelligibility 的关系是，前者聚焦在语句的匹配关系及其多样性上，后者聚焦在个人语句的社会性和规范性上。例如：甲乙二人看见一女孩突然昏倒时，如果甲说"她有满头青丝"或者"她好漂亮啊"这样的语句既不符合话语行为规范的要求，也不能让乙与甲达成共晓性，即乙会感到甲的话莫名其妙。此时此景，如果乙听不懂汉语，按照话语行为规范和共晓性，乙还会以为甲说"她有满头青丝"的话等于"快救救她""叫救护车""我们把她抬到医院去"等这样的语句。从语言哲学看，Common intelligibility 这一概念的提出，意在批判 Plato 关于语言是规则的联合和微积分式的联合这两种观点，这是后期维特根斯坦思想的精髓所在（McCarthy & Stidd 2001）。

146；Grice 2002：26）。格莱斯假定发话者与受话者之间存在一种默契，一种双方都应遵守的原则，他把这原则称为合作原则。

格莱斯合作原则大致规定了话语双方要讲真话，不要说假话；说恰如其分的话，不要添油加醋；要直截了当、以事论事，而不要说毫不相干的话；要简洁明了，有条不紊，而不要转弯抹角、语无伦次。在理想的情况下，假定每个人说话遵守合作原则，那么会话就没有特别的含义，交流就容易成功。相反，对格莱斯合作原则任何一条或者几条准则一起违背，交谈就明显伴有含义的产生。虽然，在格莱斯看来，遵守或违背合作原则及其准则都可能产生这样或那样的含义，但格莱斯特别关心的是把"what our words say or imply"同"what we in uttering them [our words] imply"区别开来，而格莱斯认为奥斯汀完全忽视了这一区分，且维特根斯坦似乎否认有这样的区分（Grice 1986：59）。

实际上，格莱斯合作原则并非是一个强制性原则。格莱斯提出合作原则的首要目的不是规定人们会话应该遵守那四条准则，而是假定人们要遵守，在遵守与不遵守的情况下来考察会话含义的生成与理解。应该说，严格地遵守合作原则而进行的对话有如在理想语言中进行交流，或者有如数学语言一样精确无误。在实际话语互动中，虽然有倾向于遵守合作原则的情况，但都不是严格意义上的遵守原则。程式性对话中含义较少，容易让人明白。如顾客与店主进行买卖交易的对话，多在合作原则下进行，但我们仍然不能说顾客与店主都在精确地遵守合作原则。格莱斯提出合作原则时，有一个基本的出发点：双方交谈有一个共同的目标或有一个共同谈话方向，双方都愿意促成成功的交谈。这是一个貌似有理但实为奢求的主观想法。什么叫共同目标？什么叫同一方向？是双方都朝百米赛跑的终点奔跑那样的共同目标或方向吗？还是双方迎面而跑直奔中间某个共同目标？如果是后者，那么双方如何知道会合点刚好就在他们所谓的共同目标点上呢？注意，这里的问题正是格莱斯合作原则解释力问题的实质所在。

格莱斯从话语的组织方式来计算含义的种类，同时也为含义的产生机制提供了解释。在格莱斯看来，在特殊的语境下，公然违背合作原则中某项准则产生的含义属于特殊会话含义，而在遵守合作原则各项准则的情况下产生的含义，特别是在一般语境下从用词本身推导出的含义则可能属于一般会话含义①。这样一来，违背与不违背合作原则的准则，语句都有不同含义产生的可能。同样，放在不同的语境中看，所谓违背合作原则的对话其实也是出于真正的合作，而有时的合作却成了真正的违背。沿着这一思路，人们可以找出许多话语实例来验证格莱斯合作原则的解释力。

莱坎说，格莱斯的会话含义理论得到了普遍的认同，但也出现了一些批评（Lycan 2008：86-97）。对格莱斯进行批评颇具代表性的有斯颇博和威尔森、莱文森，以及戴维斯等人，他们各自都指出了格莱斯合作原则的不足之处（Sperber & Wilson 1986；Davis 1998；Levinson 2000）。戴维斯对格莱斯的批评几乎与斯颇博和威尔森如出一辙。戴维斯认为格莱斯的含义推导可以分为两个阶段：开始的否定阶段和紧跟其后的肯定阶段。在话语开始的否定阶段中，受话者探测到发话者的意义与字面意思相背离，但紧接着受话者得出结论而肯定发话者的真实意义。根据格莱斯的关联准则，会话含义的推导应该始于"说话者不可能是那个意思因为那话显而易见地不对"。我们知道肯定有某种意义出现，那么就要运算将会导致该意义出现的肯定成分是什么。戴维斯认为格莱斯正是对那肯定成分缺乏解释。换句话说，对于发话者明显违背合作原则的话语，受话者要加以快速运算，推导出他的含义。受话者如果明显感觉到有含义，那么受话者就要计算出正面的、肯定的意义来。格莱斯未能指明受话者依据什么样的肯定成分来推知含义，他的合作原则只是旨在说

---

① 需要指出的是，这里关于一般会话含义和特殊会话含义的区分虽然不违背格莱斯对二者进行区分的旨趣，但并不是一般会话含义和特殊会话含义的区分标准。姜望琪（2003：76-80）对此做了简明扼要的总结。

明什么样的否定成分会导致含义产生。

　　在我们看来，戴维斯批判格莱斯时所关注的实质就是发话者的语句如何与受话者所听到的语句的理解问题。这正是"语言符号的恰当与否和它们同说话人的意图之间的关联性都可能对主观理解形成一定的制约"（冉永平 2002；杜世洪、李菊莉 2012）。为此，需要指出的是，对格莱斯合作原则及会话含义进行评价应该从理解的角度切入，从维特根斯坦的自然理解论切入。

第三节　维特根斯坦的自然理解论

　　自然理解论的核心观点是"理解是一个自然的、直接的、无中介的过程。当然，有时需要解释，需要中介，但最终要来到直接理解"。（陈嘉映 2003：209）。话语互动中，受话者听到一句话，通常就直接理解了。在所听到的话语与理解之间，不需要什么中介。自然理解论的重要意义就在于维特根斯坦倒转了各种意义理论关于理解的思考方向。指称论、观念论以及图像论这样的意义理论希望在语句与理解之间建造桥梁，从而跨越从语句到理解的鸿沟（陈嘉映 2003：208）。

　　在《哲学语法》中，维特根斯坦将语言的理解问题进行了集中讨论，所表达的观点与后期著作《哲学研究》的观点相一致。他认为，"科学和数学使用了命题，却没有谈到对这些命题的理解"，而对命题的理解恰好是哲学应该关心的重要问题。对于"理解"一词，维特根斯坦看到了它的双重意义。他说：

　　　　在下棋这个例子里，我们可以再一次地看到"理解"这个词的双重意义。当一个会下棋的人看下棋时，他下棋的经验总是不同于某个不会下棋但正在看下棋的人。（他的经验也不同于一个根本不知道下棋的人的经验。）我们同样可以说，正是这种关于下棋规则的知识使两个看下棋的产生了差别，而且同样是关于规则的知识，那个看下棋的会下棋的人有他所有的特殊经验。但是，这种经验并不是有关规则的知识。可是我们乐于把它们叫作两种"理解"。

（维特根斯坦 2003a：40）

在维特根斯坦看来，两个观棋者的差别在于他们有两种不同的理解。如果理解就像下棋的话，那么真正的理解在于会下棋。这就是说，理解一个词就是知道如何使用这个词。"应用始终是理解的一个标准。"（维特根斯坦 2001：89）维特根斯坦说："请记住，一个人不理解一个词，这事情是有一定的标准来判明的，这个词对他什么都没说，他不知道拿这个词干什么。也有'他以为理解了这个词'的标准，把某种含义和这个词联系在一起，但不是正确的含义。"（维特根斯坦 2001：144）。这话可以用以下话例来说明。大毛、二毛两小孩正津津有味地吃着零食，三毛眼馋地问："你们在吃什么？"大毛冷冷地回答："甭管。"听到这话，三毛跑去向妈妈告状："妈妈！哥哥在偷吃'甭管'，我也要吃'甭管'。"显然，三毛在没有学会"甭管"时而接受到这个词，于是没有真正理解。他误把"甭管"当成一个指代某种零食的名称而误用。这说明理解发生在语言中话语互动中。语言理解是话语互动的关键。根据维特根斯坦的语言理解论，弄清对语言意义的理解，就是弄清语言的实际使用。

维特根斯坦利用语言游戏来考察我们的语言理解情况，为话语分析提供了新的意义分析单位。传统分析中，语言的意义单位要么是词、话语片断，要么是句子等，这些都是出自语言学的考察手法。立足于语言的使用和理解。维特根斯坦发现，人类、世界设置和语言这三类因素紧密交织，即简单的语言游戏就是这三类因素交织而构成的最基本的复合体，是我们考察语言意义理解的基本单位。维特根斯坦明确指出："我还将语言和活动——那些和语言编织成一片的活动——所组成的整体称作'语言游戏'。"（维特根斯坦 2001：8）语言游戏视角下的意义问题和理解问题具有活生生的特性，语词离开了具体的使用和理解就失去了生命。

语言意义的理解问题就是语言和语言使用者之间的一种关系，它离不开对语言的具体使用。语言学的传统分类把语言的意义置于语义学内，而把对语言意义的理解归为语用学领域。实质上，离开了具体的使用活动，"语言的意义问题"和"意义的理解问题"这两者就不能紧密地关联起来。维特根斯坦打破了语义学和语用学的分界，从而使语言意义的理解成为语言意义研究的合理内核。语言意义的单位也就是意义理解的单位。

"以语言游戏作为理解语言意义的原初单位，为我们洞察使用者如何理解语言的意义提供了全新的视野。"（张学广 2003：175）我们的理解从一开始就是以系统整体方式建立起来的。一个词的意义和理解并不是单个地被确定，而是系统整体地确定。行为和生活是理解语言现象之所以能够发生的逻辑基础，是我们能够理解和使用语言的原始保障，给我们对语言的使用和理解以确定性，使我们的理解活动成为原始的现象维特根斯坦（2003b：241）。这里所谓的原始是指先于语言的行为方式，语言游戏建立在它的基础上，它是一种思维方式的原型而非思考的结果。

话语互动的双方如何就一个词或句子达成相互理解的呢？如果按照洛克所说，受话者理解发话者所说的话语片断或语句，其基础就在于两个人心中拥有同样的观念。这一观点似乎颇有道理，但话语互动并不是单纯地进行观念对等的核对，就是说如果"我"指着餐桌上的盐瓶说"盐"，"我"并不是在指物命名，"你"也确实明白"我"需要给汤里加盐而顺手把盐瓶递给"我"。话语互动不是追求观念的一致，而是在共晓性的基础上相互理解。显然，一个人对一个语词有正确的理解，或者两个人能通过语言达到相互理解，原因是语言拥有可相互理解的原始根基——话语的共晓性。话语的共晓性是以人的社会行为作为参照的，没有行为作为参照，我们就无法学会语言，尤其是无法学会代表其他民族文化的语言，无法理解听到的话；没有共晓性，我们就无法就某一个语词或语句形成相互理解，我们之间就没有话语的可能。理解说出的一个词或句子，就是理解一个特定的行为，而不是理解他人心中的观念。

一个人能理解语言，是因为他有这种语言相对应的生活形式，而这种生活形式赋予了语言共晓性。同一种生活形式让同一种语言具有理解的可能。对理解的可能性的研究就是逻辑研究，而对词的可理解性研究，亦即对一个人如何能恰当地使用一个词而做事的研究，就是概念研究。一个词可理解和可恰当地用于做事，归结于它被安置在许多圈层的其他语词中，即被安置在一种语言中，它来自一种语言。理解一种语言就是理解一种生活形式。

语言在生活形式中呈现什么特性呢？维特根斯坦说，想象一种语言就叫作想象一种生活形式。这里蕴含的道理是什么呢？在维特根斯坦的学生里斯（Rush Rhees）看来，这里蕴含的是语言与生活之间存在着某种联合。话语互动的基本成分是语词，同一语词可能会在不同对话中出现，但却不能就此推断说，使用了同一语词的不同对话就有必然联系。为什么呢？我们的语词隶属于同一门语言与我们的语词隶属同一对话，这两种隶属关系虽然相似，但却有根本的区别。隶属同一语言是形式关系，而隶属同一对话却根本不可能，因为根本就没有同一语词的不同对话。对话在本质上是联合，是思想或生活的联合，而不是语言形式的联合（Rhees 2001：108）。语言的联合，即各种语句汇聚一体，不是积分式的联合，也不是游戏规则式联合，而是共晓性的联合，其本质就在于话语参与者能相互明白。

话语互动中的正确理解并非仅仅依赖于命题之间的形式关系，并非一味关注这一句是不是出自那一句，这一句是否可以取代那一句等逻辑演算问题。一方面，正确的理解强调的是话语参与者在互动中的相互理解；另一方面，正确的理解并不能完全离开对话语本身的理解。既然话语互动以共晓性为基础，那么要揭示人们相互理解的实质，就是要弄清各种语句在实际使用中如何汇聚成统一的整体，即要弄清话语互动的双方何以达成话语连贯。维特根斯坦的自然理解论指明了理解的原始基础——理解语词用法所依赖的生活形式和基于共晓性的相互理解，同时还指明了理解的流动性——由于生活形式的丰富性和语言联合的不完备性，话语双方纵有理解的原始基础作为保障，理解也不可能总是按既定模式发生。也就是说，即便是自然理解，话语双方达成的理解也是在话语互动的实际情况中产生的。"没想到他会这么说""这真是意外之喜"等话语的产生，就是基于意外理解达成后而发出的感叹。话语互动的相互理解既可能是把话语朝共同期望的方向推进，又可能是产生不同的推展。不论出现何种情况，双方都可能达成理解。维特根斯坦说（维特根斯坦 2003a：75）："理解等于把握，等于从对象获得一种规定的表达，让它自己作用于自己。让一个句子影响自己；考察句子的结果，就是想象它们。"

第四节　陈嘉映的理解的合作原则

　　人有追求理解的天性，否则，人就不会理解任何事情。如果一个人总是抬杠，其目的就是抬杠，除了抬杠别无他事，那么这个人永远可以找到可以质疑的东西，即在他面前几乎没有认同可言。理解虽然是流动的而且没有终极标准，但是理解终究是可以达到的。陈嘉映（2003：210）把理解的这一特征称作"理解的合作原则"。虽然，陈嘉映没有具体分析理解的合作原则，但他就该原则的基本原理做了大致说明。在他看来，理解的合作原则不是一个规范性原则，而是一个描述性原则，旨在描述我们事实上怎样达到理解。

话语互动中人们怎样达成理解，这正是话语意义研究不可避免的问题。围绕这一问题，我们沿着陈嘉映的路子试图对理解的合作原则进行发展与补充，以解释话语意义的理解机制。

我们知道，格莱斯从话语的组织方式入手提出会话的合作原则，并以合作原则为尺度来检验会话含义的产生情况。然而，格莱斯的客观尺度却遇到了来自话语主观理解的挑战，即对于话语互动的一些现象，格莱斯合作原则的解释力失去了应有的效用。为此，钱冠连（2002：158）分别从质、量、关系和方式四个方面提出了反驳格莱斯合作原则的反例，从而断言"合作不必是原则"。钱冠连说："合作不必是原则的最后依据是，说话本来就是在目的—意图的驱动下实现的，与双方是否持合作态度基本无关。"（钱冠连2002：158）钱冠连提出的"目的—意图原则"与其说是对Grice合作原则的拯救，还不如说是对它进行彻底的抛弃。在我们看来，"目的—意图原则"与斯颇博与威尔逊的关联理论一样，企图对格莱斯留下的问题另求它解。面对格莱斯的问题，换种解法固然可取，但重要的是要对问题的实质进行充分剖析。

格莱斯关注的是一个给定语句由于信息的真假、信息量的多寡、信息组织的言说方式以及信息的相关性等语句自身的特点，可能会传递不同的意义，甚至可能导致交流失败。于是，格莱斯假定会话双方具有一种合作的默契，从而避免交流的失败。应该说，格莱斯已经注意到了"语句的意义"和"语句意义的理解"问题。在维特根斯坦自然理解论的视角下，这两者紧密联系成一体，而格莱斯却强调了二者的分离。仿佛在格莱斯看来，语句的字面意义具有存在的地位，受话者对语句的理解又可能出现另外的意义，这个另外的意义也有它的存在地位。这样一来，就会出现冲突，要消除这一冲突，就需要双方合作，而合作的形式在格莱斯看来应该体现在话语的组织方式上。然而，话语双方赖以对话的基础并非话语形式，而是双方的相互理解。在理解的基础上，话语形式可以有多种多样。对于一个语词的理解，就是双方知道这个语词的具体使用，而对于一个语句的理解，就是双方知道，这一语句在具体的使用场合下与哪些另外的语句汇聚成联合体，这联合体就是共晓性的联合。孤立的一个语句，即未进入实际使用的语句根本无意义可言。对语句的理解就是对语句用法地位的界定，而语句的用法地位就是具体场合下共晓性的联合中语句占有的地位，是理解的产物。试看钱冠连所举的关系上的不必合作的话例：

例 8-1

语境：1961 年，华中师范大学学生餐厅，学生向厨工递碗打稀饭的同时必须自报所需分量。但一学生忘了报明分量。

厨：（气势汹汹）怎么不开腔？

学： （反感于厨工的凶恶态度）开枪？开枪把你打死了怎么办？

(钱冠连 2002：156、157)

这一话例没有格莱斯和钱冠连所讨论的合作但却有理解的合作。这里凸现的话语脉络贯通，是"情脉"与"语脉"的贯通（杜世洪 2008：203）。学生理解到了"怎么不开腔"的使用情绪，于是在"腔"字上"借音脱跳"（杜世洪 2003），转到"枪"，而使用"开枪？开枪把你打死了怎么办？"这样的语句作答，同样是在情脉上达成共晓性。这里厨工和学生语句的字面意义不起主要作用，如果仅从字面意义上去解读，二者的对话确实不相干。

当我们说这例话语具有理解上的合作，而不具有格莱斯和钱冠连所谈论的合作，这就出现了对"合作"的不同理解。总体上讲，"合作"趋向同一。合作容易让人从价值判断的角度去理解。说某人很合作，多半是指他的行为、话语等符合我们的要求。说大家必须合作，就是要求每个人心往一处想，劲往一处使，不再各执己见，放弃原来的分歧。格莱斯的"合作"概念是指话语双方都遵守同样的原则，在同一个话题下组织话语，会话服务于同一目的，或者符合同一方向。而我们所说的理解的"合作"，是指话语双方在同一语言联合中指向话语共晓性。

从格莱斯合作原则出发，结合陈嘉映对理解的合作原则的界定，我们发现应该从理解的合作原则来揭示话语互动过程中会话双方实现交流、达成理解的机制。

话语互动具有不同层面、不同种类的脉络贯通，而话语互动的脉贯可能由语脉，或意脉，或情脉，或理脉的凸现来实现，也可由多种脉络的结合来完成。正常的话语互动都有脉络上的连贯，因而话语理解是在话语双方把握话语脉络连贯的基础上，在凸现的脉络上追求最大的共晓性。为此，理解的合作原则就是——理解是话语双方在凸现的脉络层面上追求话语最大的共晓性。这是理解的合作原则的总原则。

理解的合作原则不是强制性原则，而是描述性原则。理解的合作原则作为一个检验理解程度的标准，不是要规定如何理解，而是要考察理解如何围绕这个尺度进行。"自然理解"以追求最大共晓性为目标。

因此，回到常识的层面，我们可以说话语互动的理解就是话语双方顺着某种凸现的脉络进行剖析。话语理解的合作就是在某一脉络层面上追求最大的共晓性。试看例 8-2①：

---

① 这一话例从《三国演义》第 42 回整理而成，原文是：（赵）云曰："幸得公子无恙！"双手递与玄德。玄德接过，掷之于地曰："为汝这孺子，几损我一员大将！"赵云忙向地下抱起阿斗，泣拜曰："云虽肝脑涂地，不能报也！"

例 8-2

刘备：为汝这孺子，几损我一员大将！

赵云：云虽肝脑涂地，不能报也！

从格莱斯合作原则看，刘备与赵云二人的话毫无关联。虽然违背关联准则可以产生含义，但前提是双方有一个共同的目标，或会话的共同方向。字面上、语境中都看不出刘备与赵云的这一对话具有明显的目标，所以利用格莱斯合作原则就这一对话无法进行充分分析。另外，从衔接理论的角度看，刘备与赵云的对话也没有衔接点，衔接理论对此也无法解释。然而，从理解的合作原则看，刘备那"为汝这孺子，几损我一员大将"在其场景中起的作用是情感的表达，字面意义或者说语句意义不是交流的核心。赵云理解了刘备的恩情，也及时表达出感恩之心而说"云虽肝脑涂地，不能报也"。刘备与赵云在情脉凸现的层面上相互明白而达成共晓性。

钱冠连（2002：155）在论述"合作不必是原则"时，对信息量的多寡情况做了分析，称人们有时具有"多余消息欲"，有时要求说话人多给点信息。如果把格莱斯合作原则之量的准则奉为交谈的铁定标准，那么生活中反而会出现交谈的失败。格莱斯合作原则是描述性原则，并不具有普适性。况且，量的准则虽然明确指出会话双方应恰如其分地给出信息量，但是，什么叫作恰如其分，什么叫作不多不少给出适当的信息呢？这本身就是一个模糊的概念。信息量的恰当只是一种感觉，信息量的多少是双方在交谈中的感觉，而且是一个动态概念，具有弹性，没有刚性的标准。正如说："阿拉木罕什么样？身段不肥也不瘦。"这也只是一个模糊概念和一种感觉。你要是说 56 公斤重，1 米 65 高就叫"身段不肥也不瘦"，那么从这一个案中提取出来的数据并不具有普适性。

钱冠连举出的那一言语交际事件，虽然不能从格莱斯合作原则的角度得到充分分析，但可以从理解的合作原则层面进行揭示，见例8-3。

例8-3

顾客：有瓶胆卖吗？

卖主甲：没有。

卖主乙：没有。您晚了一步。

卖主丙：没有。您晚了一步。南京东路三号有的，您快去。

（钱冠连 2002：155、156）

按钱冠连的分析，卖主甲的回答符合量的准则的要求，可以得满分。而根据人有"多余信息欲"的要求，卖主丙的答复最佳。应该说，钱冠连的分析切中了问题的要害，但我们觉得这一话例更适合用理解的合作原则来分析。从理解的角度看，那可以得满分的卖主甲的话虽然能让顾客明白，却不能让顾客对"没有"瓶胆卖这一事实得到最佳理解。你说"没有"，我当然明白"没有"二字的符号意义，但我不理解"没有"在此处的用法。维特根斯坦不仅说理解一个语词就是知道它的使用，而且还强调"理解是一种解释关系"，"对于意义的解释可以消除与意义有关的任何不同意见。它可以消除误解"。（维特根斯坦 2003a：51）由此观之，卖主乙和卖主丙的答话却具有理解的合作态度。他们分别解释了"没有"以帮助顾客理解到"没有"。卖主丙不但解释了"没有"，而且还按事理的发展，指明了哪里还有。卖主乙或卖主丙同顾客产生的买卖中，双方在话语互动的理脉层面上达成了理解，形成了理脉连贯。这里的理脉之理就是合乎事情发展之理。

追问话语的意义是什么，势必追问衡量话语意义的手段是什么。格莱斯合作原则作为检验会话含义产生的衡量指针，能够指示出符合该原则解释范围的具体话语的可能性含义，但不能完全揭示意义产生的理解原理。因为，格莱斯合作原则的基本前提是语言和逻辑的充分分析，把意义的产生锁定在语言组织的形式规律上。如果在语言组织的形式规律上出现了明显违背原则的情况，在格莱斯看来就有含义的产生，而即便在遵守原则的情况下，也有含义产生。格莱斯能在形式上指明话语产生含义的可能性，但却不能揭示含义产生的内在机制。

格莱斯所遗留下来的问题，可以从维特根斯坦自然理解论的角度来加以剖析。理解的合作原则关注的焦点不是语言形式，尤其不是以语言形式为分析单位，而是认定"语言形式所代表的共晓性的联合"。话语双方如能在共同的脉络层面组织话语，双方就有共晓性的达成。共晓性是话语双方的内在贯通，在语言形式上以语句的匹配关系来显现。根据理解的合作原则，我们可以通过揭示理解的层面来衡量话语的意义；话语的意义并不是固定在语言的形式单位上，而是在话语双方的理解中开显。总之，检验含义产生情况的有效途径就是查看这句话在话语共晓性联合中的具体使用情况，以及查看这句话会与其他什么样的话语发生匹配关系。会话含义的衡量固然与话语形式相关，但是会话之所以有意义，取决于话语双方理解的合作。

基于以上观点，本研究发现话语双方的相互理解就是在理解上的合作，这种理解上的合作就是话语双方共晓性的统一；话语理解就是话语双方在凸现的脉络层面上追求话语最大的共晓性。这是理解的合作原则的总原则。这一原则就是他心语境中理解的合作原则。

方法，对于探求事物真理是绝对必要的。

——笛卡尔《探求真理的指导原则》

第九章　他心语境中连贯性话语的理解路向

第七章建立了话语连贯的脉络结构，这为他心语境的进一步分析奠定了基础。第八章探讨了理解的合作原则，这为本研究的总问题"话语理解何以可能"提供了分析原则。本章将围绕"话语理解何以可能"这一总问题，结合第二章关于他心语境的研究，通过分析话语连贯的脉络结构，来探讨他心语境与语义连贯的互动关系，从而为连贯话语指明理解路向。

"话语理解何以可能"这一问题直接与他心、语境、意义和连贯联系在一起。理解是话语互动中交际双方的相互理解。没有理解，话语互动就难以成功。话语互动的成功与否在于交际双方是否具有连贯构建，而连贯是语义性质的连贯，是双方互为他心而进行的在线理解与构建的语义连贯。

简言之，要回答"话语理解何以可能"这一问题，就要详细考察他心语境与语义连贯的互动关系。这既是本章要完成的目标，也是本研究要达到的总目标。

第一节   他心语境与语义连贯的脉络结构分析

在话语互动中，是否理解很容易显现出来，因为没有理解就没有话语互动。互动中的理解可以用理解的合作原则来描述。前述图 7-6、图 7-7 和图 7-8 是话语脉络的基本结构图，这三个基本结构图是分析用的示意图，在具体的话语实践中，脉络贯通具有不同的情况。

图 7-6   话语双方同脉连贯结构图

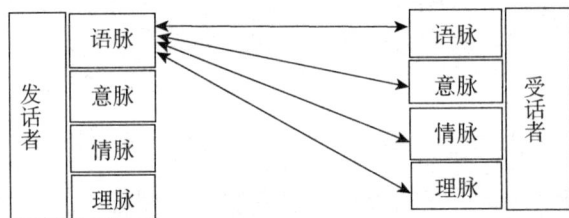

图 7-7   话语双方异脉连贯结构图

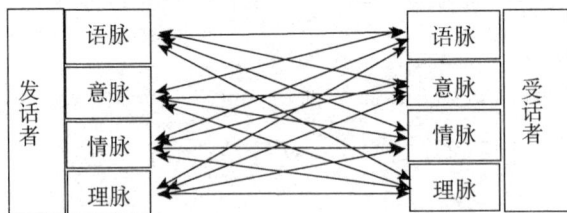

图 7-8   话语双方连贯脉络结构总图

既然话语理解的实质就是话语双方在凸现的脉络层面上追求话语最

大的共晓性，那么这就意味着话语双方的脉络凸显情况会因为不同的话语实践而出现不同。也就是说，话语双方的脉络贯通可能是简单的脉络贯通，也可能是复杂的脉络贯通。最简单的脉络贯通就是同脉连贯的构建。单一同脉连贯的话语，一般是人机对话。例如我们与谷歌智能助手进行对话，得出如下对话实例（见图9-1，左边是对话原文，右边是汉译结果）。

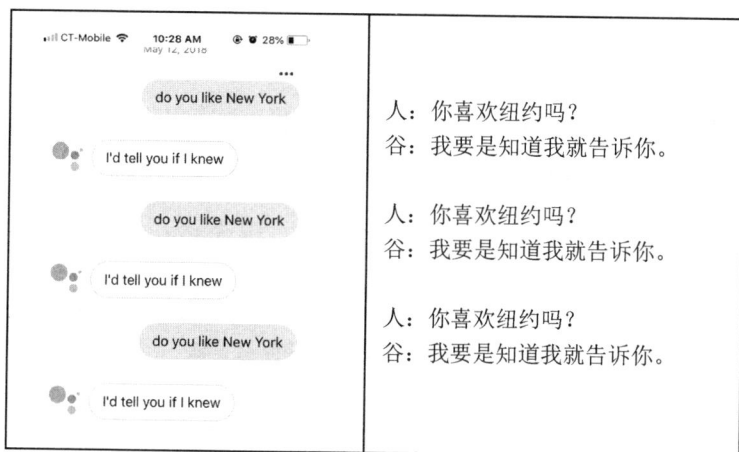

图9-1　单一同脉连贯构建的话语实例

　　我们当然不能断言机器人具有人类的理解力，但是我们可以从人机对话情况来反观人类对话过程中的理解情况。图9-1显示的是"人"和"谷歌助手"的对话，这种对话只有单一脉络的贯通，即只有单一同脉连贯构建。示意图如9-2：

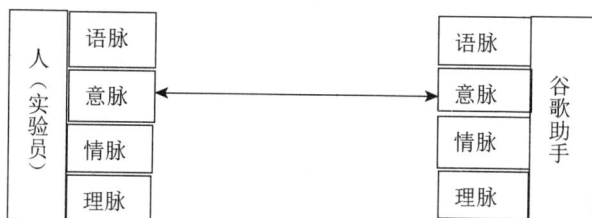

图9-2　单一同脉连贯的话语理解示意图

　　图9-2所显示的话语理解，属于单一意脉连贯的话语理解。什么

是意脉呢？我们在第七章做了界定：意脉关涉的是言有所指，即话语双方在话语交流过程中对语境资源的利用，形成交流的脉络。语境资源的利用会受到话题本身的制约，并非所有的语境资源都会进入到交际双方连贯的在线构建过程中。话语交流中意脉的构建过程就是双方对语词的所指对象、语词指引的概念属性和客观事实的利用。物理对象本身进入不了话语交流中来，但是可以通过语言形式成为意脉的组成成分。

图 9-1 所示话例中的第一个"你"（谷歌助手）和"我"（谷歌助手）以及谷歌助手所回答的"你"都是语境资源，纽约作为对象也是语境资源，意脉连贯的构建就是对语境资源和语词所指对象的利用。

理解就是话语双方在凸显的脉络上追求最大的共晓性。话语连贯有四大基本脉络：语脉、意脉、情脉和理脉。根据这四大基本脉络的组合，话语互动就会有如下种类的脉络连贯。参看表 9-1：

表 9-1　话语互动的脉络种类与名称

连贯	←————受话者脉络			
发话者脉络 ↑	种类	语脉	意脉	情脉	理脉
	语脉	语-语 （同脉）	语-意 （异脉）	语-情 （异脉）	语-理 （异脉）
	意脉	意-语 （异脉）	意-意 （同脉）	意-情 （异脉）	意-理 （异脉）
	情脉	情-语 （异脉）	情-意 （异脉）	情-情 （同脉）	情-理 （异脉）
	理脉	理-语 （异脉）	理-意 （异脉）	理-情 （异脉）	理-理 （同脉）

话语理解就是表 9-1 所列的脉络种类中任何一种或者多种脉络的凸显情况下，双方的话语构建出语义连贯，达到最大的共晓性，即双方达到互相明白的状态。

第二节 他心语境中理解的合作原则

提到他心语境，我们要弄清以下逻辑推论：话语互动必定具有语境；语境是一个复合型概念，即语境是由语境成分组成的；并非所有语境成分都等同地参与了话语互动，即有些语境成分要比另外一些语境成分活性高；语境成分的活性程度在交际双方的心理呈现；交际双方在话语互动过程中都要顾及对方的心理活动情况；于是，他心语境实际上就是话语双方围绕交际目标、利用话语资源而进行在线构建话语连贯的动态心理过程；他心语境是在心理结构中自动高速处理交际信息的动态过程。

话语双方都有交际心理，各自的交际心理在对方来看都是他人心理，即话语双方互为他心。他心语境是话语双方共同在线构建完成的。所谓在线构建，就是处于活性状态的语境成分进入交际过程，话语双方共同完成的、自动的、高速的交际信息处理，形成话语连贯的构建。

话语双方关于话语连贯的在线构建过程实质就是话语理解的过程。话语理解需要话语双方共同完成，是话语双方合作的过程。在这个合作过程中，话语双方的连贯构建就是话语脉络的贯通。他心语境中动态的、在线构建的心理过程就是脉络贯通的过程。

基于以上观点，杜世洪（2012：265-266）把陈嘉映提出的原则进行细化，确立了理解的合作原则。本研究坚持这个原则，话语双方的相互理解就是在理解上的合作，这种理解上的合作就是话语双方共晓性的统一；话语理解就是话语双方在凸现的脉络层面上追求话语最大的共晓性。这是理解的合作原则的总原则。这一原则就是他心语境中理解的合作原则。

话语理解之所以可能就在于话语双方能够互为他心语境实现脉络贯

通，构建话语连贯。"你"的语句与"我"的反馈语句处于共晓性的统一中，于是我们相互可以理解。比如，你"我"同行，突然看见一女孩倒在路旁痛苦挣扎，你最可能要说的语句是"她发病了，好痛苦""她怎么啦?""快帮帮她"之类的话，而不太可能说"啊！她头发乌黑漂亮""她满头青<u>丝</u>"之类的话。要是此时，你当真说出"她满头青<u>丝</u>"或"她有好看的发型"之类的语句来，"我"恐怕对你的话表示诧异，并不理解。"我"只明白你的语句"她满头青丝"具有语法学上的可理解性，但"我"并不知道你为什么这么使用这样的语句，于是，"我"并不理解你的语句。在此，你的语句只符合语法学知识。"我"不会把语法学语句意义的明白当成真正的理解。

话语互动中的语句并不是语言学中的语句，而是生活形式中的语句。生活中的语句应该放在具体的生活中去理解，语句本来就是生活形式的反映。在看见路旁女孩倒地挣扎的情景中，如果"我"来自异国他乡，根本听不懂汉语，那么你那"她满头青丝"的话，在我头脑里多半会被解读成"帮帮她""她怎么啦?""快叫救护车"之类的话，而最不可能从字面上去解读"她满头青丝"。为什么呢? 因为，无论我懂汉语还是不懂汉语，你那"她满头青丝"的话与我所期望的、与此时此景相匹配的语句并不构成共晓性。于是，我们之间没有合作意义上的理解。话语互动以最大共晓性为基础，理解的合作原则就是话语双方在凸显的话语脉络层次上达成最大的共晓性。"她满头青丝"这话不符合事理，因此在理脉层面上无法贯通。"她满头青丝"也许符合某种特殊之理或个人之理，但肯定不符合普遍之理。

话语互动的基本成份是语词和语句，同一语词或语句可能会在不同对话中出现，但却不能就此推断说，使用了同一语词或同一语句的不同对话就必然有联系。为什么呢? 我们的语词隶属于同一门语言与我们的语词隶属于同一对话，这两种隶属关系虽然相似，但却有根本的区别。隶属于同一语言是形式关系，而隶属于同一对话却是生活关系。生活中绝对同一的对话根本不存在，因此不存在语词隶属于同一对话。根本没有同一语词的不同对话，如果有，那就成了悖论。话语互动中的理解绝不是语言形式关系的理解，而是生活关系的理解。然而，语言形式关系的理解往往会被当成真正的理解，甚至会出现停留在语言形式上进行理解的情况。"她满头青丝"这一语句不太会在语言形式上造成理解的困难，因为懂汉语的人能够从语言形式的角度（即语言学的语句角度）来解读。但是，针对倒在路旁挣扎的女孩，你那"她满头青丝"却会给"我"带来理解的困难。

人们很容易误认为话语互动的双方之所以可以互动就在于双方拥有同一门语言。其实，享有同一门语言只是一个充分条件。当然，没有语言学意义上的共同语言，话语互动就难以发生，即便发生了也难以成功。但这并不等于说，语言形式及其理解就等于话语互动的本质与理解。语言形式会影响话语互动的理解但不能主宰话语双方的理解。也就是说，有共同的语言形式能够为理解提供方便，但没有共同的语言形式仍然有理解的存在。

话语双方之所以能够互动就在于有相互理解的可能性存在。想想世界上第一个翻译是怎样完成，我们就可以明白这个道理。有理解的可能就有翻译的可能，理解是话语互动的本质所在。在没有共同语言形式的情况下，我们凭着相互的理解也能达成一定程度的共晓，当然这很困难。

然而，拥有共同的语言形式也并不意味着理解就容易。话语的理解并不总是随语言形式的简单而变得简单。想想对维特根斯坦《哲学研究》的理解，德文版和英文版在语言形式上都显得简单，语句并不复杂，并无繁杂的术语堆砌，然而，真正试图理解维特根斯坦的人才发现其理解的困难。《哲学研究》的中文版也貌似平凡，语句还嫌流俗，但是，只要潜下心来认真阅读，我们就会发现维特根斯坦思想却是那样的深奥。为什么会这样呢？原来理解并不是以文字层面的理解为终极目标，很多时候，理解并不等于文字上的解读。你要是说维特根斯坦简单易懂，恐怕你多半是从文字的角度做出断言。你可能被那浅显的用词、浅显的语句所欺骗，你可以宣称你能读懂每一句，但你所明白的语句恐怕主要是语言学意义下的内容。你并非真正读懂了维特根斯坦，甚至你根本没有理解到维特根斯坦。当然，也可反过来说，你也完全可以宣称你在某个层面或者某个点上理解到了维特根斯坦。比如，你在语脉层面上读懂了维特根斯坦。你甚至会把某种层面的理解当成真正的理解，而坚信你已经理解。

理解就是话语双方在凸显的话语脉络上构建起语义连贯，达到最大的共晓，即双方达到互相明白。这是衡量话语理解程度的基本准则。我们可以根据不同人群对 AIDS 的理解这个例子来显示理解的层次。为了便于分析，我们以对话的方式来说明人们对 AIDS 的理解层次，见例 9-1。

例 9-1（语境信息：问话人是老师，答话人没有受过教育，没听说过 AIDS 和艾滋病。）

问：你知道 AIDS 吗？

答：你说什么？

问：你知道艾滋病吗？很要命的一种病。

答：我不知道。

显然，在例 9-1 的对话中，双方的共晓程度很低，只有语境基本信息如指示词的理解。答话人最后大致了解到有一种病很要命。这里凸显的脉络是意脉，又如例 9-2。

例 9-2（语境信息：问话人是老师，答话人是大学生，听说过 AIDS 和艾滋病。）

问1：你知道 AIDS 吗？

答1：知道呀。就是 Acquired Immune Deficiency Syndrome 的缩写。

问2：你真的知道 AIDS 艾滋病吗？

答2：当然啦。怎么了？

问3：那么你的知道与艾滋病专家的知道一样吗？

答3：不，不一样。专家知道得比我多。

问4：专家知道的是最多的吗？

答4：应该是吧。有谁还能比专家知道得多呢？

问5：那专家知道的 AIDS 等不等于 AIDS 病人知道的 AIDS 呢？

答5：不，他们不一样。

问6：为什么不一样呢？

答6：病人有亲身感受，而专家只有关于这个病的知识，并无感受。

问7：对。可是设想一下，张三和李四都是 AIDS 患者，假设他们患病严重程度一样。不同的是，张三知道 AIDS 这病，李四根本就没听说过 AIDS 这病。在这种情况下，你认为张三和李四的知道是不是一样呢？他们的生活态度会一样吗？

答7：这个嘛，肯定不一样了，张三肯定很悲观，可能会悲悲戚戚的，而李四说不定还以为是患了感冒，并不当一回事，还可能成天乐呵呵的。

我们仔细分析例9-2的七个话轮。话轮1（即问1答1）凸显的脉络是语脉，意脉伴随这个话轮。问答双方在这一轮上的最大共晓是关于AIDS的名称知识，伴有一些关于AIDS的信息如关于这个病的基本信息。

话轮2（即问2答2）凸显的是惊异，属于情脉的凸显，双方对"真的知道"产生出不同的疑惑，这时有情绪激活。当然，伴随的脉络还有意脉和语脉。

话轮3（即问3答3）凸显的是理脉，问答双方都认定一个道理，专家比普通人知道得多，这是常理。这样的常理并未在语言形式上说出来，属于布兰顿所说的内隐信息，但是这个话轮却让这个内隐的常理外显了出来。即双方都承认这个常理。

话轮4、5、6（即问4答4、问5答5、问6答6）仍然凸显的是理脉，但这是意向语义关系占主导地位。

话轮7（即问7答7）凸显的是情脉和理脉，同时伴随有语脉和意脉。

理解的合作原则在他心语境中显现。换言之，在理解的合作原则下，他心语境会通过语义连贯的脉络层次显现出来。话语理解就是在他心语境中构建脉络连贯，就是在凸显的脉络层次上达到最大共晓性。

机器与人类最终会在各个纯智能领域里竞争。

——图灵《计算型机器与智能》

第十章 结束语

话语理解何以可能？这是一个问题，但不是一个远离我们生活而且难以解决的问题。本研究发现，话语理解是在他心语境中进行的，而他心语境是在线的、动态的心理结构构建过程，这个过程主要是语义连贯的构建。语义连贯的构建是话语双方处理直接指称语义关系、概念属性语义关系、认知符号语义关系、意向性语义关系、辩证性语义关系和规范性语义关系的过程。

话语理解的过程是在线构建语义连贯的过程，是处理各种语义关系的过程。在线构建和语义关系的处理，二者具有程度和数量之分。这就让理解出现程度之分。法国现代派诗人夏尔·皮埃尔·波德莱尔曾表示，世界在误解中运转，正因误解很普遍，人们才普遍地追求理解。这话不仅自有道理，而且还暗含着关于理解的一个分析性观点：理解具有层次和程度之分。完全误解和完全理解正是理解的两极，二者之间是一个连续体。基于此，本研究为话语理解建立起衡量准则与方法。

一、话语理解的衡量准则与方法

话语双方各自有心，各自都在具体的话语理解中构建他心语境。他心语境的在线构建就在于双方具有创造性语义连贯的构建，而连贯的构建以四大基本脉络结构为基础。不同层次的话语理解具有不同脉络结构上的连贯构建，反过来说，不同脉络结构上的连贯构建过程正是话语不同层次的理解过程。

图 10-1 四大基本脉络上的连贯与理解

图 10-1 表明，话语理解的基本层次包括：语脉连贯层次上的理解、意脉连贯层次上的理解、情脉连贯层次上的理解和理脉连贯层次上的理解。通俗地讲，话语双方的理解就在于双方相互能够明白对用的是什么话、说的是什么事、表达的是什么情和讲的是什么理。

话语理解之所以可能就在于双方能够在这四大脉络上进行可能的连贯构建和理解。双方遵守理解的合作原则，即话语双方会在他心语境的在线构建中、在凸现的脉络层面上追求话语最大的共晓性。

波德莱尔说，世界是在误解中运转。这一断言虽有根据，但显得过分悲观。完全的误解，或者说绝对的误解就在于没有任何脉络上的连贯构建，这种情况反而不是误解，应该是零理解（如图 10-2 所示）。

图 10-2　零脉络贯通与零理解示意图

完全理解，或者说绝对理解就在于双方的所有脉络完全贯通，不仅有同脉连贯，而且还有各种异脉连贯（如图 10-3 所示）。

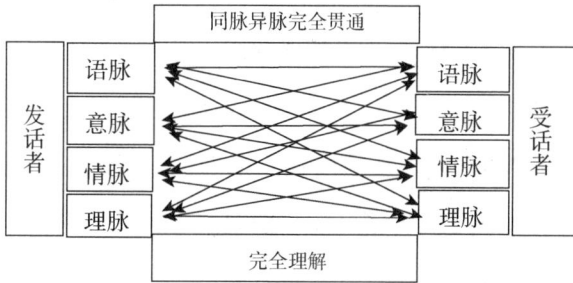

图 10-3　脉络完全贯通与完全理解示意图

图 10-3 所示意的脉络之间的连线代表着脉络贯通的各种情况。每一条带双箭头的连线代表着一个具体的脉络连贯。理论上，话语双方脉络连贯的数量一共 16 条，这表示最大的连贯与理解情况。也就是说，如果 16 条脉络上都有连贯构建，那么这就是完全理解的状态。并非所有的对话都有 16 条脉络连贯的构建。在话语实践中，双方是在某种凸显出来的脉络层面上构建起语义连贯，即实际情况中话语互动只有某一条脉络或者某几条脉络占主导地位。

根据图 10-3 所示，在理论上，话语理解的可能性可以用脉络连贯的数量来衡量，即话语理解的程度也是由不同数量的脉络连贯所决定。连贯可分为单脉连贯和多脉连贯，而每一脉络又可能有同脉连贯和异脉连贯。在 16 种脉络连贯中，有 4 种同脉连贯，12 种异脉连贯。相应地，话语理解在程度上可以分为单脉理解和多脉理解，在性质上可分为同脉理解和异脉理解。

总之，话语理解的衡量准则是理解的合作原则，即话语双方在他心语境的在线构建中、在凸现的脉络层面上追求话语的最大共晓性。话语理解的衡量方法是，我们可以根据他心语境中语义连贯在不同脉络上的构建数量来衡量话语理解的程度。话语理解在程度上可以分为单脉理解和多脉理解。

二、话语理解的研究前景

人际关系把和谐作为一种价值追求，而和谐不和谐往往取决于话语理解，即和谐以理解为基础。一切理解归根结底都是人与人的理解。在自然状态下，话语理解是人与人之间在不同脉络层次上构建连贯的过程。这是话语理解的本质和价值所在。未来的话语理解研究取向，应该就人与人的"创造性连贯"进行深入研究。

关于人与人的话语理解的研究，势必会对人工智能研究带来启示。在人工智能高速发展的当今，话语理解不仅会成为自然语言处理的重要课题，而且也是人机对话的重要研究内容。

2017年10月26日，沙特阿拉伯授予美国汉森机器人公司生产的机器人索菲亚以公民身份。

2018年3月21日，在尼泊尔加德满都，人形机器人索菲亚参加联合国可持续发展目标亚洲和太平洋地区创新大会，索菲亚会"讲笑话"了。

2018年3月29日，索菲亚对试图向她"求爱"的演员威尔·史密斯产生怀疑，而且她告诉史密斯先生说她十分了解他在电影中表现的人物形象。

2018年5月18日，机器人谷歌助手联系理发店在预约理发的"交谈"中发出了表达人类情感的感叹词"嗯哼"。

这些事实表明，人机对话正朝着自然状态下的话语互动发展。然而，我们可以大胆地断言，目前的人机对话并未达到人与人对话的自然状态。人机对话的脉络连贯在程度上和创造性上还难以达到人与人的对话所能达到的程度。

如何检测人机对话的连贯程度与质量以及如何提高人机对话的连贯程度与质量，这两个问题的研究都可以从"连贯与理解"的角度加以深入考察。下例是"人机"对话和"人与人"自然对话的比较，见例 10-1a，10-1b。

例 10-1a	例 10-1b
甲：你喜欢杭州吗？ 乙：是的。	甲：你喜欢杭州吗？ 乙：是的。
甲：你喜欢杭州吗？ 乙：是的。	甲：你喜欢杭州吗？ 乙：我不是说过了吗？
甲：你喜欢杭州吗？ 乙：是的。	甲：你喜欢杭州吗？ 乙：你神经病啊！？
甲：你喜欢杭州吗？ 乙：是的。……	甲：你喜欢杭州吗？ 乙：滚！……

例 10-1a 的"甲""乙"反复对话，机械性强，无创造性，无情感宣泄。甲是真人，而乙是谷歌助手（机器人）。例 10-1b 的"甲""乙"都是真人，是两名大学生。他们的对话涉及的脉络种类比例 10-1a 的对话多。这里表明，"人机"对话的话语理解和"人与人"对话的话语理解，二者存在着差别。这差别能否消除，这是研究话语理解的

新课题，会涉及多种学科的介入。

随着聊天生成预训练转换器（ChatGPT）的问世，人与人工智能软件（或智能伙伴）之间的话语交流势必是话语理解的重要研究项目。话语理解具有广阔的研究前景。

参考文献

中文

一、著作

[1]柏拉图.柏拉图全集:第二卷[M].王晓朝,译.北京:人民出版社,2003.

[2]陈嘉映.语言哲学[M].北京:北京大学出版社,2003.

[3]陈亚军.从分析哲学走向实用主义:普特南哲学研究[M].北京:东方出版社,2002.

[4]成晓光.西方语言哲学教程[M].大连:辽宁师范大学出版社,2006.

[5]杜世洪.脉络与连贯:话语理解的语言哲学研究[M].北京:人民出版社,2012.

[6]伽达默尔.真理与方法:哲学诠释学的基本特征[M].洪汉鼎,译.上海:上海译文出版社,2004.

[7]何兆熊.语用学概要[M].上海:上海外语教育出版社,1989.

[8]胡壮麟.语篇的衔接与连贯[M].上海:上海外语教育出版社,1994.

[9]姜望琪.当代语用学[M].北京:北京大学出版社,2003.

[10]刘熙载.艺概[M].上海:上海古籍出版社,1978.

[11]洛克.人类理解论[M].关文运,译.北京:商务印书馆,1997.

[12]钱冠连. 汉语文化语用学:第2版[M]. 北京:清华大学出版社,2002.

[13]维特根斯坦. 哲学研究[M]. 陈嘉映,译. 上海:上海世纪出版集团,2001.

[14]涂纪亮. 维特根斯坦全集:第10卷[M]. 石家庄:河北教育出版社,2003.

[15]西田几多郎. 善的研究[M]. 何倩,译. 北京:商务印书馆,1989.

[16]亚里士多德. 尼各马可伦理学[M]. 廖申白,译. 北京:商务印书馆,2003.

[17]扬雄. 扬子法言[M]. 沈阳:辽宁教育出版社,1998.

[18]奥托·叶斯柏森. 语法哲学[M]. 何勇,夏宁生,司辉,等,译. 北京:语文出版社,1988.

[19]威廉·詹姆士. 彻底的经验主义[M]. 庞景仁,译. 上海:上海人民出版社,1987.

[20]张德禄,刘汝山. 语篇连贯与衔接理论的发展及应用[M]. 上海:上海外语教育出版社,2003.

[21]张能为. 理解的实践:伽达默尔实践哲学研究[M]. 北京:人民出版社,2002.

[22]张学广. 维特根斯坦与理解问题[M]. 西安:陕西人民出版社,2003.

[23]朱永生. 语境动态研究[M]. 北京:北京大学出版社,2005.

[24]维特根斯坦. 哲学语法[M]//涂纪亮. 维特根斯坦全集:第4卷. 石家庄:河北教育出版社,2003a.

[25]维特根斯坦. 纸条集[M]//涂纪亮. 维特根斯坦全集:第11卷. 石家庄:河北教育出版社,2003b.

[26]RUSSELL B. 人类的知识:其范围与限度[M]. 张金言,译.

北京：商务印书馆．1983.

[27]MALCOLM N. 关于他心的知识[M]//高新民，储昭华．心灵哲学．高新民，译．北京：商务印书馆，2002.

二、期刊

[1]彼得·哈克．哲学[J]．王晓峰，等，译．云南大学学报(社会科学版)，2007(5).

[2]蔡力坚．行文连贯的重要性[J]．中国翻译，2016，37(4).

[3]陈嘉映．哲学之为穷理[J]．中山大学学报(社会科学版)，2008(6).

[4]朱永生．韩礼德的语篇连贯标准外界的误解与自身的不足[J]．外语教学与研究，1997(1).

[5]陈亚军．德国古典哲学、美国实用主义及推论主义语义学：罗伯特·布兰顿教授访谈(上)[J]．哲学分析，2010(1).

[6]陈治安，杜世洪．试论连贯研究的方法[J]．西南师范大学学报(人文社会科学版)，2002(1).

[7]杜世洪，卡明斯．连贯是一个语言哲学问题：四十年连贯研究的反思[J]．外国语(上海外国语大学学报)，2011，34(4).

[8]杜世洪，李飞．"语言分析哲学"的一个新动态：布兰顿的意义理论概览[J]．自然辩证法研究，2013，29(9).

[9]杜世洪，李菊莉．格莱斯的合作原则与维特根斯坦的自然理解：从钱冠连和陈嘉映谈起[J]．外语学刊，2012(5).

[10]杜世洪，秦中书．马克思主义语言哲学研究：马尔科维奇的意义辩证论探析[J]．西安外国语大学学报，2015，23(1).

[11]杜世洪．《作为他人心理的语境：社会性、认知及交流的语用学》述评[J]．外语教学与研究，2006(5).

[12]杜世洪．从"感觉-资料"看穆尔的意义分析：关于穆尔语言哲学思想的思考[J]．外语研究，2015(1).

[13]杜世洪. 从连贯的二元性特征看阐释连贯的三类标准[J]. 外语与外语教学, 2002(3).

[14]杜世洪. 关于假装的语言分析和概念考察: 对中国后语言哲学的一个思考[J]. 外语学刊, 2010 (2).

[15]杜世洪. 关于语言源于音乐习得机制的哲学思考[J]. 外语学刊, 2009(1).

[16]杜世洪. 论话语交际中借音脱跳的关联特点[J]. 外语与外语教学, 2003(9).

[17]杜世洪. 论话语连贯的特征与阐释标准(人文科学版)[J]. 宁波大学学报, 2001(4).

[18]杜世洪. 实用主义语言哲学思想探析: 皮尔士的意义理论[J]. 外语学刊, 2014(3).

[19]杜世洪. 意义是什么: 意义累积论发微[J]. 外语教育研究, 2012(1).

[20]杜世洪. 语言论转向的第三个传统初探: 马克思主义视角下的语言论哲学[J]. 理论界, 2006 (8).

[21]冯光武. 合作必须是原则: 兼与钱冠连教授商榷[J]. 四川外语学院学报, 2005(5).

[22]冯光武. 理性才是主旋律: 论格莱斯意义理论背后的哲学关怀[J]. 外语学刊, 2006(4).

[23]韩东晖. 从康德到黑格尔: 罗伯特·布兰顿的语用学语言哲学[J]. 世界哲学, 2005(6).

[24]何志青. 推论证成与遵循规则[J]. 台湾大学哲学评论, 2009 (38).

[25]胡雪萍. 马尔科维奇对马克思伦理思想的探究[J]. 北方论丛, 2011(4).

[26]胡壮麟. 认知符号学[J]. 外语学刊, 2010(5).

［27］胡壮麟．我国认知符号学的发展［J］．当代外语研究，2013
（2）．

［28］华立群，殷猛．实践唯物主义语言观研究述评［J］．湖南社会
科学，2012（6）．

［29］黄华新，刘星．混杂隐喻的语义连贯机制［J］．浙江社会科学，
2015（4）．

［30］江天骥．皮尔士的符号学自然主义［J］．世界哲学，2007（2）．

［31］江怡．语言哲学在中国：问题、进路和方法［J］．外语学刊，
2013（2）．

［32］李红．布兰顿：语言哲学中的哥白尼式转折［J］．世界哲学，
2005（6）．

［33］李佐文，梁国杰．论语篇连贯的可计算性［J］．外语研究，
2018（2）．

［34］林从一．划地自利、无限退后和不确定说［J］．台湾哲学研究，
2005（5）．

［35］潘磊．反基础主义与可误论：皮尔士认识论研究［J］．学术研
究，2011（10）．

［36］曲跃厚，李元同．实践：马尔科维奇哲学思想的鲜明特质［J］．
苏州大学学报（哲学社会科学版），2014，35（4）．

［37］冉永平．认知语用学的焦点问题探索［J］．现代外语，2002
（1）．

［38］任绍曾．概念隐喻和语篇连贯［J］．外语教学与研究，2006
（2）．

［39］田苗．概念隐喻视角下语篇连贯功能研究：以《重返巴比伦》
为例［J］．外语学刊，2016（6）．

［40］王爱华．Brandom 的意义整体论和交流观［J］.．外语学刊，2013
（2）．

[41]王庆丰.辩证法理论的语言学转向[J].社会科学研究,2010(5).

[42]王寅.认知语言学与语篇连贯研究[J].外语研究,2006(6).

[43]王振林.符号、自我与交往:皮尔士的交往符号学理论[J].吉林大学社会科学学报,2012,52(2).

[44]魏在江.语篇连贯的元语用探析[J].外语教学,2005(6).

[45]杨莉芳,王文斌.中国高中英语学习者语篇连贯特征迁移研究:以英汉时空性差异为视角[J].中国外语,2017(1).

[46]杨修志,曹剑波.日常语言分析下的新常识哲学:论新摩尔主义[J].自然辩证法研究,2013(1).

[47]衣俊卿.今天我们如何深化新马克思主义研究[J].马克思主义与现实,2012(6).

[48]衣俊卿.论东欧新马克思主义的理论定位[J].求是学刊,2010(1).

[49]张冰.《马克思主义与语言哲学》是马克思主义的吗?[J].中国人民大学学报,2013(6).

[50]张德禄,张爱杰.情景语境与语篇的衔接与连贯[J].中国海洋大学学报(社会科学版),2006(1).

[51]张建理.连贯研究概览[J].外语教学与研究,1998(4).

三、报纸

[1]江怡.实用主义如何作为一种方法[N].中国社会科学报,2013-1-4(A05).

[2]陈先达.马克思主义哲学研究要更上层楼[N].中国社会科学报,2014-1-3(A04).

四、论文

[1]杜世洪.脉辨:论话语互动的连贯基础[D].上海:华东师范大学,2008.

英文

一、著作

[1] ARENS E. *The Logic of Pragmatic Thinking*：*from Peirce to Habermas*[M]. Atlantic Highlands：Humanities Press，1994.

[2] BAGHRAMIAN M. *Modern Philosophy of Language* [M]. 1st ed. Washington D. C. ：Counterpoint，1999.

[3] BOGDAN R J. *Minding Minds*：*Evolving a Reflexive Mind by Interpreting Others*[M]. Cambridge，Mass. ：MIT Press，2000.

[4] BRANDOM R B. *Articulating Reasons*：*An Introduction to Inferentialism*[M]. Cambridge：Harvard University Press，2000.

[5]BRANDOM R B. *Between Saying and Doing*：*Towards an Analytic Pragmatism*[M]. New York：Oxford University Press，2008.

[6]BRANDOM R B. *Making It Explicit*：*Reasoning*，*Representing and Discursive Commitment* [M]. Cambridge，Mass. ：Harvard University Press，1994.

[7]BRANDOM R B. *Reason in Philosophy* [M]. Cambridge，Mass. ：Harvard University Press，2009.

[8]BRENT J. *Charles Sanders Peirce*：*A Life* [M]. Bloomington and Indianapolis：Indiana University Press，1998.

[9] BURKS A W. *Collected Papers of Charles Sanders Peirce* [M]. Cambridge：Harvard University Press，1994.

[10] DAVIS W. *Implicature* [M]. Cambridge：Cambridge University Press，1998.

[11] DENNETT D C. *The Intentional Stance* [M]. Cambridge，MA：MIT Press，1987.

[12] DUMMETT M. *Frege and Other Philosophers* [M]. New York：

Oxford University Press, 1991.

[13] DUMMETT M. *The Interpretation of Frege's Philosophy* [M]. London: Duckworth, 1981.

[14] GIVÓN T. *Context as Other Minds: The Pragmatics of Sociality, Cognition and Communication* [M]. Amsterdam: John Benjamins Publishing Company, 2005.

[15] GIVÓN T. *Mind, Code and Context: Essays in Pragmatics* [M]. Hillsdale: Lawrence Erlbaum Associates, 1989.

[16] GRICE P. *Studies in the Way of Words* [M]. Peking: Foreign Language Teaching and Research Press, 2002.

[17] GROSS B A. *Analytic Philosophy: A Historical Introduction* [M]. New York: Pegasus, 1970.

[18] HOOPES J. *Peirce on Signs: Writings on Semiotic by Charles Sanders Peirce* [M]. Chapel Hill: U of North Carolina Press, 1991.

[19] HUME D. *A Treatise of Human Nature* [M]. Beijing: China Social Sciences Publishing House, 1999.

[20] HYSLOP A. *Other Minds* [M]. Dordrent: Kluwer Academic Publishers, 1995.

[21] JACKENDOFF R. *Semantics and Cognition* [M]. Cambridge, MA: MIT Press, 1983.

[22] JOHANSEN J D, LARSEN S E. *Signs in Use: An Introduction to Semiotics* [M]. New York: Routledge, 2002.

[23] JOHANSEN J D. *Dialogic Semiosis: An Essay on Signs and Meanings* [M]. Bloomington and Indianapolis: Indiana University Press, 1993.

[24] KATZ J J. *The Metaphysics of Meaning* [M]. Cambridge, Mass.: MIT Press, 1990.

［25］KATZ J J. *The Philosophy of Linguistics*［M］. New York: Oxford University Press, 1985.

［26］LEVINSON S C. *Pragmatics*［M］. Peking: Foreign Language Teaching and Research Press, 2001.

［27］LEVINSON S C. *Presumptive Meaning: The Theory of Generalized Conversational Implicature*［M］. Cambridge, MA: MIT Press, 2000.

［28］LYCAN W G. *Philosophy of Language: A Contemporary Introduction*［M］. 2nd ed. New York: Routledge, 2008.

［29］MARKOVIĆ M. *Dialectical Theory of Meaning*［M］. London: D. Reidel Publishing Company, 1984.

［30］MARTINICH A. *The Philosophy of Language: Critical Concepts in Philosophy*［M］. New York: Oxford University Press, 1985.

［31］MASON R. *Understanding Understanding*［M］. New York: State University of New York Press, 2003.

［32］MCBRIDE W L. *From Yugoslav Praxis to Global Pathos: Anti-hegemonic Post-post-Marxist Essays*［M］. Lanham, ML: Rowman & Littlefield Publishers, Inc. 2001.

［33］MCCARTHY T, STIDD S C. *Wittgenstein in America*［M］. New York: Oxford University Press, 2001.

［34］WHITEHEAD A N. *Modes of Thought*［M］. New York: The Free Press, 1968.

［35］MOORE G E. *Philosophical Papers*［M］. London: Routledge, 1959.

［36］MOORE G E. *Philosophical Studies*［M］. Totowa, NJ: Littlefield, Adams & Co. , 1968.

［37］MOORE G E. *Some Main Problems of Philosophy*［M］. London: Routledge, 2008.

[38] MORRIS M. *An Introduction to the Philosophy of Language* [M]. Cambridge: Cambridge University Press, 2007.

[39] NICHOLS S, STICH S P. *Mindreading: An Integrated Account of Pretence, Self-awareness, and Understanding Other Minds* [M]. New York: Clarendon Press, 2003.

[40] OGDEN C K, RICHARDS I A. *The Meaning of Meaning* [M]. New York: Harcourt Brace Jovanovich Publishers, 1989.

[41] RHEES R. *Wittgenstein and the Possibility of Discourse* [M]. Cambridge: Cambridge University Press, 2001.

[42] RUSSELL B. *The Problems of Philosophy* [M]. New York: Oxford University Press, 1951.

[43] RUSSELL B. *Foreword* [M]. FEIBLEMAN J. An Introduction to Peirce's Philosophy. New York: Harper, 1946.

[44] RYLE G. *The Concept of Mind* [M]. London: Hutchinson's University Library, 1949.

[45] SAWYER S. *New Waves in Philosophy of Language* [M]. New York: Palgrave McMillan, 2010.

[46] SOAMES S. *Philosophy of Language* [M]. Princeton: Princeton University Press. 2010.

[47] SOAMES S. *The Analytic Tradition in Philosophy* [M]. Vol. I. Princeton: Princeton University Press, 2014.

[48] SOAMES S. *The Dawn of Analysis: Philosophical Analysis in the Twentieth Century* [M]. Princeton: Princeton University Press, 2003.

[49] SOAMES S. *What Is Meaning?* [M]. Princeton: Princeton University Press, 2012.

[50] SPERBER D, WILSON D. *Relevance: Communication and Cognition* [M]. London: Blackwell, 1986.

[51] SPERBER D, WILSON D. *Relevance*: *Communication and Cognition*[*M*]. 2nd ed. Oxford: Blackwell, 1995.

[52]TRAVIS C. Pragmatics[M]. HALE B, WRIGHT C. *A Companion to the Philosophy of Language*. Oxford: Blackwell, 1997.

[53]MOORE G E. Autobiography[M]//SCHILPP P A. *The Philosophy of G. E. Moore*. Evanston: IL, 1944.

[54] APEL K - O. Analytic Philosophy of Language and the Geisteswissenschaften[M]//APEL K - O. *Karl - Otto Apel*: *Selected Essays*: Volume One. Atlantic Highlands: Humanities Press, 1994.

[55] BUCHLER J. Introduction [M]//BUCHLER J. *Philosophical Writings of Peirce*. New York: Dover Publications, Inc. , 1955.

[56] ENKVIST N E. Coherence, Pseudo - coherence, and Non - coherence[M]// STMAN J O. *Cohesion and Semantics*. Åbo, Finland: Åbo Akademi Foundation. 1978. [H4]

[57] GRICE P. Reply to Richards [M]//GRANDY R, WARNER R. Philosophical Grounds of Rationality. Oxford: Clarendom, 1986.

[58] ISRAEL J. Remarks on Marxism and the philosophy of language [M]//KITCHING G, PLEASANTS N. *Marx and Wittgenstein*: *Knowledge*, *Morality and Politics*. [H5]Routledge, 2002.

[59]WITTGENSTEIN L. The Blue and Brown Books[M]//WRIGHT G H, ANSCOMBE G E M. *The Collected Works of Ludwig Wittgenstein*. Oxford: Blackwell, 1998.

[60] PEIRCE C S. Concerning the Author [M]//BUCHLER J. *Philosophical Writings of Peirce*. New York: Dover Publications, Inc. , 1955.

[61]PEIRCE C S. How to Make Our Ideas Clear[M]//BUCHLER J. *Philosophical Writings of Peirce*. New York: Dover Publications, Inc. , 1955.

[62] PEIRCE C S. The Fixation of Belief [M]//BUCHLER J. *Philosophical Writings of Peirce*. New York: Dover Publications, Inc. , 1955.

[63] PEIRCE C S. The Maxim of Pragmatism[M]//The Peirce Edition Project. *The Essential Peirce*. Vol. II. Bloomington and Indianapolis: Indiana University Press, 1998.

[64] SOMERVILLE J. Making out the signatures [M]//Dalgarno M, MATHEWS E. *The Philosophy of Thomas Reid*. Dordrent: Kluwer Academic Publishers, 1989.

[65] URMSON J O. The History of Analysis [M]//RORTY R M. *The Linguistic Turn*. Chicago: The University of Chicago Press, 1967.

二、期刊

[1] ALMEDER R. Peirce on Meaning[J]. *Synthese*, 1979, 41.

[2] ALTMAN A. Breathing Life into a Dead Argument: G. E. Moore and the Open Question[J]. *Philosophical Studies*, 2004, 117.

[3] AUSTIN J L, ANSCOMBE G E M. Pretending [J]. *Aristotelian Society Supplementary Volumes*, 1958, 32(1).

[4] BARSALOU L. Perceptual symbol systems [J]. *Behavioral and Brain Sciences*, 1999, 22(4).

[5] CHAN T. Moore's Paradox Is not Just Another Pragmatic Paradox [J]. *Synthese*, 2010, 173.

[6] DU S H. The Sign System of Human Pretending [J]. *Semiotica*, 2013, 193.

[7] HABERMAS J. From Kant to Hegel: On Robert's Brandom's Pragmatic Philosophy of Language [J]. *European Journal of Philosophy*, 2000, 8(3).

[8] HANCIL S. Discourse Coherence and Intersubjectivity: the Development of Final But, in Dialogues[J]. *Language Sciences*, 2018, 68.

[9]HOEK J, ZUFFEREY S, EVERS-VERMEUL J, et al. Cognitive complexity and the linguistic marking of coherence relations: a parallel corpus study[J]. *Journal of Pragmatics*, 2017, 121.

[10] KRZY Z ANOWSKA K, COLLINS P J, HAHN U. Between a conditional's antecedent and its consequent: Discourse coherence vs. probabilistic relevance[J]. *Cognition*, 2017, 164.

[11]LEPORE E, STONE M. Semantics, Coherence, and Intentions: Reply to Carston, Collins and Hawthorne[J]. *Mind & Language*, 2016, 31 (5).

[12] LEWIS A G, SCHOFFELEN J M, HOFFMANN C, et al. Discourse-level semantic coherence influences beta oscillatory dynamics and the N400 during sentence comprehension [J]. *Language, Cognition & Neuroscience*, 2017, 32.

[13]MARGOLIS J. Peirce's Fallibilism[J]. *Peirce Society*, 1998, 34 (3).

[14]PRICE H H. Our evidence for the existence of other minds[J]. *Philosophy*, 1938, 13.

[15]RELLSTAB D H. Peirce for Linguistic Pragmaticists[J]. *Transactions of the Charles S. Peirce Society*, 2008, 44(2).

[16]STOLJAR D. Should Moore have followed his own method? [J]. *Philosophical Studies*, 2006, 129.

[17] TRAVIS C. Critical Notice: Annals of Analysis [J]. *Mind*, 1991, 100.

[18] XIAO Z A. Multidimensional Approach to Discourse Coherence: From Standardness to Creativity[J]. *Discourse Studies*, 2016, 18.

[19]PAGIN P. Enrichment, coherence, and quantifier properties[J]. *Journal of Pragmatics*, 2018, 154.